Guidance for
Digital
Forensics

デジタル・
フォレンジック概論

フォレンジックの基礎と活用ガイド

羽室英太郎・國浦　淳【編著】

東京法令出版

はじめに

　私は、「デジタル」といえば「時計」、といった時代に育ちましたが、今では地上波のテレビ放送が「地デジ」と簡単に呼ばれるように、生活の隅々にまで「デジタル」の技術が入り込んでいます。
　一方で、このような電子データは消去したり変更したりすることも容易です。デジタル技術が、犯罪等に悪用されたり、被害状況を解明する鍵を握る場面も多くなってきました。
　「デジタル鑑識」と訳されるDigital Forensics（正確には“ディジタル　フォレンジクス”と発音するのでしょうか。）は、欧米から最近導入された概念のように思われがちですが、我が国では、一連のいわゆるオウム真理教事件が発生した20年前から、事件の解明のための解析手法として、実際の警察活動の中で活用してきた技術です。
　このデジタル鑑識技術は、「サイバーセキュリティ」の重要性が増大するとともに、発達しています。
　警察白書では「デジタル犯罪の立証のための電磁的記録の解析技術及びその手続」を「デジタルフォレンジック」と呼んでいますが、今や民間においても、各種の情報セキュリティインシデントが発生した際の証拠保全や訴訟・法的紛争を解決するための手法の一つとして用いられるようにもなってきています。
　本書は、このような状況の下で、今、どのような取組を警察が行っているのか、その技術的な活動の一端をお知らせするものですが、その対象や技術は日々変化しております。
　本書の編集会議においても、「警察白書に沿って“デジタルフォレンジック”とすべき」、あるいは「民間の趨勢として“デジタル・

フォレンジック"と表記すべき」など、タイトル一つを取ってみても、執筆担当者の間で、意見が分かれました。

　かつては、"デジタルフォレンジック"と言えば"コンピュータフォレンジック"を指していましたが、デジタル鑑識技術のニーズの拡大につれ、ネットワーク・フォレンジックやモバイル・フォレンジック、ライブ・フォレンジック、果てはチップオフ・フォレンジック等、IT技術に関するフォレンジック技術が多様化しつつある現状から、従来警察が用いてきた"デジタルフォレンジック"という表記にこだわることもないであろう、ということから本書のタイトルは「デジタル・フォレンジック概論」としました。

　このように用語ですら固定的な定義・解釈が記述されていないものが多く、カタカナ文字がページの中を踊っているかもしれませんが、少しでも分かりやすく記述したい、ということで、イラストも多く入れました。

　決してフォレンジック技術の全てを網羅しているものではありませんし、最新のものではないかもしれませんが、事案の解明のために必要な技術とはどのようなものか、反対に、このような視点で情報セキュリティ確保に注意する必要があるのか、といったことが少しでも読者の皆さんに伝われば幸いです。

　　平成26年12月

警察庁情報通信局情報技術解析課長
羽　室　英太郎

目　次

はじめに ……………………………………………………………………… i

▶第 1 部　デジタル・フォレンジックの基礎◀

第 1 章　デジタル・フォレンジック序論 …………………………… 2

  1　電磁的記録 ………………………………………………………… 3
　（1）　デジタル情報 ………………………………………………… 3
　　　コラム　10進数と 2 進数 …………………………………… 5
　（2）　電磁的記録 …………………………………………………… 5
　　　コラム　16進数 ……………………………………………… 7
　（3）　電磁的記録の特徴 …………………………………………… 8
  2　電磁的記録の解析 ………………………………………………… 11
　（1）　電磁的記録の内容を確認する方法 ………………………… 11
　（2）　電磁的記録の解析 …………………………………………… 13
  3　証跡としての電磁的記録 ………………………………………… 17
　（1）　携帯電話機の電磁的記録 …………………………………… 17
　（2）　証跡としての電磁的記録 …………………………………… 19
  4　デジタル・フォレンジック ……………………………………… 21
　（1）　手続の正当性 ………………………………………………… 22
　（2）　解析の正確性 ………………………………………………… 23
　（3）　第三者検証性 ………………………………………………… 24

第 2 章　パソコンにおけるデジタル・フォレンジック ………… 26

  1　パソコンの種類 …………………………………………………… 29
　（1）　形状による分類 ……………………………………………… 29
　（2）　OSによる分類 ……………………………………………… 31
　（3）　パソコンの取扱い …………………………………………… 32

2　パソコンでできること ·· 33
　(1)　アプリケーションソフトを利用してできること ························· 33
　(2)　インターネット接続環境下でできること ··································· 35
3　パソコンの中の記録 ··· 36
　(1)　パソコンに保存・蓄積される情報 ··· 36
　(2)　電磁的記録媒体 ·· 38
4　メモリ・フォレンジック ··· 39
　(1)　スリープとハイバネーション ··· 39
　(2)　ページファイル ·· 41
　(3)　パソコンに残らないデータ ·· 42
　　コラム　メモリ解析の必要性 ··· 44
　(4)　メモリ・フォレンジックの手法 ··· 46
　(5)　インシデントレスポンスとフォレンジック ······························· 48
5　パソコンの周辺機器 ··· 49
　(1)　パソコンの内蔵機器 ·· 49
　(2)　パソコンの外付け機器 ·· 50
　(3)　周辺機器の取扱い ·· 52
6　パソコンと接続コネクタ ··· 53
　(1)　パソコンの接続コネクタ ··· 53
　(2)　接続コネクタ取扱い上の注意点 ··· 54
7　ファイルの情報 ··· 55
　(1)　ファイルの付加情報　～OSによるもの～ ································ 56
　(2)　ファイルの付加情報　～アプリケーションソフトによるもの～ ···· 58
8　ファイル等の複写 ·· 59
　(1)　ファイルの複写 ·· 59
　(2)　電磁的記録媒体の複写 ·· 60
9　ファイルの削除 ··· 62
10　削除されたファイルの復元 ··· 65
　(1)　ファイルシステム ·· 65
　(2)　FATにおけるファイルの削除 ··· 66
　(3)　ファイル復元作業 ·· 68
　(4)　危険な「デフラグ」等の操作 ··· 69
　(5)　外部記録媒体のデータは復元できるか？ ·································· 71
　(6)　第三者への説明責任 ·· 72

11　パソコンの電源の取扱い ……………………………………………… 73
　(1)　電源の役割 …………………………………………………………… 73
　(2)　電源の形状 …………………………………………………………… 74
　(3)　電源の取扱い ………………………………………………………… 77

第3章　ネットワークにおけるデジタル・フォレンジック …………… 81
1　インターネットサービス ……………………………………………… 82
　(1)　バックボーン（"背骨"）…………………………………………… 82
　(2)　パケット（"小包"）………………………………………………… 83
　(3)　インターネットのサービス ………………………………………… 84
2　リモートストレージ …………………………………………………… 87
　(1)　リモートストレージとは？ ………………………………………… 87
　(2)　個人向けのオンラインストレージサービス ……………………… 88
　(3)　セキュリティ上の留意事項 ………………………………………… 89
　(4)　同期機能 ……………………………………………………………… 90
3　クラウドコンピューティング ………………………………………… 91
　(1)　「クラウド」のタイプ ……………………………………………… 91
　(2)　クラウドを支える技術 ……………………………………………… 92
　(3)　クラウドのセキュリティ …………………………………………… 93
　(4)　調査における課題 …………………………………………………… 94
4　IPアドレスとは？ ……………………………………………………… 96
　(1)　MACアドレス ………………………………………………………… 96
　(2)　携帯電話・スマートフォンの識別は？ …………………………… 98
　(3)　IPアドレスの割当て ………………………………………………… 98
　(4)　IPアドレスの書換え、詐称 ………………………………………… 102
5　ドメイン名 ……………………………………………………………… 104
　(1)　ドメイン名とは？ …………………………………………………… 104
　(2)　ドメインの登録と検索 ……………………………………………… 106
6　ドメイン名とIPアドレス ……………………………………………… 107
　(1)　名前解決（DNSの仕組み）………………………………………… 107
　(2)　DNSサーバへの攻撃 ………………………………………………… 108
　(3)　ダイナミックDNS（D-DNS）サービス …………………………… 109
　(4)　DNSサーバを踏み台にした攻撃（DNSアンプ／リフレクタ攻撃）………… 110

(5)　サーバの仮想化技術 …………………………………………… 111
　7　"ログ"とは？ ………………………………………………………… 114
　　(1)　ホームページの閲覧履歴 …………………………………… 115
　　(2)　ブロードバンドルータ等における履歴 …………………… 116
　　(3)　プロバイダやウェブサイトのログ ………………………… 117
　　(4)　不正アクセス行為とログ …………………………………… 117
　8　ログ収集時の留意点 ………………………………………………… 119
　　(1)　ログ上のIPアドレス ………………………………………… 120
　　(2)　中継サーバ等による匿名化 ………………………………… 121
　　(3)　P2Pファイル共有ソフト …………………………………… 123
　9　ログ監視・解析上の留意点 ………………………………………… 127
　　(1)　IDS、IPS、WAF、UTMの機能等 ………………………… 129
　　(2)　HTTPステータスコード …………………………………… 130
　　(3)　ログ解析の着眼点 …………………………………………… 131

第4章　モバイルにおけるデジタル・フォレンジック ………… 136

　1　携帯電話・スマートフォンのサービス …………………………… 136
　　(1)　スマートフォンの種類 ……………………………………… 136
　　(2)　スマートフォンで利用可能なサービス …………………… 138
　　(3)　アプリの入手 ………………………………………………… 139
　2　スマートフォン等の取扱い ………………………………………… 140
　　(1)　精密機器としての取扱い …………………………………… 140
　　(2)　電波着信時の履歴更新 ……………………………………… 142
　　(3)　画面ロック …………………………………………………… 143
　3　本体やSIMカードの識別情報 ……………………………………… 144
　　(1)　スマートフォン本体の識別情報 …………………………… 144
　　(2)　SIMカードの情報 …………………………………………… 145
　4　携帯電話・スマートフォンからのデータ抽出 …………………… 147
　　(1)　状況や目的の確認 …………………………………………… 147
　　　　コラム　水没携帯の見分け方 ……………………………………… 149
　　(2)　証拠データの所在 …………………………………………… 149
　　(3)　データの抽出手法と留意点 ………………………………… 150
　5　抽出したデータの解析 ……………………………………………… 151

第5章 他の電子機器におけるデジタル・フォレンジック ……………… 153
1 電子機器に記録される情報 …………………………………………… 153
(1) 様々な機器に記録される情報 ……………………………………… 153
(2) 様々な電子機器のデジタル・フォレンジック …………………… 156
2 デジタル複合機（MFP）……………………………………………… 157
(1) 複合機利用に対するセキュリティ上の脅威 ……………………… 157
(2) 複合機のセキュリティ対策 ………………………………………… 158
3 ナビゲーションシステム …………………………………………… 160
(1) カーナビゲーションシステム ……………………………………… 160
(2) 航海情報記録装置（VDR：Voyage Data Recorder）…………… 162
(3) ブラックボックス（航空機）……………………………………… 163
4 メモリカード ………………………………………………………… 164
(1) 特　徴 ………………………………………………………………… 164
(2) 取扱い ………………………………………………………………… 165
(3) 種　類 ………………………………………………………………… 166
5 ICカード ……………………………………………………………… 169
(1) 特　徴 ………………………………………………………………… 169
(2) 種　類 ………………………………………………………………… 171
(3) ICカードに記録される情報 ………………………………………… 172
(4) ICカードの取扱い …………………………………………………… 173
6 無線タグ ……………………………………………………………… 174
(1) 特徴と種類 …………………………………………………………… 174
(2) 動物識別への応用 …………………………………………………… 174

第1部のおわりに …………………………………………………………… 177

第2部　デジタル・フォレンジックの実務

第2部のはじめに …………………………………………………… 180

第6章　事前準備 ………………………………………………… 182

1　インシデントの発生 ……………………………………… 183
(1)　対処要領の事前策定 ………………………………… 183
(2)　技術部門の対応 ……………………………………… 184
(3)　初動（一次）対応の在り方 ………………………… 185

2　事案概要の把握 …………………………………………… 186
(1)　現状の保存 …………………………………………… 186
(2)　現地調査の準備 ……………………………………… 187

3　対処メンバーの選定 ……………………………………… 188
(1)　デジタルフォレンジックチームの編成 …………… 188
(2)　維持管理担当者の参加 ……………………………… 189

4　作業内容の確認 …………………………………………… 190
(1)　システム担当者等との事前打合せ ………………… 190
(2)　受入れ側の準備と心構え …………………………… 191
(3)　損傷している機器等の取扱い ……………………… 192

5　資機材等の準備 …………………………………………… 193
(1)　デジタル・フォレンジック用資機材等に求められる基本要件 …… 193
(2)　デジタル・フォレンジック用ツールの選択 ……… 194
(3)　データの複写 ………………………………………… 195
　　コラム　デジタル・トリアージ ………………… 200
(4)　その他準備すべきツール等 ………………………… 200
(5)　携帯電話・スマートフォンの解析準備 …………… 203

6　関連情報の収集 …………………………………………… 204

第7章　現場における対応 ……………………………………… 205

1　関係者からの状況聴取 …………………………………… 206
2　調査対象機器等の確認 …………………………………… 209

(1)　企業等の情報システム ……………………………………………… 209
　　　コラム　データの差押えに関する刑事訴訟法の規定 …………… 210
　(2)　個人宅の証跡の収集 …………………………………………………… 212
3　現場におけるデータの収集 ……………………………………………… 214
　(1)　対象物の状態の記録 …………………………………………………… 214
　(2)　揮発性情報の収集 ……………………………………………………… 214
　(3)　不揮発性情報等の収集 ………………………………………………… 216
　　　コラム　「アンチ・フォレンジック」への対応 ………………… 222
4　データ及び機器の保管管理 ……………………………………………… 224
　(1)　梱包及び搬送 …………………………………………………………… 224
　(2)　保管管理 ………………………………………………………………… 225

第8章　デジタル・フォレンジックによる解析と報告 …………… 227

1　デジタル・フォレンジックのプロセス ………………………………… 228
　(1)　データの収集・保全に係る国際標準（ISO/IEC 27037） ………… 228
　(2)　NIST SP800-86 ………………………………………………………… 228
2　解析の対象とその手法 …………………………………………………… 230
3　高度な解析手法 …………………………………………………………… 233
　(1)　データの収集・抽出手法 ……………………………………………… 234
　(2)　マルウェアの解析 ……………………………………………………… 237
4　解析報告書（レポート）の作成 ………………………………………… 244

第9章　デジタル・フォレンジックの今後 ………………………………… 247

1　マルウェア（不正プログラム）対策 …………………………………… 248
　(1)　感染・侵入の手口 ……………………………………………………… 248
　(2)　マルウェア等の送付（攻撃）手法の例 ……………………………… 249
　(3)　マルウェア解析の効率化 ……………………………………………… 251
　(4)　総合的なマルウェア対策 ……………………………………………… 253
2　デジタル・フォレンジックに係る警察の取組 ………………………… 253
　(1)　サイバー攻撃対策 ……………………………………………………… 255
　(2)　サイバー犯罪対策 ……………………………………………………… 259
3　社会活動とデジタル・フォレンジック ………………………………… 261

(1) デジタル・フォレンジックの歴史とニーズ……………………… 261
　　(2) デジタル・フォレンジックが求められる分野 ………………… 263
　　(3) デジタル・フォレンジックの課題 ……………………………… 267
　④ デジタル・フォレンジック関連の国際標準 ………………… 268
　　(1) ISO/IEC 27037 ……………………………………………………… 268
　　(2) その他の国際標準等の動向 ……………………………………… 269

第2部のおわりに ……………………………………………………… 271

あとがきに代えて ……………………………………………………… 273

　事項索引 …………………………………………………………………… 275

第1部
デジタル・フォレンジックの基　礎

第1章
デジタル・フォレンジック序論

　情報の利活用に画期的な変革をもたらしたインターネットは、それ以前は、ビジネスや学術部門、一部の技術に詳しい人たちの利用に限定されていたコンピュータの世界を一変させました。

　インターネットの普及とともに、パソコンや携帯電話はもとより、ネットワーク化、高機能化を備えたスマートフォンやタブレット等、多種多様な電子機器が市場に登場し、その高い利便性によって、子供からお年寄りまでの幅広い年代層において日常的に利用されるようになりました。

　このような電子機器は、様々な情報を発信したり受け取ったりすることができるだけでなく、情報を記録しておいて後々利用することも可能です。

　電子機器にデジタル方式で記録された情報は、何回もの複写が可能で、しかも、その情報そのもの、例えば音質や画質などは劣化することはありません。反対に不要になった情報は簡単に消去することも可能です。

　残念ながら、これら電子機器が、ビジネスにおいて規律に反した利用が行われたり、時には犯罪行為に悪用されるということも事実です。

　警察をはじめとする法執行機関が、電子機器に記録された情報を取り扱う機会は、非常に増加していますし、企業等の活動においても、内部統制等に関連して、その重要性が注目されるようになっています。

　このような背景から、法執行機関や企業の内部監査部門において、電子機器等に記録されたデジタル情報について、その証拠価値を失うことなく取り扱う方法や手続に関する「**デジタル・フォレンジック（digital forensics）**」という概念が、世界的にも重要視されるようになりました。

　果たして、「デジタル・フォレンジック」とは、一体何者なのでしょうか？

　これから、本書を通じて皆さんと一緒に考えていきたいと思います。

1 電磁的記録

(1) デジタル情報

　はじめに、電子機器等に記録されるデジタル方式で記録された情報＝デジタル情報とは、どのようなものか見ていきましょう。磁石には「N極」と「S極」があり、電池には「＋」と「－」があることが一般的に知られています。磁石や電気のような、取り得る状態が2種類存在する「何者か」を用いて、数や情報を表現することを考えてみます。その際に、概念的な表現になりますが、磁石における「N極」と「S極」、電池における「＋」と「－」を、それぞれ「0」という状態と、「1」という状態であると仮定します。

　ここで、「765－1234」という電話番号を対象にして、ハイフン記号を除いた「7651234」を「0」と「1」だけを用いて、あるルールにのっとって記述してみたいと思います。

　この電話番号に、表1－1に示すようなルールを適用してみましょう。このルールでは、7は「111」、6は「110」、5は「101」、1は「1」、2は「10」、3は「11」、4は「100」で表現できることになります。

電話番号の各桁の値	「0」と「1」で表現した値
0	0
1	1
2	10
3	11
4	100
5	101
6	110
7	111
8	1000
9	1001

表1－1　電話番号を「0」と「1」だけで表現するルールの例

　ルールに従って、「0」と「1」による記述を試みる際に、表1－1にある値をそのまま並べて書くと、桁区切りの位置が分からなくなる可能性があるため、それぞれを4桁に固定して、また、見やすくするために値ごとにスペースで区切りを入れてみます。

電話番号の「７６５１２３４」は、
「０１１１　０１１０　０１０１　０００１　００１０　００１１　０１００」
と表現できました。

こうして、私たちにとって電話番号としての意味を持つ数字列が、あるルールに従うことにより「０」と「１」の２つの値だけで表現可能であることが分かりました。

このように、私たちにとって意味のある様々な情報を、特定のルールに従って「０」と「１」の２つの値を用いて表現し、記録しているものがデジタル情報なのです。

デジタル情報が意味あるものと解釈されるためには、表１－１で示したようなルールが必要になります。例えば、文字、文書、音声、画像等を表現するためのルールは、情報の種別ごとに定められていて、デジタル情報を取り扱う電子機器のソフトウェアの中にプログラムとして組み込まれています。

これらのソフトウェアの機能によって、デジタル情報が私たちに認識できる形態の情報になったり、私たちの認識できる形態の情報がデジタル情報になったりと、必要に応じて変換されているのです。

そして、ソフトウェアに内含されているルールには、世界的な規格として定められたルールと、ソフトウェア開発者が独自に定義してプログラムに実装したルールとがあります。画像を例にとると、世界的な規格で保存された画像である場合には、その規格に準拠したソフトウェアを使用すれば、誰もが当該デジタル情報を画像として認識できますが、ソフトウェア独自の形式で保存された画像である場合には、当該ソフトウェアを使用するか、それと同等の機能を持つ何かを使用しないと、私たちは画像として認識することはできないことになります。

ところで、デジタル情報は「０」と「１」で表現されることを話してきましたが、数学の世界では、この手法で数を表現することを「２進数」による数値表記と呼んでいます。２進数とは何かについては、もう少し詳しくコラムで取り上げてみますが、数字が並ぶのは苦手という方は、次の項目に読み進んでください。

コラム　10進数と2進数

「0」と「1」だけを用いて、数を表す方法は「2進数」として知られる「2」を基数として数を表現する手法です。私たちが日常使っている「0」、「1」……「9」で表現する数は「10進数」であり、「10」を基数として数を表現しています。ここで、「基数」というのは、複数の桁で表現する数において、各桁の重み付けの基本となる数のことを指します。

図1-2に、「10進数」と「2進数」について、その表現と意味する値の違いについて示します。

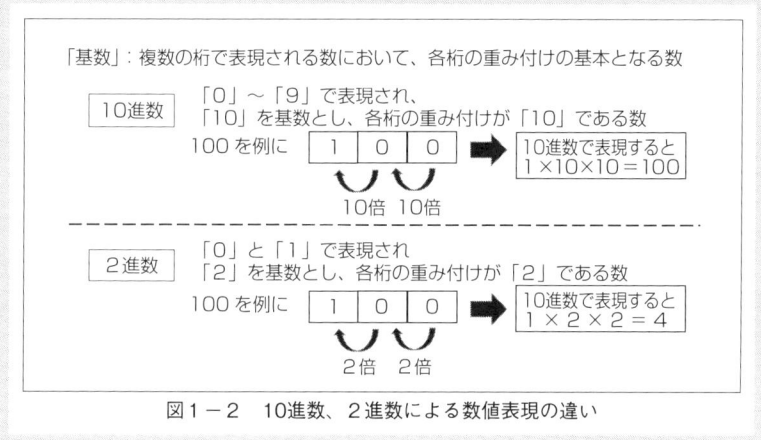

図1-2　10進数、2進数による数値表現の違い

(2) 電磁的記録

「0」と「1」の2つの値で情報を表現するデジタル情報は、前述したように、私たちが目で見て読むことのできる文字列として表記することも可能ですが、その本領が発揮されるのは、電子機器の内部や周辺機器等で取り扱われる場合です。

電子機器には、デジタル情報を記憶・記録するため、メモリと呼ばれる記憶素子や、ハードディスク等の記録媒体が内蔵されています。メモリでは、電池の「+」と「-」と同様の方法で電気的に「0」と「1」の状態を保持する仕組み、ハードディスクでは磁石の「N極」と「S極」と同様の方法で磁気的に「0」と「1」の状態を保持する仕組みとなっています。

また、音楽の頒布に用いられるCDや映像を記録するBlu-ray Disc（ブルー

レイディスク：BD）では、光の反射具合の差異に基づき光学的に「０」と「１」の状態を保持する仕組みが用いられているなど、他にも方式は存在しています。

このように、電気的、磁気的、その他の方式を用いたデジタル情報の記録が電磁的記録であり、刑法においては、

「電子的方式、磁気的方式その他人の知覚によっては認識することができない方式で作られる記録であって、電子計算機による情報処理の用に供されるもの」（刑法７条の２）
と定められています。

この電磁的記録は、そのままの状態では、人の五感（視覚、聴覚、触覚、味覚、嗅覚）によって認識することができません。私たちが、メモリやハードディスクを目で見たり、手で触れたりしても、その中に記録している情報について認識することはできないことを示しています。

では、情報の内容を認識するためにはどのようにすればよいのでしょうか。電磁的記録は、本節の(1)「デジタル情報」で示したように、あるルールに従って記録されています。そして、そのルールは、電磁的記録を書き込んだソフトウェアの中に定義づけられています。

大抵の場合において、そのソフトウェアは、自らが書き込んだ電磁的記録について、後から読み込み、私たちが認識することができる姿の情報に変換する機能を有しています。

つまり、電磁的記録を私たちが認識できるようにするためには、当該電磁的記録を書き込んだソフトウェアか、同等の機能を有する別のソフトウェアか、又はその他の方法が必要となるわけです。

本書において、ここまでの文字の情報量をデジタル情報で表した場合、「０」と「１」の並びが**72,672個**にもなりました。このように、２進数で情報量を表す場合には桁数が大きくなり過ぎますので、２進数の代わりに「16進数」が一般的に用いられています。16進数については、コラムで取り上げてみますが、先ほどと同様に数字が並ぶのは苦手という方は、次の項目に読み進んでください。

コラム 16進数

「16進数」は、「16」を基数として数を表現します。「16進数」では、「0」～「9」、「A」～「F」で1桁を表現し、「A」から「F」は、それぞれ10進数の「10」から「15」に該当します。

図1−3に、「2進数」と「16進数」について、その表現と意味する値の違いについて、表1−4では、表1−1で示したルールの表記にならって、10進数と、2進数に加えて、16進数も対比してみます。

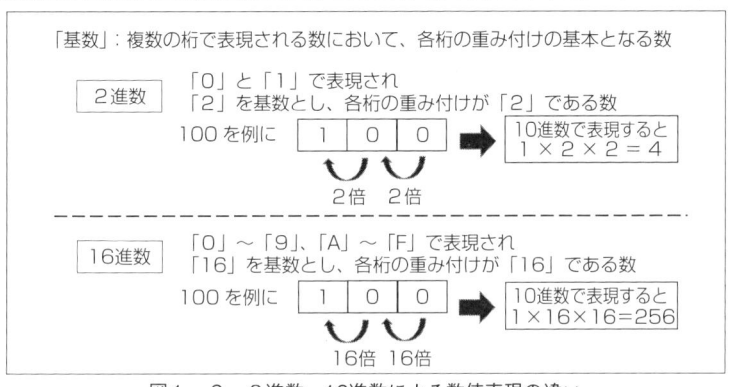

図1−3 2進数、16進数による数値表現の違い

10進数の値	2進数の値	16進数の値
0	0000	0
1	0001	1
2	0010	2
3	0011	3
4	0100	4
5	0101	5
6	0110	6
7	0111	7
8	1000	8
9	1001	9
10	1010	A
11	1011	B
12	1100	C
13	1101	D
14	1110	E
15	1111	F

表1−4 10進数、2進数、16進数の数値表現の違い

(3) 電磁的記録の特徴

「0」と「1」の並びによって、文字、画像、動画等の情報を表現でき、電子機器等において効率よく取り扱うことが可能となる電磁的記録は、自然界では他に類を見ないような特徴を有しています。

前項では電池と磁石を例にしましたが、ここで断面のそろった1mの長さの棒で「1」を、同じく50cmの長さの棒で「0」を表すと仮定してみます。この1mの棒は、使っているうちにすり減ることもあるでしょうが、仮に70cmまですり減ったとしても、50cmよりは長いわけですから、元が1mの棒であったことは容易に判別でき、その示す値は「1」であると認識することができます。

また、仮に50cmのところで折れていたとしても、断面がそろっていなければ、元が1mの棒であったことが判別でき、その示す値は「1」であると認識することが可能です。

どちらの場合でも、誰の目にも瞬時の判別が可能となるよう、すり減ったり折れたりした棒を、本来の1mの棒に置き換えることができます。2つの値ではなく、3つ以上の値でも同様のことはできますが、前者の方が、判別の精度は高いということを、お分かりいただけるでしょう。

電気的な信号が電線等の伝送路を伝わる場合には、その途中や、到達点においては、送出時と比べて信号の強さや形状が変わることや、ノイズが混入してしまうことも少なくありません。このような場合でも、棒の例と同様に、元の信号が「1」であったか「0」であったかを判別でき、電気的な信号を送出時と同じ姿に戻すということは、現実の信号の中継や伝送の際に行われています。

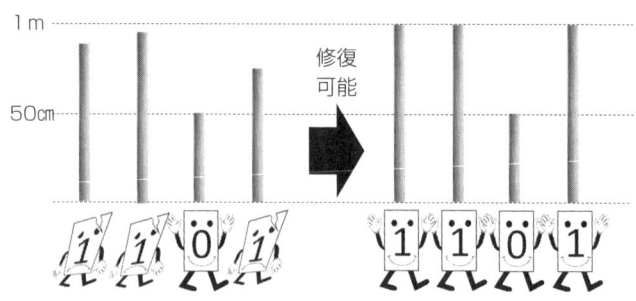

図1-5 デジタル情報の修復

続いて、電磁的記録の代表的な特徴といわれる「複写」、「消去」、「改変」が容易であることについて見ていきましょう。

ア　複　写
　電磁的記録は、「0」と「1」の並びで情報を表現していますので、同じ並びを持つ電磁的記録を複製することは容易に実現でき、「複写」と呼ばれています。ある電磁的記録について複写をした場合、複写した電磁的記録と元の電磁的記録との間では、全く同じ情報を表現していることになりますので、写真や印刷物を複写機でコピーをとり、そのコピーを原稿にしてさらにコピーをとる、ということを繰り返した場合に文字がつぶれてしまうような、情報の劣化という現象は存在しません。写真の電磁的記録について、何世代にもわたって複写を繰り返しても、オリジナルの写真にある鮮やかさは保たれ続けるのです。

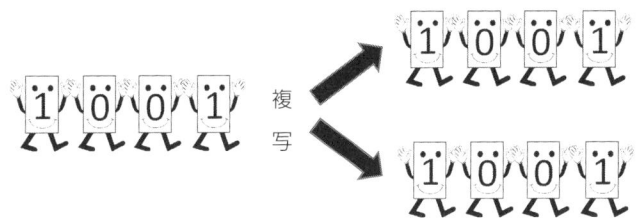

図1－6　デジタル情報の複写

イ　消　去
　次に、4個の「0」と「1」の並びで、ある情報を表現している電磁的記録を考えてみましょう。例えば、電磁的記録の4個の「0」と「1」の全てを「0」に置き換えてしまったり、本来4個あった並びの全てを取り去ってしまったりすると、その電磁的記録は、本来保持していた情報を失うことになります。このように、電磁的記録について、内容を特定の並びに置き換えたり、何も並びがない状態にしてしまったり、加えて、電磁的記録そのものを失わせることを総称して「消去」と呼んでいます。

10　第1部　デジタル・フォレンジックの基礎

図1-7　デジタル情報の消去

ウ　改　変

　ある情報を表現している電磁的記録の「0」と「1」の並びのうち、一部又は全ての要素について「0」と「1」を置き換えたりすると、本来保持していた情報とは異なった内容の電磁的記録となります。電磁的記録の内容を変えることを、本書では「改変」と呼ぶことにします。

図1-8　デジタル情報の改変

　電磁的記録には、このような特徴があることから、ひとたびその取扱いを誤ってしまうと、事後に取り返しの付かない影響を及ぼす可能性があるのです。そのため、電磁的記録の取扱いや、電磁的記録の解析に関して、基本となる知識を身に付け、正しく取り扱うことの重要性が再認識されているのです。

2　電磁的記録の解析

　これまで述べたように、電磁的記録は、コンピュータや電子機器に内蔵された記憶素子（メモリIC）、ハードディスクやBlu-ray Disc等の電磁的記録媒体に、人が目や耳で認識できる形態にある文書、音声、画像等をデジタル情報に変換して記録したものです。そして、電磁的記録がそのままの状態である限り、それが指し示している内容を、人の感覚によっては認識することができないという特徴がありました。

　そのままでは内容を認識することのできない電磁的記録について、文書情報なら文書として、音声情報なら音声として、画像情報なら画像として、人の感覚によって認識できる形態に変換することを「可視化・可読化」すると呼んでいます。

　電磁的記録を人が認識できるように可視化・可読化する方法は、いくつか存在していますので、それぞれについて確認してみたいと思います。

(1)　電磁的記録の内容を確認する方法

　電磁的記録が指し示している内容を確認する方法には、①　保存したソフトウェアを用いる、②　互換性のあるソフトウェアを用いる、③　電磁的記録の解析を行う、の3つが挙げられると思います。これから、個々に説明していきましょう。

ア　保存したソフトウェアを用いる

　電磁的記録の解析を実現する一番簡単な方法には、当該電磁的記録を保存する際に用いた機器やソフトウェアを用いて、保存前の状態に戻し、可視化・可読化するという手法が思いつくのではないかと思います。

　例えば、ワープロソフトを使って作成した文書を電磁的記録として保存しておくと、後日、保存したままの形態の文書を開くことができ、これを元に編集することもできるのと同じことです。

　とはいえ、この方法だけで用が済む場合には、何らの特別な処理を伴うものではないことから、電磁的記録の解析の範疇には含まれないとされています。ただし、何らかの情報の処理の過程を経た上で、最後にこの方法が採ら

れたといった場合には、電磁的記録の解析の範疇に含まれることになります。

イ　互換性のあるソフトウェアを用いる

　では、このワープロソフトがインストールされていないパソコンを使っているときなどで、文書の内容を確認したい場合には、どうしたらよいでしょうか。

　あるソフトウェアAが保存した電磁的記録を、それとは別のソフトウェアBが取り扱える場合、後者のソフトウェアBは前者のソフトウェアAと互換性があると呼称されています。

　例えば、Microsoft社では、Microsoft Word（ワード）をインストールしていないパソコンでワードの文書を閲覧したり、印刷したりすることが可能な「Word Viewer」というソフトウェアをインターネットで無料提供しています。これを使うことによって、ワードで作成された文書ファイルについては、文書の内容を確認できるようになりますし、印刷もできるようになります。しかし、文書を編集することはできないという制限が付けられています。

　一般的に、互換性のあるソフトウェアである場合でも、Word Viewerにおいて、閲覧・印刷はできるものの、編集はできなかったというように、全ての機能について互換性が担保されているわけではなく、制限事項が存在していることも少なくありません。

　また、この互換性に関連する言葉では、ソフトウェアのバージョンやシリーズ内のグレードなどで、上位の製品で下位の製品の電磁的記録を取り扱えることを「上位互換」、下位の製品で上位の製品の電磁的記録が取り扱えることを「下位互換」と呼んでいます。

　例えば、Microsoft社のワードでは、バージョンの違いによって、扱うことのできる文書の形式が異なっています。このため、Word2013で作成した標準の文書を、Word2003では原則として開くことができませんが、Word2003で作成した文書は、Word2013で開くことができます。それゆえ、Word2013は、Word2003との関係では上位の互換性を有しているといえるでしょう。厳密には、Word2003も、追加機能をインストールすれば、一部の制限事項こそはありますが、Word2013のファイルを開くことはできるよう

になっていました。

このように、パソコンで作成された文書である電磁的記録は、当該文書を作成したソフトウェアと互換性のある別のソフトウェアが利用可能である場合には、文書の内容を確認することができるわけです。同様のことは、他のソフトウェアについてもいえることでしょう。

とはいえ、保存したときのソフトウェアを用いた場合と同様に、この方法も特別な処理を施していないならば、電磁的記録の解析の範疇には含まれないとされています。ただし、互換性のあるソフトウェアを選定するために知見を駆使した場合や、何らかの情報の処理の過程を経た上で、最後にこの方法が採られたといった場合には、その限りではありません。

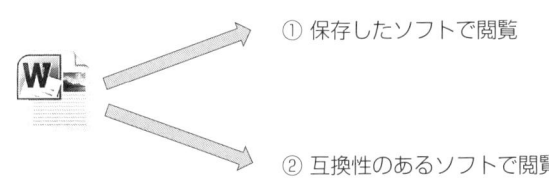

※他の処理を伴わないなら、電磁的記録の解析とは呼ばない。
図1-9　電磁的記録の内容確認

(2) 電磁的記録の解析

それでは、保存する際に用いたソフトウェアや互換性のあるソフトウェアを所有していない場合にはどうすればよいのでしょう。さらに、電子機器等が正常に動作しない場合、電磁的記録に何らかの保護機能が適用されている場合、データの一部が欠損した場合等も考えられます。

このような状況の中で、電磁的記録が指し示している内容を人の感覚によって認識できるように可視化・可読化する方法として、電磁的記録の解析が、その本領を発揮することになります。

それでは、電磁的記録の解析について、その流れを中心に見ていくことにしましょう。

データの一部が欠損している電磁的記録は、保存する際に用いたソフトウェアを使っても、その内容を閲覧することができない場合が少なくありません。しかし、当該電磁的記録には、欠損した部分を除いた大多数の情報は

正しく保たれている場合がほとんどです。

　そこに残された情報を可視化・可読化することを念頭に、手順の一例を説明していきます。まず、当該電磁的記録を複写によって抽出します。

　抽出した電磁的記録は、本章の①「電磁的記録」で説明したデジタル情報であり、0と1の組合せ、すなわち2進数の形式で記録されています。一見すると、0と1がバラバラに並んでいるだけに思えるデジタル情報ですが、実はこれらは、保存したソフトウェアに定められているルールに従って記録されています。

　そのルールが完全には明らかになっていないことを前提とした場合に、当該電磁的記録を対象にした、解析用コンピュータを用いて行う処理の内容について説明を進めてみましょう。

　2進数の表現のまま、解析用ソフトウェアでの処理を続けると、取り扱う桁数があまりにも大きくなってしまうため効率が良くありません。このため、「電磁的記録」の項で説明したように、2進数の4桁ごとに、0～9とA～Fの文字で表記する16進数の形式に変換して処理をする場合がほとんどです。さらに、この16進数の2つを一組として取り扱います。これは解析用コンピュータの内部処理に適した形態にするためですが、その理由の詳細については、後ほど触れることにします。

　続いて、デジタル情報に含まれている個々の情報の長さ、情報の並び方、記録の形式、符号の持つ意味等を明らかにするために、データ構造の解析を行います。このデータ構造の解析を進めるに従って、バラバラに0と1が並んでいるだけにしか見えなかったデジタル情報であっても、ソフトウェアが保存の際に適用したルールが次第に解明されていきます。ちょうど、本章の①(1)「デジタル情報」で電話番号の例を説明しましたが、その逆の手順を行っていると考えてみてください。

　データ構造の解析が完了したら、必要に応じて個々のデータの並べ替えを行います。これは、記録されているデジタル情報の並び方が、人が認識する際に分かりやすい並びにはなっていない場合があるからです。例えば、年月日と時刻が記録されている領域に「30　10　30　05　20　14」というデータがあったとします。これを2014(年)05(月)30(日)10(時)30(分)と並べ替えてみると、より人には認識しやすくなったといえるのではないでしょうか。このようなイメージで個々のデータの並べ替えを進めていくと、デジタル情報

の指し示す内容が、おぼろげながら見えてくることでしょう。

　ここでの解説では最後の手順としますが、ある領域のデータが文字を指し示している場合には、その表記ルールとしては複数の標準的な手法が存在しています。これを文字のコード形式（文字コード）と呼んでおり、数字・アルファベットの半角文字であればASCII（アスキー）コードによる方法が有名ですし、漢字の全角文字であれば、Shift-JIS、Unicode等が知られています。ワープロソフトでは同一に見える全角文字が、デジタル情報で取り扱われる際には、別の文字コード表現になっていることも少なくありません。

　例えば、デジタル情報の「デ」という文字は、Shift-JISでは「83　66」、Unicode（UTF-16）では「30　C7」、Unicodeの仲間のUTF-8では「E3　83　87」というように、人の目には同じ文字と認識できる場合であっても、どの文字コードを使用するかによって、デジタル情報としての表記が異なってくるのです。図１−10では、数字部をASCIIコードで、漢字部分をShift-JISで記述されていた場合の、この変換の例を示します。

　このように、「０」と「１」の羅列にしか見えないデジタル情報に関して、電磁的記録の解析を施すことにより、人が認識できる形態の情報に変換できたことになります。

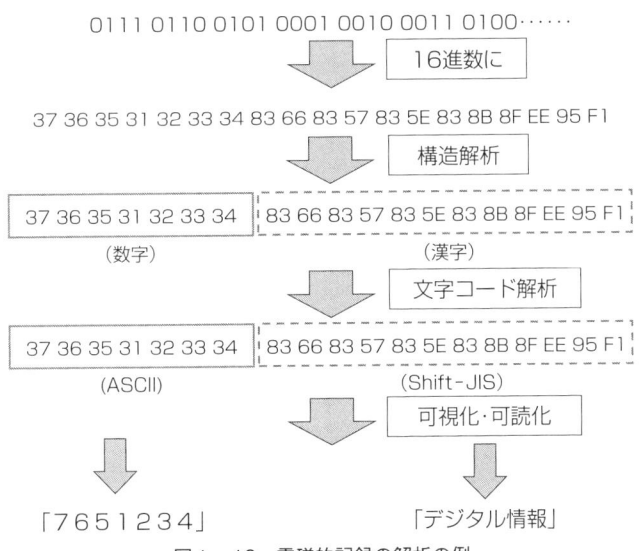

図１−10　電磁的記録の解析の例

電磁的記録の解析には、単に既存の電磁的記録について可視化・可読化を図るという意味合いだけではなく、この項で説明したように、保存する際に用いたソフトウェアを用いるなどの一般的な方法では読み出すことが不可能となったデジタル情報に関して、その探索と抽出から、様々な技術を駆使した解析の処理を経て、最終的に可視化・可読化するという意味も含まれているのです。

したがって、電磁的記録の解析と呼ばれる作業過程の中には、解析対象となるデジタル情報が記録されている機器・媒体の特定、機器・媒体からの対象電磁的記録の探索・抽出、データ構造の解析、その結果に基づくデータの並べ替えとコード変換、可視化・可読化処理等が含まれることになります。

今回紹介した以外にも、電磁的記録の解析の現場では、多種多様な技術的手法で電磁的記録を取り扱っていますので、本書では、それらの具体的な内容や技術的手法についても、この後のテーマごとに触れていきたいと思います。

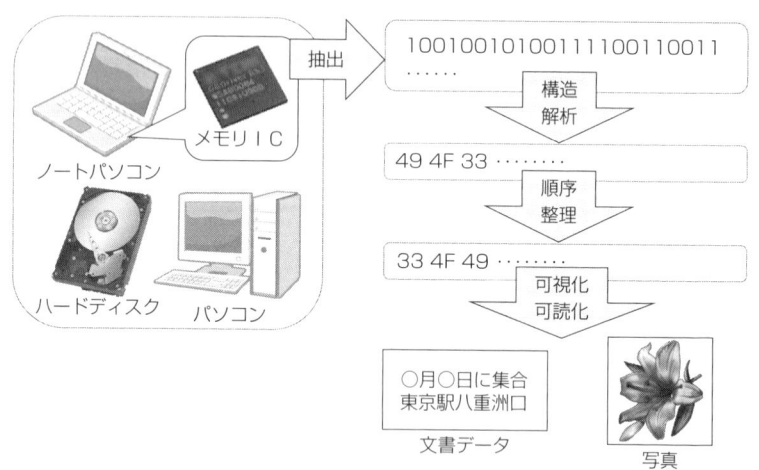

図1－11　電磁的記録の解析の流れ

3 証拠としての電磁的記録

　これまで、電子機器等に記録されたデジタル情報と、これらを可視化・可読化する電磁的記録の解析について説明してきました。単にデジタル情報の内容を確認するだけであれば、記録した際に使われたソフトウェアの機能を用いればよかったわけですが、電磁的記録の解析が持つ意味はそれだけに留まりません。

　この節では、従来の携帯電話機、いわゆるフィーチャーフォン（ガラケー）を例に、電磁的記録の解析について見ていきたいと思います。

　今でこそ、スマートフォンにその座を明け渡しつつある携帯電話機ですが、幅広い世代の多くの人に使われてきた通信用電子機器としては、これまでのものとは異なる、他に類を見ないものであったといえるでしょう。

　携帯電話機の代表的な機能には、通常の電話としての通話機能、携帯キャリア独自のショートメールやインターネットメールが使えるメール機能、通話やメールで連絡を取る人を登録しておき、必要なときにその情報を呼び出し利用できる電話帳機能、デジタルカメラと同様に撮影や表示ができるカメラ機能等が挙げられます。そして、これらの機能は、電磁的記録と密接な関係を持っているのです。

(1) 携帯電話機の電磁的記録

　携帯電話機に備えられた機能が残す電磁的記録について着目した場合に、これらを対象にした電磁的記録の解析とはどのような意味を持つのでしょうか。

　通話機能では、発信時には、その日時情報と発信先に関する情報が記録されますし、着信時には、その日時情報と発信元に関する情報が記録されます。これらは、まとめて発着信履歴と呼ばれています。

　メール機能では、メールの送信時には、送信日時、タイトル、送信先メールアドレス、本文が記録されますし、メールの受信時には、受信日時、タイトル、送信元メールアドレス、本文が記録されます。さらに、メールの相手によって情報を保存するフォルダを振り分けることも可能となっています。

　言い換えれば、発着信履歴からは、いつ・どの電話番号から着信があった

のか、又はいつ・どの電話番号に発信したのかが分かることになりますし、さらに、その頻度も確認できるといえるでしょう。そして、メールからは日時・通信相手に加え、その内容までもが分かることになりますし、さらに、「メールの振り分け設定」と「保存フォルダ」からは、メール相手のグループ関係を類推することも不可能ではありません。

同様に、電話帳機能では、頻繁に連絡を取る可能性のある人が登録されているとみるならば、交友関係が分かることになりますし、カメラ機能からは撮影画像とその撮影日時等が確認できることになります。

これらの情報は、各種行為がなされた記録として捉えることができますので、事後に、これらの行為を確認したい場合等には特別な意味を持つことになるのです。

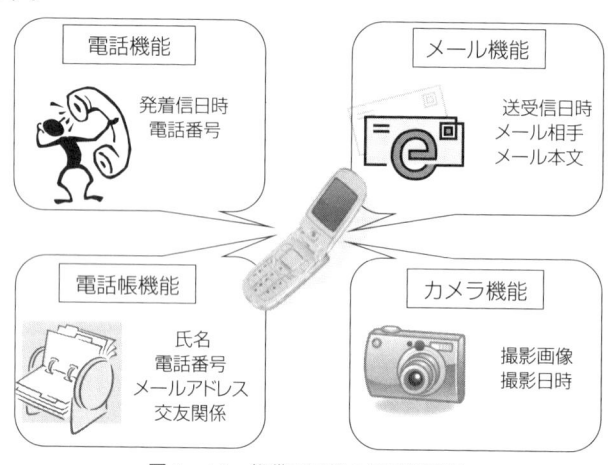

図1−12　携帯電話機の電磁的記録

あまり良い例えではないでしょうが、盗撮行為がＴＶのニュースで取り上げられることも少なくありません。上昇するエスカレータに乗っていた女性の背後で、若い男が下方から携帯電話機を差し出すような仕草をしていた場合には、盗撮行為が疑われることでしょう。とはいえ、この状況を見ただけでは、そうと決め付けられないのも事実です。

しかし、この時に使用していた携帯電話機から、その場所・時間帯に撮影された盗撮画像が確認され、さらに当該女性から自身が撮影された画像との供述が得られたならば、この電磁的記録である画像情報が盗撮行為を裏付け

る重要な証跡となり得ることはお分かりいただけると思います。

(2) 証跡としての電磁的記録

前項の携帯電話機の例のように、電子機器や記録媒体の中に残存する電磁的記録について、必要があれば電磁的記録の解析を施し、可視化・可読化した上で作成した資料は、行為者の特定に資する場合もあれば、行為事実を示す証跡として扱われる場合もあるでしょう。

その意味では、犯罪捜査における指紋、ＤＮＡ等の鑑識資料と同様といえるくらいに、電磁的記録は大変重要な位置を占めることになります。

一方、先に説明したように、電磁的記録は、複製、消去、改変が容易という特徴を有していました。電子機器や記録媒体を取り扱う上で、意図せずとも、電磁的記録の内容の変化を生じさせてしまう場合があることをご存じでしょうか。

例えば、WindowsをOSに使用しているパソコンを例にするなら、電源を入れてパソコンを起動しただけでハードディスクの内容に変化が生じますし、ファイルを開いて、何も操作をすることなく閉じた場合でも、当該ファイルに付帯する電磁的記録に変化が生じてしまうのです。

これを証跡という観点から考えますと、科学的研究の場に例えるなら、比較実験において着目する要素以外に差異を生じさせてしまっていたり、試薬の配合を誤ったまま実験を進めていたり、実験データを取り違えて論文を書き進めるようなものともいえるでしょう。

警察の鑑識資料に例えるなら、白手（手袋）を着用せずに指紋の採取に臨んだり、足跡を採取する前にその場を踏み荒らしてしまったり、ＤＮＡ資料を取り違えてしまったりするようなものともいえるでしょう。

いずれの場合にも、アウトプットである結果の信憑性には疑念の目が向けられ、さらには取扱者の信用をも失うことにつながりかねません。これと同様に、電磁的記録を正しく取り扱うことができないならば、その指し示す解析結果がいかに重要な内容であったとしても、証跡に値する情報と認められることはまずないといえるでしょう。

このため、電磁的記録を正しく取り扱うということは、非常に重要なことといえるのです。電磁的記録をどのように取り扱うべきであるかについて、本書の中で解説を進めていきますが、次々と新しい製品やサービスが市場に

登場する中にあって、その全てを把握し、実践するということは決して容易とはいえないと思います。

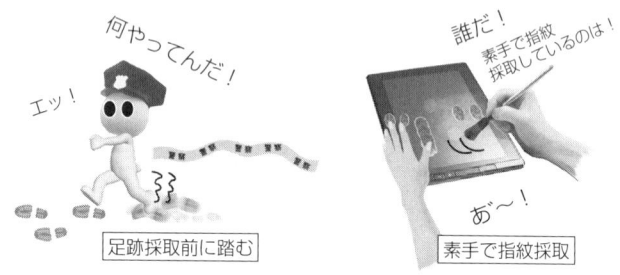

図1−13　誤った取扱い

　世の中には、電磁的記録の取扱いに精通した専門家がいます。企業では内部統制に携わる部門にその専門家を配置しているか、又はデジタル・フォレンジック・サービスを提供する会社と契約して不測の事態に備えるケースが増えてきていますし、警察では組織内部に専門家である技術者集団を擁しています。
　警察庁の場合は、情報通信局の情報技術解析課を頂点に、各管区警察局情報通信部の情報技術解析課、都道府県警察本部内には国の地方機関として置かれている情報通信部の情報技術解析課があり、それぞれ電磁的記録の解析に関する高度な技能を有した職員が配置されています。
　電磁的記録を取り扱う際に不明な点がある場合には、独善に陥ることなく、このような専門家に相談するということを念頭に置いていただきたいと思います。

4 デジタル・フォレンジック

　電磁的記録は、行為者の特定や行為事実を示す重要な証拠となり得る一方で、複製、消去、改変が容易という特徴を有していることから、電子機器等から抽出・収集した電磁的記録が証拠に値する情報と認められるためには、これらを常に正しく取り扱うことが求められることは当然です。

　電磁的記録について、証跡としての価値を失うことなく取り扱う手法等は、デジタル・フォレンジック（digital forensics）という概念の確立と相まって、国際標準の策定が進んだほか、その普及・浸透が図られてきました。日本の警察では、平成18年以降、デジタル・フォレンジックを「犯罪の立証のための電磁的記録の解析技術及びその手続」（警察白書）と定義付けています。

　ここで、デジタル・フォレンジックの基盤である電磁的記録の証拠価値を大きく損なった例を紹介してみましょう。平成22年9月にテレビ、新聞等で大きく報じられた事案で、大阪地検特捜部の検事が、証拠物件である電磁的記録媒体（フロッピーディスク）の記録内容について、意図的に改変し証拠を偽造するという改竄行為に及び、証拠隠滅容疑で逮捕されるというものがありました。一般には、この事案を機に、デジタル・フォレンジックの重要性が広く世の中に知れ渡ったともいえます。

　もっと身近なものに例えるなら、銀行においてもコンピュータ処理を活用していますので、自身の口座に入金した額が、何者かに書き換えられてしまったなら、しかも半分以下にされてしまったとしたら、また、飛行機搭乗予約もコンピュータ処理を活用していますので、インターネットで予約したにもかかわらず、何者かに書き換えられてしまい、空港に出向いたのに搭乗受付を受理してもらえなかったなら、どちらも相当な損害を受けることになるばかりでなく、それ以降は、電磁的記録というものを信用することができなくなってしまいかねません。

　このように、証跡という観点からは、恣意的な電磁的記録の改変など、絶対にあってはならない事柄ですので、電磁的記録を正しく取り扱うためにはどのようにすればよいかが課題となってくるわけです。

　本節では、法的にも、証拠品管理的にも正当な手続にのっとった上で、電磁的記録を含む電子機器・媒体等を取り扱うという「手続の正当性」、論理

的にも技術的にも正しい手法で電磁的記録の解析を行うという「解析の正確性」、事後に電磁的記録の解析結果について、検証や再現が可能なようにするという「第三者検証性」の3つの要素について説明を進めていきます。

(1) 手続の正当性

　デジタル・フォレンジックにおいては、正当な手続の下で電磁的記録を取り扱うことが求められます。これは、刑事訴訟上の法理とされる違法収集証拠排除の原則の概念にも、つながるものがあるといえるでしょう。

　犯罪捜査になぞらえるなら、差押許可状を根拠に証拠物を押収した場合には厳重な管理下に置くことが当然とされていることと同様に、電磁的記録を含む電子機器・媒体等についても、定められた手続にのっとって、証拠品の収受と同様に正確かつ確実な記録を残し、取扱者以外の第三者が触れることのないように厳重に保管し、解析を行うために保管庫から取り出す場合や解析を中断・終了するために戻す場合には、出納状況を正確かつ確実に記録するなど、厳重な管理の下で取り扱うことが必要といえるでしょう。

　同時に、証跡となる電磁的記録は、原則として当初の記録内容が保たれたままの状態で、保管し取り扱われる必要があります。この例外としては、検証や鑑定等において他の選択肢がなく、電子機器を起動しなければならない場合等が挙げられます。

　このように、定められた正当な手続にのっとって取扱いが行われていたことを示す記録が検証可能な形で残存していれば、取扱者以外の第三者によって内容が改変等されるような隙はその間に存在していなかったことや、当該電磁的記録が損壊、改変、消去されていない状態であり続けたことを意味する「完全性」が保たれていたことを担保するための資料の一つとなり得るわけです。

　また、検証や鑑定等において、必要があって電子機器を起動した場合であっても、「いつ・どのような操作を当該機器に行った。」という事実が正確に記録されていたならば、たとえ電磁的記録の内容に変化が生じた場合であっても、その結果の正しさを担保するための資料になり得るのです。

　電磁的記録を取り扱う上では、法令の遵守はもちろん、電磁的記録を含む電子機器・媒体等の管理・取扱い、電磁的記録の解析の実施等の全ての場面において、手続の正当性を確保するよう努めなくてはならないのです。

(2) 解析の正確性

　デジタル・フォレンジックにおいては、電磁的記録の記録内容を確認する場合に、存在するそのままの電磁的記録にのみ基づいて、その本来の意味するところを一切変えることなく、人の感覚によって認識できるように可視化・可読化することが求められます。

　さらに、記録内容を確認する際に電磁的記録の解析を伴う場合には、論理的にも技術的にも正しい手法を用いた解析を実施して、電磁的記録を含む電子機器・媒体等から必要な情報について抽出・可視化・可読化して、人の感覚によって認識できるようにした上で、記録されていた情報の持つ意味を明らかにすることが求められるといえるでしょう。

　電磁的記録の解析は、目的とする電磁的記録が書き込まれている電子機器や電磁的記録媒体を対象に実施します。もし、電磁的記録の解析を行う際に、対象となる電子機器や電磁的記録媒体の中に、目的とした電磁的記録とは何ら関係のない別の記録群が混在していた場合にはどうなるでしょう。もしかしたら、本来なら関係するはずのない記録群の中から、誤った情報を抽出し、可視化・可読化してしまい、その結果が事実であると誤認してしまう可能性も考えられます。

　また、電磁的記録の情報とそれ以外の情報とを照らし合わせて、事実を明らかにしなければならないときもあり得ます。例えば、デジタルカメラの中に、青く澄み渡った晴天の下、名所を背景に、ある人物が写った写真が記録されていたとしましょう。その電磁的記録の中に、撮影日時に関する情報も記録されていた場合には、その日時に当該人物がその場所に存在していた証跡となり得るものでしょうか。

　この時に、「デジタル写真である画像とその撮影日時の情報が電磁的記録の中に存在していた」ということは事実で間違いありません。しかし、気象台の記録を調査してみたら、当日の当該地域では一日中強い雨が降っていたという事実が明らかになった場合にはどうなるでしょう。両者には、明らかな矛盾が存在することになり、さらに、デジタルカメラの内部時計がGPS（Global Positioning System：衛星測位システム）との連動もなく単独で動作するものであったなら、実はデジタルカメラの時計が標準時とは異なっていたのではないかという疑義が生じることになるでしょう。

　したがって、デジタル写真である画像の存在と、その撮影日時に関する情

報の存在だけを根拠に、当該人物が、その日時に、確かにその場所に存在していたという結論を導くことはとても危険なことであり、電磁的記録の解析においては、その結果である事実の範疇を超えた推測をしてはならないのです。

デジタル・フォレンジックでは、解析対象に記録された情報に基づいて、ありのままの事実を明らかにすることを目指し、電磁的記録の解析を実施しなくてはなりません。

その際には、目的に即して、適切な手法や技術を適用し、論理的にも技術的にも正しい手法と手順を採用し、電磁的記録が指し示している事実について推測や解釈を加えることなく、かつ、余すところなく明らかにするという、解析の正確性を確保するよう努めなくてはならないのです。

(3) 第三者検証性

デジタル・フォレンジックにおいては、原則として、電磁的記録の解析に従事した者以外の解析担当者又は第三者が、正当な手続の下で、かつ正しい手順で、解析対象の電磁的記録について解析を行った場合には、同一の解析結果が再現可能であることが求められます。

さらに、同様に解析結果を分析することによって、適正な手順や手法で解析が行われていたこと、技術的・論理的な矛盾がないこと等を検証できることが求められます。

本項の冒頭に「原則」と書きましたが、例外には機器の破壊等を伴った鑑定の場合があります。この場合においては、電子機器や媒体等の当初の状態が保たれてはいないこともあり、再現性の確保は難しいでしょう。ただし、その場合にも、解析結果を検証することによって、当該解析が正当な手続の下で、かつ、正しい手法で行われていたことを検証できるでしょう。

科学技術の研究においても、新たな発見が論文として発表された場合には、他の研究者たちが、当該論文の記載事項に基づいて再現実験を行い、その内容が正しいことを検証するということがなされています。

この過程を経ることにより、当該論文の内容が事実に符合するのか、論文で展開されている論理が正しいといえるのかが明らかになっていくといってよいでしょう。中には、その新たな現象が再現できなかったり、現象が再現できたとしても、展開されている論理に示された条件に過不足があったり、

論旨とは異なった条件や環境下で起きる現象であることが確認されることもあります。

　電磁的記録の解析においても同様であり、論理的にも、技術的にも正しい手法と手順で実施されたことが、仮に検証不能なものであったならば、実は示された解析結果が正しいとはいえないのではないか、という疑義が生じるのも無理はありませんし、事実が導き出されていることを証明することも難しいといえるでしょう。

　電磁的記録の解析に従事する者は、解析に当たり適用した手法や技術を明らかにし、解析の過程や結果の導き方をも明らかにした上で、そこから知り得た客観的事実を解析結果として記録するよう努めなくてはなりません。

　また、監査や裁判等において、監査委員や裁判官が事実について判断ができるように、解析に従事した者は解析結果の内容に関して簡潔かつ明瞭な説明を行えなくてはなりません。

　この両者を実現することにより、電磁的記録の解析についての、「第三者検証性」を確保することができるといってよいでしょう。

　このように、デジタル・フォレンジックにおいては、「手続の正当性」、「解析の正確性」、「第三者検証性」を確保した電磁的記録の取扱いを行うことが重要となるのです。

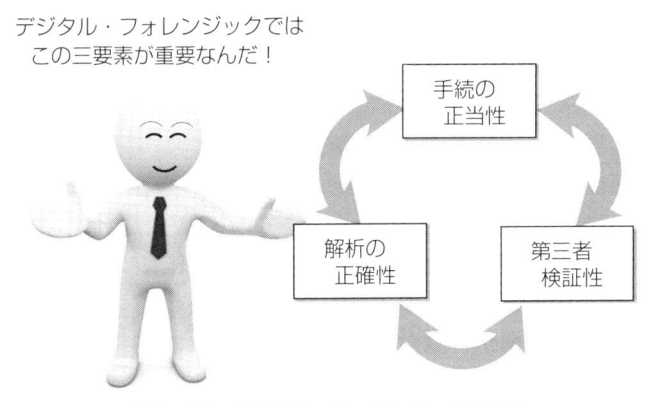

図1-14　デジタル・フォレンジックの要素

第2章
パソコンにおけるデジタル・フォレンジック

　ここまで、デジタル情報である電磁的記録、その特徴と電磁的記録の取扱い方、デジタル・フォレンジックについて説明してきました。ここからは、個々の電子機器、電磁的記録媒体、ネットワークにおけるデジタル・フォレンジックについて見ていくことにします。まず、パーソナルコンピュータから見ていきたいと思います。

　パーソナルコンピュータ、略してパソコンは、昔でこそビジネスや学術部門、一部の技術に詳しい人たちの利用に限定されていたといえるでしょうが、今では、インターネットの普及とともに、その高い利便性を享受するツールとして、子供からお年寄りまでの幅広い年代層において日常的に利用されるようになりました。

　パソコンは、装置としてのハードウェアと種々のソフトウェアが連携して機能を実現しています。まずパソコンのハードウェアの基本的な構成を見てみますと、情報をパソコンに入力するために用いるキーボード等の**入力装置**、パソコンへ入力した情報の確認や処理結果を表示するために用いるディスプレイや書類として印刷するために用いるプリンタ等の**出力装置**、本体の内部に組み込まれているため外からは見えませんが、デジタル情報の演算や多種多様な処理をするために用いる演算装置・制御装置を総称した**中央処理装置**（CPU：Central Processing Unit）、デジタル情報や演算結果、処理結果を保持するために用いるメモリ等の**主記憶装置**、加えて電源を断とした場合でもデジタル情報を記憶し続けるために用いるハードディスクや電磁的記録媒体等の**補助記憶装置**から成り立っています。これらをパソコンの5大装置と呼ぶことがあります。

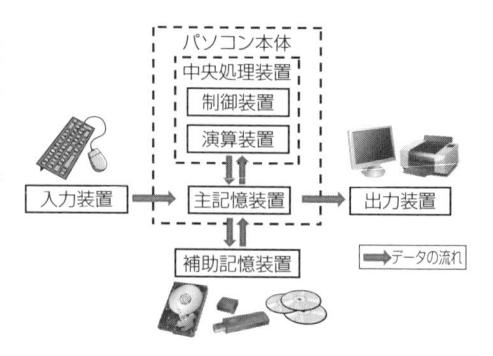

図2-1　パソコンの5大装置

最近のパソコンでは、ディスプレイをタッチするだけ、声で指示するだけなど、キーボードを使わなくても情報の入力ができる機種が登場しており、さらに利便性が高くなるとともに、小型軽量化や低消費電力化も進んでいます。その一方で、パソコンの主記憶装置であるメモリ、補助記憶装置であるハードディスクや各種記録媒体等で取り扱うデジタル情報の記憶容量は、一昔前では考えられないほどの膨大な量を取り扱うことが可能な大容量化がなされてきています。

しかし、このハードウェアがあるだけでは、パソコンは私たちが期待する機能を発揮してはくれません。「家電量販店でパソコンを買ってくればすぐに使えるじゃないか！」という声が聞こえそうですが、実は、店頭に並ぶまでに、様々な便利な機能を提供してくれる数々のソフトウェアがパソコンに登録され使用可能な状態になっているのです。

このソフトウェアをパソコンに登録し使用可能にすることを、ソフトウェアのインストールといいます。

パソコンで稼働するソフトウェアは、用途によって多種多様に、かつ膨大な数が市場に出まわっています。この中から、パソコンの使用目的に合致するソフトウェアを選択し、インストールし、使用することにより、私たちが期待する機能をパソコンが提供できるようになるのです。

例えば、電子メール（e-mail）を送ろうとする人は、ソフトウェア単体でインストールされたメールソフト（メールクライアントともいいます。）を利用したり、Webページ閲覧ソフトである「ブラウザ」でWebメールを利用すると思います。

また、1回メールを送るたびに先方のメールアドレスをキーボード等から入力する方もおられるでしょうが、メールソフトやWebメールで提供される機能である「アドレス帳」には、名前（ニックネームや識別名でも可）やメールアドレスなどを登録することが可能ですので、頻繁にメール交換する相手について利用している人も少なくないでしょう。

同様に、Webページを閲覧する人は、Webページ閲覧ソフトであるブラウザを利用すると思います。ここでも、1回Webページを閲覧するたびに、

URL（Uniform Resource Locator）と呼ばれることの多い「http://」から始まるWebページのアドレスを示す文字列を、ブラウザのアドレスバーにキーボード等から入力する方もおられるでしょうが、ブラウザで提供される機能である「ブックマーク」に、よく閲覧するWebページを登録することが可能ですので、利用している人も少なくないでしょう。

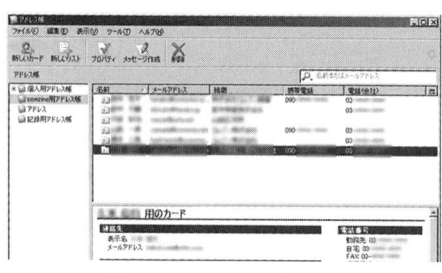

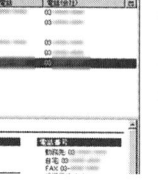

図2-2　アドレス帳の例　　　　　図2-3　ブックマークの例

　他のソフトウェアでも、利用者の利便性を高めるために、様々な形で情報を登録しておく機能が備わっていますので、利用者が意識する・しないにかかわらず、パソコンには使用者に関連する情報が蓄積されていきます。
　また、第1章3(2)「証跡としての電磁的記録」で紹介したように、パソコンを起動しただけでハードディスクの内容に変化が生じています。まさに、第1章3(1)「携帯電話機の電磁的記録」で示した携帯電話機と同様に、パソコンも電磁的記録の解析の対象の代表格となり得、デジタル・フォレンジックの対象となるわけです。
　第1部では、パソコン以外にも、様々な電子機器、電磁的記録媒体等のデジタル・フォレンジックについて説明をしていく予定ですが、お話ししたい要素のかなりの部分が、このパソコンの章で出現してくることになるでしょう。続いて説明する個々の機器等の章では、当該機器等で特徴的な事項を中心に、パソコンの章では触れなかった内容について説明をしていくこととします。

1 パソコンの種類

一つ考えてみてください。「これからパソコンを持って行きます。」という連絡が入った時に、どのようなパソコンが持ち込まれるのか的確にイメージできるでしょうか。パソコンという言葉は意外と広い概念で使われていますので、現実にパソコンが持ち込まれた時に、抱いていたイメージと異なる物である場合も少なくないと思います。

連絡を受けた際に、当該パソコンがどのような物であるのかを示すより具体的な言葉が含まれていたなら、イメージと大きく異なるということも少なくなることでしょう。また、他者に手元のパソコンがどのような物であるのかについて伝える時にも、より正確に表現できることになると思いますので、この項では、パソコンの外観形状やOS（Operating System）に着目した分類について説明したいと思います。

加えて、運搬時等を含めた取扱い等に関する留意事項についても説明します。

(1) 形状による分類

パソコンは、その形状によって、机の上にディスプレイを置いて使う「**デスクトップ型**」、持ち運びが容易で本体・液晶ディスプレイ部とキーボード部を一体化した「**ノートブック型**」、形状がノートブック型よりも薄型・軽

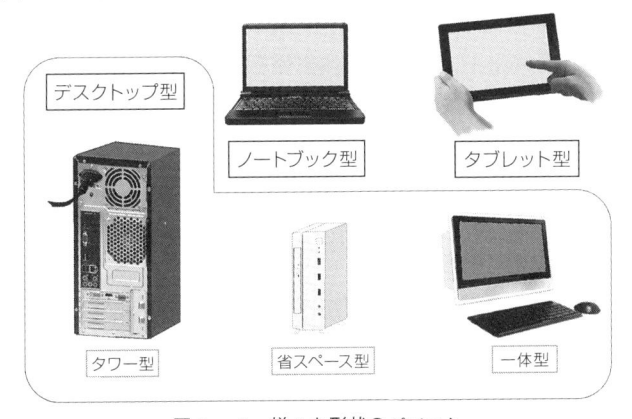

図2-4　様々な形状のパソコン

量化され、指でタッチパネル画面を触れることにより操作できる「**タブレット型**」等に分類されます。

ア　デスクトップ型

　かつては、パソコン本体を机の上に置いて使うことが多かったため、このような名称で呼んでいましたが、本体は机の上でなく机の下に置くことも多く、最近では、ノートブック型、タブレット型以外のパソコンを総称するものとしても使われています。

　本体サイズとディスプレイとの関係によって、タワー型、省スペース型、一体型に細分化されます。

　(ｱ)　タワー型

　　　パソコンのケース（筐体）の形状が、幅よりも高さの方が長い縦型のものを指します。高さに応じて、その低い方からマイクロタワー、ミニタワー、ミドルタワー、フルタワー等と呼び分けます。省スペース型のデスクトップと比べると内部容量に余裕があるので、外部記憶装置や拡張用のボード類を追加しやすく、機能追加等の拡張性が高いという特徴があります。

　(ｲ)　省スペース型

　　　机上の設置面積を小さくしたパソコンで、幅は十数cm程度の大きさで、通常、縦置きに設置します。設置面積の小さい液晶ディスプレイと組み合わせて販売されることが多いです。

　(ｳ)　一体型

　　　ディスプレイとパソコンの本体部分を一体化したパソコンです。大手パソコンメーカーによる家庭向け機種に多いタイプであり、ディスプレイに大型の液晶を使い、1台でパソコン、テレビ、DVD／Blu-rayレコーダーの3役をこなせるものが主流となっています。

イ　ノートブック型

　液晶ディスプレイとキーボードが一体となった開閉式となっており、閉じれば簡単に片付けたり持ち運んだりできる小型のパソコンです。かつて膝の上に置ける程度の大きさのものをラップトップ型と呼んでいましたが、これより小型軽量のものをノートパソコンと呼び、さらに薄型軽量のものをウル

トラブックと呼んでいます。バッテリーを搭載していて、電源コンセントのないところでも利用できるようになっています。

ウ　タブレット型
　板状の筐体の片面がタッチパネル画面になっており、ほとんどの操作を画面に指を触れて行うタイプのパソコンで、バッテリーを内蔵し、持ち運んで好きな場所で利用できます。無線LANや携帯電話のデータ通信機能等を内蔵し、インターネット上のコンテンツやアプリケーションソフト（アプリ）を入手し、閲覧・操作することができます。

(2)　OSによる分類
　パソコンにはOSと呼ばれる基本ソフトウェアが搭載されています。このOSの種別によりパソコンを分類することもあります。
　まず、ファームウェアについて説明します。OSよりもハードウェアに密接に結びついた働きをするファームウェアには、パソコン本体のCPUやハードディスク、キーボード等のハードウェアを制御するBIOS（Basic Input/Output System：バイオス）があり、ハードウェアとの最も低いレベルの入出力を行うためのプログラムとしてICチップに組み込まれています。最近のパソコンでは、よりセキュアなUEFI（Unified Extensible Firmware Interface）と呼ばれる新しい仕様で組み込まれることも多くなっています。
　これらの上で動作し、各種の処理・機能を実現する基本ソフトウェアであるOSは、ハードディスク（HDD: Hard Disk Drive）やSSD（Solid State Drive）に保存されており、代表的なOSには、Microsoft社が提供する「Windows」シリーズ、アップル社が提供し同社製のパソコンに搭載されている「MacOS」シリーズ、オープンソース（ソースプログラムが公開されていて無償で利用可能）の「Linux」シリーズ等があります。
　パソコンで動作するLinux系のOSには、Android（x86）、Chrome OS、Firefox OSなどがあります。

ア　「Windows」シリーズ
　アメリカのMicrosoft社がそれまでのMS-DOSに代わるOSとして世に出したOSです。

主にアイコンとマウスによって直感的に操作できるグラフィカルユーザインターフェース（GUI）や、複数のアプリケーションを同時に実行できるマルチタスク機能、実行中のアプリケーションをウィンドウ単位で表示し、いつでも自由に作業画面を切り替えることができるウィンドウシステム等を特徴としています。

イ 「MacOS」シリーズ

　アメリカのApple社が提供し、同社製のパソコン「マッキントッシュシリーズ」に搭載されているOSです。

　直感的に操作できる洗練したGUIには定評があり、ビデオやグラフィックスなどに関する質の高いアプリケーションソフトが豊富に揃っているため、特に、映像や動画を扱う業界やファンの間では根強い人気があります。

ウ 「Linux」シリーズ

　自由に改変、再配布を行える無料のOSであり、大学や研究機関で実績のあるユニックス（UNIX）と呼ばれるOSをパソコンで利用できるようにしたもので、操作性はUNIXとの互換性があります（同様にUNIXから派生したPC-UNIXと呼ばれるものにはFreeBSD、OpenBSD等があります。）。

　Linuxは、まず大学や研究機関等で利用が拡大し、その後、アメリカのIBM等の大手コンピュータ企業がサポートするようになって、一般の企業でもサーバ用途等で使われるようになりました。

(3) パソコンの取扱い

　パソコンは、IC、LSI等の多くの電子部品等で構成された精密機器であり、水に濡らしたり、物やほこりで通風口をふさいだり、強い衝撃を与えたりすると、正常に動作しなくなるおそれがあるため、取り扱う際には注意が必要です。

　また、パソコンは電源が供給されないと動作しません。デスクトップ型のパソコンでは、ほとんどが標準的な仕様の電源ケーブルが使用されている一方

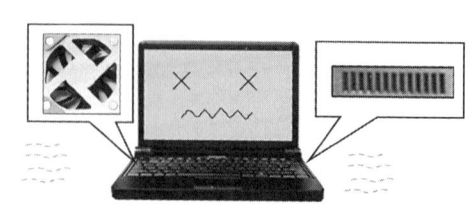

で、ノートブック型やタブレット型は、専用の電源（AC）アダプタが必要である場合が多くなっています。パソコンを取り扱う際には、正しく電源を供給できるよう、正しいケーブルや電源アダプタを用いるようにする必要があります。

2　パソコンでできること

　パソコンは、今や、仕事や日常生活の様々な場面で、いろいろな用途で使用されるようになりました。近年はスマートフォンの普及に押されがちではありますが、親しい人との連絡手段として、あるいは情報の収集ツールとして、インターネットをここまで身近なものにした立て役者であることは誰もが認めるところでしょう。

　また、かつては、それぞれ専用の高価な機器が必要だった文書作成・印刷や出納計算なども、汎用のアプリケーションソフトを利用することで、パソコン1台で手軽にまとめてできるようにもなりました。

　さて、本節では、「パソコンを利用すると何ができるのか」について記述しています。ここに書かれていることは、今では皆さんご存じのことばかりかもしれませんが、この後の「パソコンで何かをしたときには、それに伴う何らかの記録が残される」という説明の前に一読してみると、改めて何か気付かれることがあるかもしれません。

(1)　アプリケーションソフトを利用してできること

　パソコンでは、OSの上で、文書の作成・編集を行う文書作成ソフト等のアプリケーションソフト（応用ソフト）を動作させ、用途に応じた処理を行うことができます。

　このアプリケーションソフトには、文書作成ソフトのほかに、表の作成や計算を行う表計算ソフト、画像作成・閲覧・保存等を行う画像処理ソフト、プレゼンテーション用のスライドを作成するプレゼンソフト等、様々な種類が存在しています。

　また、企業の会計処理等においては、市販されている会計ソフトが幅広く利用されています。

ア　文書作成ソフト

　初期の文書作成ソフトは文章の入力や編集機能が中心でしたが、現在では、作図、表計算、グラフ作成、数式作成、文字変形ツール等の機能を搭載し、任意のレイアウトで自由に作成できるものが一般的になっています。代表的な製品にMicrosoft社の「Word」やジャストシステム社の「一太郎」などがあります。

イ　表計算ソフト

　計算や作表を主な目的とするソフトウェアであり、縦横（行列）の罫線で構成された表はスプレッドシートと呼ばれます。グラフ作成が可能であり、住所録等のデータベース機能も充実していて、見積書や請求書、財務シミュレーション、事業計画、報告書、企画書等、幅広い用途で使われています。

　行と列との交差による区画の一つひとつは「セル」と呼ばれ、セル単位に文字や数値、計算式、関数等のデータを入力します。計算式や関数を利用することにより、他のセルに入力されている数値や文字を参照して、計算や文字列操作を行うことが可能となっています。さらに、あらかじめ一連の操作手順をプログラムの形式で記録しておき、自動的にこれらの処理や演算を実行させることも可能となっており、このような機能を「マクロ」と呼んでいます。

　代表的な製品にMicrosoft社の「Excel」があります。Excelのマクロは、プログラミング言語のVBA（Visual Basic for Applications）を使用して作成されます。また、ExcelやWord等のマクロの仕組みを悪用するコンピュータウイルスがありますが、これらは「マクロウイルス」と呼ばれています。

ウ　会計ソフト

　経理事務では、毎日の伝票を基に出納帳へ記入したり、仕訳別の元帳へ転記したり、さらに月次処理や決算処理などの煩雑な作業が必要となります。

　このような経理事務や会計業務処理用に特化したソフトウェアである会計ソフトは、伝票データを入力すれば、帳簿への記帳を行うと同時に、仕訳、関連帳簿への記帳転記、集計までが自動的に行われるものです。また、月末集計／年度決算に必要な決算報告書や、各種申告書などの資料を簡単に作成することができ、月次処理や決算処理を大幅に効率良く処理できます。青色申告書の作成が主な用途である個人事業主向け製品と、企業の経理担当者が

利用する法人向け製品、個人・法人両対応になっている製品があります。

　日本語版のものだけでも数十種類の製品があり、個人用途や事業用途、会社の従業員数や業態等によって、会計業務を総合的に網羅するものや各担当業務の最適化を指向するものなど、様々な製品が市販されています。

表計算・グラフ作成
プレゼン
文書作成
会計処理
画像・動画編集

(2) インターネット接続環境下でできること

　パソコンをインターネットに接続すると、ブラウザによるWebページの閲覧のほか、メールソフトによるメールの作成や送受信、Twitter、Facebook等のSNS（Social Networking Service）の利用等が可能になります。

ア　Webブラウザ

　Webサーバのコンテンツを閲覧するためのソフトウェアで、単にブラウザとも呼ばれます。頻繁に閲覧するWebページのURLを記憶させるブックマーク機能や、閲覧したWebページの履歴表示、Webページの内容をチェックして閲覧制限を設けるなどの機能を備え、動画や音楽をダウンロードしたり再生したりする機能もあります。

　代表的なソフトウェアには、Microsoft社の「Internet Explorer」やGoogle社の「Google Chrome」、Mozilla Faundationが開発した「Firefox」等があり、このほかにも無償で利用可能なものが数多くあります。

イ　メールソフト

　メールの作成や送受信、受信したメールの保存・管理を行うソフトウェアのことで、MUA（Mail User Agent）、メーラーなどとも呼ばれます。メールソフトには、メールの作成・編集や送受信を行う機能に加えて、受信したメールを発信元等の情報に基づいて自動的に複数の受信箱に振り分ける機能、メールアドレス等の情報を実名やニックネームで管理できる「アドレス

帳」の機能等を持つものもあります。

　Microsoft社の「Outlook Express」等ブラウザの関連ソフトとして提供されるものや、製品として単体で販売されているもののほか、Mozilla Faundationが開発した「Thunderbird」等の無償で利用できるメールソフトがあります。また、メールソフトとは仕組みが異なりますが、ブラウザを用いてアクセスするだけで利用可能なWebメールも多くの種類が提供されています。

ウ　SNS（Social Networking Service）
　人と人とのつながりを促進・サポートする、コミュニティ型のインターネットサービスであり、友人や知人間のコミュニケーションを円滑にする環境の提供や、趣味や嗜好、経歴や出身校、参加メンバーの知り合い等のつながりを通じて、新たな人間関係を構築できる場を提供しています。
　かつては、人のつながりを重視して、既存メンバーからの招待がなければ参加できない、という招待制を採るサービスが多かったのですが、最近では誰もが自由に登録できるサービスが増加するとともに、LINEのようなスマートフォン主体で利用されるサービスも増加しています（⇨第3章①(3)「インターネットのサービス」）。

③　パソコンの中の記録

　パソコンの中には、本章の①「パソコンの種類」で触れたように、パソコンの動作に関連して記録される情報が残されていることが少なくありません。ここでは、OSの動作に関連して記録される電磁的記録及びアプリケーションソフトウェアの動作に関連して記録される電磁的記録について説明するとともに、これらの情報を記録する代表的な電磁的記録媒体であるHDDの仕組みと、これを取り扱う上での注意点についても説明していきます。

(1)　パソコンに保存・蓄積される情報
ア　OSのログ
　パソコン本体や文書作成ソフト、画像編集ソフトが起動したり終了した日時等を知りたい場合には、OSが記録するイベントログ等を確認します。

一般的なWindowsパソコンでは、C:¥Windows¥System32¥Winevt¥Logsフォルダに、.evtxの拡張子で各種のログが保存されています。ブートログの作成が有効となるように設定されていれば、ntbtlog.txtには起動プロセスが記録されています。
　イベントログを確認するには、「コントロールパネル」から「管理ツール」―「イベントビューア」を起動します。イベントの発生した日時、その成否等のほか、「イベントID」に表示された番号からは操作内容が分かります。
　例えば、「6008」は"正常にシャットダウンせずに終了した"ということを示しています（Microsoft社のサポートサイト（http://support.microsoft.com/）で確認することもできますし、eventID.NETのサイト等では、イベントIDの意味の説明が英語でまとめられています。）。

イ　アプリケーションソフトのログ
　文書作成ソフトでは、文書作成を開始した日時、最後に更新した日時等を確認することができます。
　また、作成保存した文書の内容はもとより、バックアップを残すように設定すると、一世代前の保存内容も確認することができます。
　例えば「一太郎」（バージョン8以降）では、上書保存すると、変更前の文書は拡張子が「.$td」として保存されています。
　また、Word（2010以降）では、自動回復用ファイルを保存する設定にしていると、デフォルトでは10分間（変更可能）ごとにバックアップ（拡張子は.asd）が保存されるようになっています。
　編集したWord文書を保存すると、このバックアップファイルは消滅しますが、ファイルを保存せず閉じた場合には、図2－5のように別のフォルダに移動して4日間保存されます。
　ブラウザの場合には、閲覧したWebページの履歴や、最後に当該Webページを閲覧した日時情報（タイムスタンプ）を見ることができます。また、状況によっては閲覧した内容も確認できる場合があります（⇨第3章[7]「"ログ"とは？」）。
　その他、メールソフトからは、送信・受信メールの内容と当該メールの送

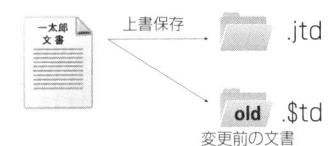

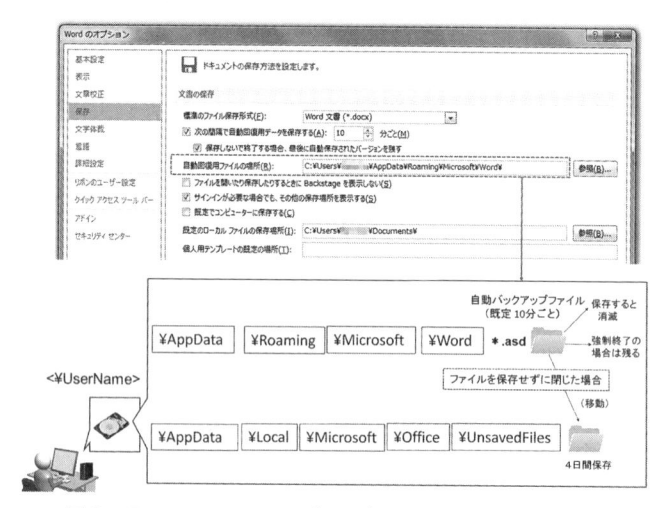

図2−5　Microsoft Word（2010）のバックアップ保存場所

信日時等を確認することができます。また、アドレス帳の精査により、頻繁に連絡を取る相手や交友関係などを知ることができます。

(2) 電磁的記録媒体

　各種の情報やプログラムを記録したりパソコンの起動を行うため、通常、パソコンには電磁的記録媒体として、HDD又はSSDが内蔵されています。
　SSDは電源を供給しなくても情報を保持するフラッシュメモリを内蔵した記録媒体であり、機械的な駆動部品がないため、ある程度の衝撃にも耐性があります。
　これに対しHDDは磁気によって情報を記録するプラッタと呼ばれる円盤（ディスク）をモーターで高速回転させ、浮揚した磁気ヘッドによって磁気情報を読み書きする構造になっています。

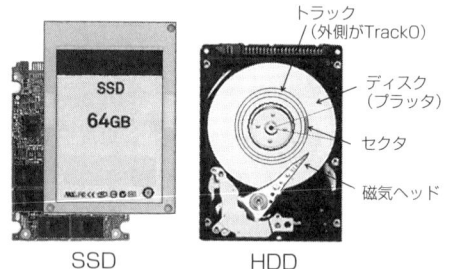

図2−6　電磁的記録媒体の構造

　図2−6にあるように、HDDのプラッタの表面には、磁気的に情報を記録するためのトラックと呼ばれる領域が同心円状に配置されています。また、

これを放射状に等分した扇形の部分はセクタと呼ばれています。

　記録密度を高めるためトラックの幅は非常に狭く、隣接するトラック間の磁気干渉を抑えるため、保持された磁力も微弱なものです。

　この磁力を正しく検出するため、浮揚している磁気ヘッドとディスクとの間隔も狭く、1〜2ナノメートル（1nm＝百万分の1㎜）程度ですが、これは髪の毛はおろか煙草の煙の粒子の直径よりもはるかに狭い間隔です。このため、煙等の微粒子によって、ディスク表面に傷が付いたり磁気ヘッドを傷めたりしないように、HDDは密封されています。

　このように、HDDは非常に微妙な駆動制御を要する機械部品が組み込まれた精密機器ですので、衝撃や振動を与えることにより記録情報が読み出せなくなるおそれがあります。

　パソコン製品の多くが段ボールや発泡スチロール等の緩衝材により保護された状態で販売される理由の一つには、本体内のHDDを保護する、という目的もあるのです。

　したがって、パソコンを搬送する際には、緩衝材を用いて梱包するとともに、揺れても他の電子機器等と衝突しないよう配置するなど、過度の衝撃や振動が加わらないよう注意しなければなりません。

４　メモリ・フォレンジック

　パソコンが動作している時には、起動中のプログラムのコード、演算に使用している変数等を始めとして、プログラムの遷移によって刻々と変化するものや一時的に使われる情報等が、主記憶装置（メモリ）の中に記録されています。これらの情報は揮発性情報と呼ばれ、その一部についてはHDD等の電磁的記録媒体に移されるものもありますが、メモリの中だけでしか存在しないものがほとんどです。

　本節では、このメモリに記録されている情報にはどのようなものがあるかについて触れつつ、電磁的記録媒体の解析からは得ることのできない情報をメモリの解析によって取得する、メモリ・フォレンジックについて説明します。

(1)　スリープとハイバネーション

　ノートパソコンを利用している場合、電力消費を抑制するために、**スリー**

プ(サスペンド又はスタンバイともいいます。)モードや休止(ハイバネーション）モードの設定を行うことが推奨されています。

　この設定を行うことにより、長時間にわたり何も操作がなされないまま電源投入状態が継続した場合には、自動的に休止モードに移行します。また、電源ボタンを押下したりノートパソコンの蓋（ディスプレイ）を閉じる、あるいはWindowsのスタートボタンから選択するなどの操作により、スリープモードに移行させるようにすることも可能です。

　では、スリープモードと休止モードではどこが異なるのでしょうか？

　スリープモードは、ちょっとした離席時の電力消費低減策であり、スクリーンセーバーが稼働しているものと比較すると、ディスプレイが電力を消費しなくなる分について、省電力になっています。

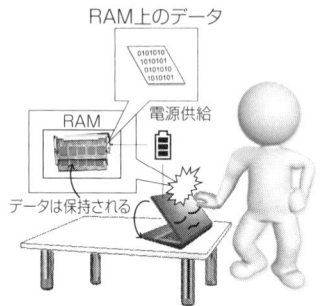

Sleep(Suspend／Standby)

　ちなみに、ディスプレイの輝度を過度に明るく設定すると、消費電力が大きく増えますので、エコロジーの観点からはこのような点の注意も必要です。

　スリープモードでは、稼働中のプログラム等の状態をメモリに保存しているので、いずれかのキーを押下することにより、すぐに元の状態に復帰しますが、この間メモリに電源が供給され続けているため、休止モードよりは電力消費は大きくなります。

　スリープモード状態にあるバックアップ電源のないデスクトップパソコンや、バッテリーを搭載していてもバッテリーの寿命が尽きかけていて、電源（AC）アダプタからの電源供給に依存しているような場合においては、停電になると、メモリ上のデータは消滅してしまいます。

　一方、休止モードでは、メモリ上のデータをハードディスクに移して保存してからメモリ等への電源供給を停止します。このため、パソコンはシャットダウンと同様の状態になりますので、休止モードの間の電力消費はありませんが、電源ボタンの押下により復旧する際には、ハードディスクに退避したデータをメモリに戻すので、通常起動よりは速いものの、スリープモードと比べると復帰に時間を要します。

　なお、休止モードの際に退避させたデータは、Windowsの場合には

hiberfil.sysというファイルに記録されていますが、最近のメモリの搭載容量の増大に伴い、そのサイズも巨大化し、数GBにも上ることもあります。

また、本来はメモリ上にのみ記録されているデータも、休止モードの状態ではハードディスク上に記録されていることから、休止モードになっているノートパソコン等が盗まれると、そのデータが解析され、休止前のプログラム等の稼働状況や作成中のデータ、あるいはプリントスプーラに残っていた印刷データなどがのぞき見られるおそれもあります。

(2) ページファイル

多量のデータを扱う処理を行ったり、高精細の画像・動画を編集する、あるいは複雑なプログラムを稼働させたいなどの場合に、この操作を搭載メモリの容量が小さいパソコン等で行おうとすると、処理に途方もない時間がかかったり、ハードディスクがいつまでもカリカリと音を立てて回転して、このまま壊れてしまうのではないか、と思われた経験はありませんか？

このような現象は、搭載メモリの不足分を補うため、ハードディスクの一部領域を仮想的なメモリとして利用していることから起きるものなのです。

このハードディスク上の領域には、**ページファイル又はスワップファイル**と呼ばれ、**pagefile.sys**というファイル名（システムが利用するため一般

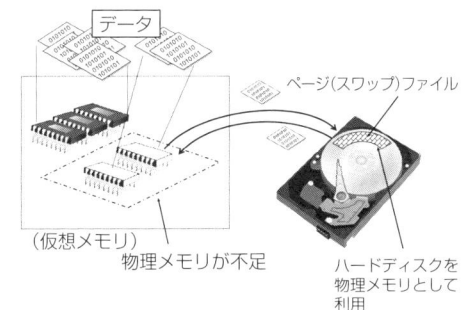

的には可視状態になっていません。）で保存されるファイルがあります。

　物理的なメモリとの比較では、ハードディスクを回転させてデータを読み出したり書き込んだりする分、処理に要する時間がかかり、相対的にシステムの性能は低下します。

　また、通常、このファイルはシステムドライブに作成されますが、別のドライブに記録するよう変更することも可能です。

　このページファイルには、メモリに記録されたデータと同様のものが残されます。このため、アプリケーションプログラムの仕様にもよりますが、暗号化されていないパスワードや個人情報、機密情報等が残っている場合、そのパソコンが盗難被害に遭ったり、そのまま中古機器として販売されてしまうと、ハードディスクに残存するこれらの情報が読み出されたり、流出してしまうおそれがあります。

⑶　パソコンに残らないデータ

　前項までのような説明をすると、「メモリの中だけにあると聞いていたデータは、本当はハードディスクにも残っているんだ！」と思われるかもしれませんが、実際には、ここまでに述べてきたことは、ほとんど起きることのない「例外」です。

　通常の場合、電源を切ることで、メモリ上のデータは消えてしまいます。

　なお、ハードディスクやSSD、USBメモリ等に記録されたデータが**不揮発性**（Non-Volatile）であるのに対して、メモリ上のデータは**揮発性**（Volatile）であることから、そのデータを解析することは、

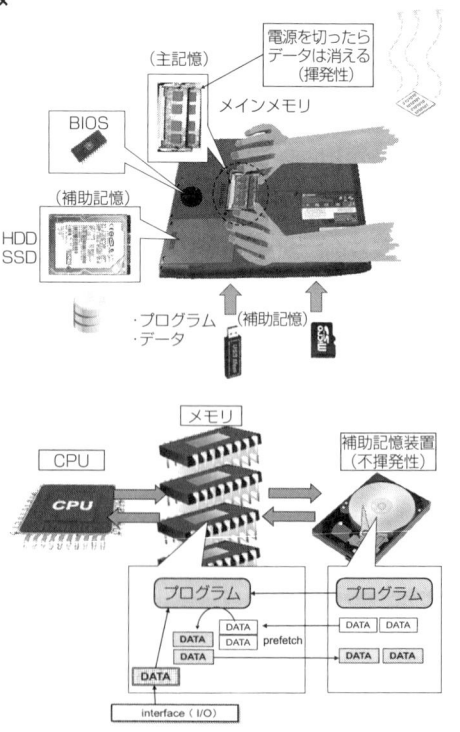

メモリ・フォレンジック、Volatility Forensicsなどとも呼ばれています。

ア　ネットワーク接続情報

　パソコンの中で行われていることだけを今一度単純化して説明しますと、ハードディスク等の補助記憶装置に記録されたプログラムやデータは、メモリに読み込んで利用可能な状態に展開し、それらのデータを基に中央処理装置が演算処理を行い、その結果、保存すべきデータは再び補助記憶装置に保存する、という流れを繰り返しています。

　しかし、例えばインターネットサービスプロバイダ（ISP）等によりパソコンに割り当てられたIPアドレスや通信先アドレスなどのデータは、いずれも接続の都度変更される一時的な情報であるため、いちいち補助記憶装置に保存しておく必要はありません。

　このようなネットワーク接続に係る情報等は、パソコンの電源断とともに消える情報として扱われ、ハードディスク等には基本的には記録されないようになっています。

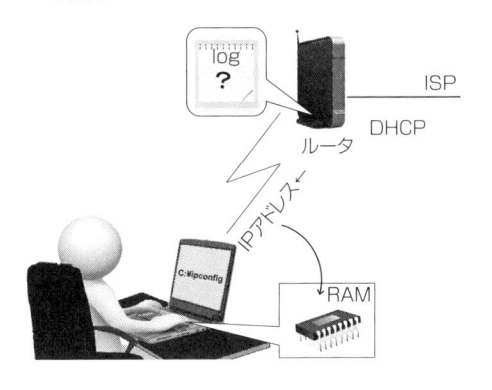

イ　システム状況

　稼働中のプログラムやプロセス等に関する情報も、サーバとは異なり、パソコンの場合は専用のソフトウェアを導入していなければ記録が残りません。

　しかし、パソコンが稼働中の場合であって、例えばWindowsで現在実行中のプロセスを調べたいときには、コマンドプロンプトで「tasklist」と入力することで、当該情報を表示することができます。

　システム管理者やCSIRTがインシデント（システムの運用に関して脅威となる現象や事案）の発生時に急遽駆けつけた場合等は、専用のツールがないときにも、このようなシステムの基本機能を利用して揮発性情報を収集するインシデントレスポンスを行うことが可能です。

[ネットワーク状況]
- c:¥route print ── ルーティングテーブル：ネットワークインターフェイス、経路表示
- c:¥netstat ── ネットワーク接続状況：通信先IPアドレス、ポート等接続状況
- c:¥arp -a ── アドレス解決プロトコル(arp)：通信先IPアドレスとMACアドレスの対比
- ipconfig

[システム状況]
- c:¥tasklist ── タスクリスト：実行中のプロセス一覧
- c:¥systeminfo ── システム状況：システム構成、ネットワーク状況等
- msconfig
- msinfo32

図2－7　システム状況を表示するコマンドの例

コラム　メモリ解析の必要性

■　ブラウザの履歴はディスクに残っているとは限らない

　昔は「ネットカフェでは個人情報が漏れないように、閲覧した履歴等のデータは消去しましょう。」などといわれていました。現在でも職場や自宅などでインターネットを利用することができる端末を他の職員と共用したり、自席の端末を他の職員に利用させるということが、あるのではないでしょうか？
　このようなニーズに応えるため、現在のブラウザは進化しています。例えば、
・Internet Explorer（IE8以降）の場合は、InPrivateブラウズ
・Safari（iOS等）の場合は、プライベートブラウズ機能
・Google Chrome の場合は、シークレットモード

第2章　パソコンにおけるデジタル・フォレンジック　　45

等、名称はブラウザによってそれぞれ異なっていますが、ブラウザの使用履歴やcookieの情報等をハードディスク内に保存しないように設定することが可能となっています。

■　SSDの普及

　ハードディスクより高速で、かつ"カリカリ"という駆動音がない、ということで人気のSSD（Solid State Drive）は、記憶素子にフラッシュメモリを用いており、最近では価格も手頃になって、ノートパソコンにも搭載されるようになってきています。

　このSSDは、HDDとは異なり、データがそれまで記録されていた同一の領域に上書きして保存することができないという特性を持っています。これは、SSDで使われているフラッシュメモリは、数キロバイトから数十キロバイトのサイズを持つ「ブロック」と呼ばれる単位でしか消去ができないためです。したがって、更新データを保存するときは、まず、空いている領域に更新データを含む情報を保存し、次にこれまで使用していた領域を、記憶領域としては使用できない「無効領域」として設定します。

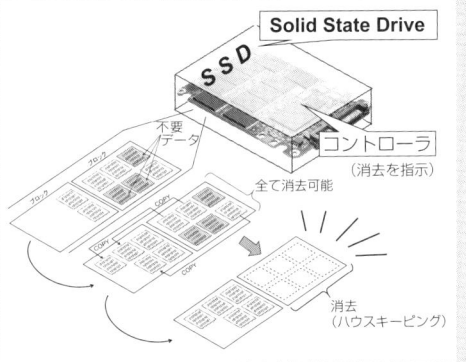

　また、これが繰り返されると無効領域がどんどん増えてくることから、こまめに不要データを消去して、無効領域を再び記録可能な状態にする必要があります。

　この時行われるのが、フラッシュメモリ内の無効領域をいくつかのブロックに集めて、そのブロック全体を消去可能な状態にし（**ガベージコレクション**）、そのブロック内のデータの消去（Erase）処理を行うことで（**ハウスキーピング**）、無効領域を開放して、新たなデータが保存できるようにするというものです。

　ただし、このようにブロック単位できれいに消去されてしまうと、HDDのように残滓データを解析する、ということができなくなります。

　SSDを構成するフラッシュメモリは、スマートフォンやタブレットなどでも多く利用されていますので、これらのモバイル機器の解析に際しては、このような仕組みの理解が必要です。

■　マルウェアの解析

　「ワーム」のようにネットワークを介して自己増殖を繰り返し、感染を拡大したり、パソコンのメモリリソースを消費し尽くしてシステムを機能停止に陥れる

マルウェアだけでなく、パソコンのメモリ上で稼動する正規のプロセスに不正な命令コードを**インジェクション**（injection：注入）したり、**フック**（Hook：処理の追加）するような、様々なマルウェアが存在しています。これらを解析する際には、メモリ・フォレンジックにより、感染した痕跡の調査をする必要がある場合もあります。

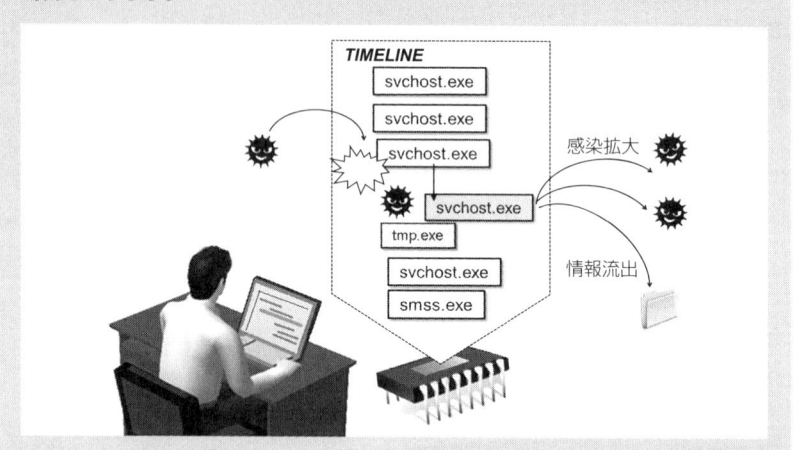

また、マルウェアに感染した場合には、ハードディスクに残されているデータやログ自体が改竄されていたり消去されている可能性もありますので、この意味においてもメモリ・フォレンジックによるマルウェアの解析が、その挙動を明らかにする上で重要となっています。

(4) メモリ・フォレンジックの手法

　メモリの情報を解析するためには、まず、メモリの内容を電磁的記録として保存するという「イメージ化（ダンプ）」を行う必要があります。そのためのツールには、商品化されているものからフリーソフトまで様々なものがあります。

　32bitOSでは4GBのメモリを搭載していても3.2GB程度しか認識できませんので、ツールによっては残りのシステムデバイス用のメモリデータが取得できないこともあります。このため、ツールを利用する際には、必ず適応OS等の動作環境や制限事項を確認するようにします。

　また、イメージ化されたメモリデータを解析することにより、稼働プロセスやマルウェアにより作成されたプロセス、ネットワーク状態等の情報を得ることができるようになりますが、そのためのツールにも種々のものが存在

第2章　パソコンにおけるデジタル・フォレンジック　　47

しており、使いこなすためには高度な技術力が必要となります。

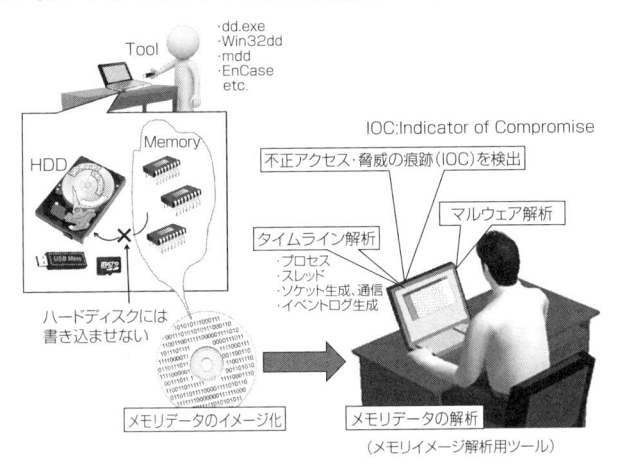

Tool
・dd.exe
・Win32dd
・mdd
・EnCase
etc.

HDD
Memory
IOC:Indicator of Compromise
不正アクセス・脅威の痕跡(IOC)を検出
マルウェア解析
タイムライン解析
・プロセス
・スレッド
・ソケット生成、通信
・イベントログ生成

ハードディスクには書き込ませない

メモリデータのイメージ化
メモリデータの解析
（メモリイメージ解析用ツール）

　さらに、メモリ・フォレンジックは、稼働中のシステムが利用しているメモリ上のデータを収集し、その時点のシステムの状態を解析するものですが、ダンプツールの使用により稼働プロセス等が変化してしまうことから、必ずしもダンプツール使用前と同じ状態のデータを収集できているわけではないという点や、証跡を収集しようとする行為自体が証跡を改変する可能性があるという点にも注意する必要があります。

　なお、スマートフォンのメモリ・フォレンジックを実施する際に利用されるツールとしては、DDMS（Dalvik Debug Monitor Service）のようなデバッ

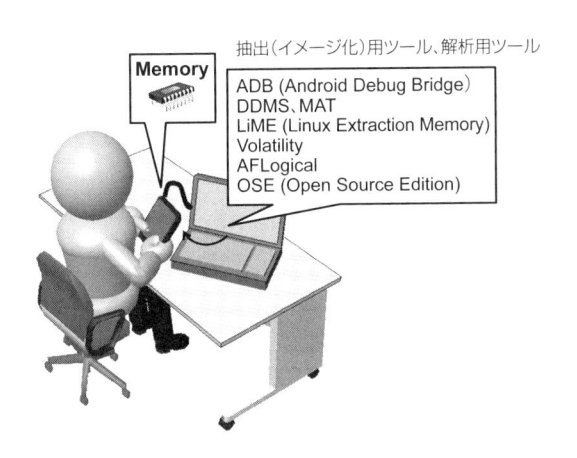

Memory
抽出(イメージ化)用ツール、解析用ツール
ADB (Android Debug Bridge)
DDMS、MAT
LiME (Linux Extraction Memory)
Volatility
AFLogical
OSE (Open Source Edition)

ガのほか、MAT（Eclipse Memory Analyzer Tool）、AFLogical等があります。

iPhoneの場合には、Lantern、MacLockPick等のツールが提供されています。

これらのツールの中には、スマートフォン本体のシステム管理者権限を必要とするものもありますので、ツールがあるからといって直ちにイメージ化や解析が行えるわけではないことにも注意が必要です。

(5) インシデントレスポンスとフォレンジック

今まさに不正アクセスが行われている、あるいはワームの爆発的な感染拡大（パンデミック）によりシステムが機能不全に陥っている、しかもシステムを止めることはできない、という状況では、とてもメモリ・フォレンジックを優先させた対処を行う余裕はないでしょう。

このような場合には、まずインシデントレスポンスとして、ネットワーク状況や稼働プロセス情報等を収集します。

当然、各種コマンド操作を行ったり、監視ツールを稼働させるなどによりメモリの内容が書き換わってしまうかもしれませんが、システムと業務が停止し壊滅的状況に陥るのを座して待つわけにはいきません。メモリ・フォレンジックは事態が少し落ち着いたところから始めます。

ただし、当初インシデントレスポンスの際に投入したコマンドや調べた事項、その他の一連の対応の記録は、メモリ・フォレンジックの一環として、

例えばビデオ撮影等により可視化しておくと、後刻の検証に役立ちます。
　セキュリティベンダー等が提供するフォレンジック製品やソリューションの中には、このような操作を監視・記録するものもあり、インシデントレスポンスや原因究明に資することが可能となりますので、あらかじめ導入し活用しておくことも、デジタル・フォレンジックのみならずインシデント対応としても効果的です。

5　パソコンの周辺機器

　パソコン本体には、本章の冒頭で触れたように、パソコンが動作するための機器が内蔵されていますが、そのほかにもパソコンと接続してデータを入出力する装置や補助記憶装置などの周辺機器があります。前者を内蔵機器、後者を外付け機器と呼びます。
　デジタル・フォレンジックでは、対象となるパソコンのみならず、当該パソコンに接続され使用されていた外付け機器も解析の対象となり得ることから、本節では、代表的な内蔵機器と外付け機器について説明するとともに、これらを取り扱う上での注意点について説明します。

(1)　パソコンの内蔵機器
　内蔵機器には、電源ユニット、CPU、メモリ、光学ドライブ、HDD、マザーボード等があります。
　電源ユニットは、一般的にデスクトップパソコンに搭載されてパソコンの各部に電力を供給するもので、電源コンセントから供給される100Vの交流電流を12Vや5Vの直流電流に変換しています。ノートパソコンでも、交流電流から変換された直流電流が必要ですが、一般的には「ACアダプタ」が使用され、そこで交流−直流変換が行われています。
　CPUは、コンピュータの中枢部分であり、中央処理（演算）装置と呼ばれます。キーボード等の入力装置からのデータを受け取り、演算処理を行って、その結果をディスプレイやプリンタ等の出力装置に出力します。
　32ビットCPU、64ビットCPU等の区別は、CPU内部でのデータ処理の単位を意味し、データを受け取るバス（パソコン内部の情報の伝送路）の幅や動作周波数等にもよりますが、値が大きいほど一度に処理できる情報量が大

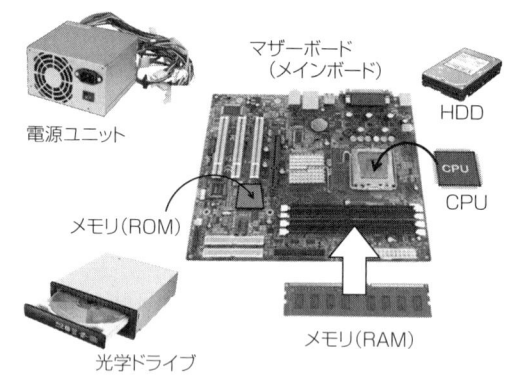

図2−8　パソコンの内蔵機器

きくなります。

　メモリは、プログラムやデータ等、様々な情報を記憶します。記憶場所の個々の区画に付けたアドレス（メモリの番地）を指定して、CPUが記録内容を読み出したり書き込んだりするものです。

　メモリの種類には、あらかじめ情報が記憶されていて変更できないROM（Read Only Memory）と、ユーザが随時情報を変更することが可能であり、プログラムやデータの一時的な保存に使われるRAM（Random Access Memory）とがあります。

　光学ドライブは、CDやDVD、Blu-ray Disc等、データの読み書きにレーザ光線を使用する方式の駆動装置（ドライブ）のことです。

　CD、DVD、Blu-ray Discで用いるレーザ光線の波長は、それぞれ780nm、650nm、405 nmであり、波長が短いほど高密度で記録できるため記憶容量が大きくなります。また、「マルチドライブ」とは、CDやDVD等、複数の規格に対応したドライブを意味します。

　マザーボードは、プリント基板上にパソコンの主要部品を実装したものであり、メインボードとも呼ばれます。絶縁性の高い樹脂基板上に銅箔で描いた配線パターンを幾層か積み重ね、その上にCPUソケットやメモリスロット、チップセット等がはんだ付けされたものです。

(2)　パソコンの外付け機器

　代表的な外付け機器としては、デスクトップ型パソコンに必要な外付け

ディスプレイのほか、据置型やポータブル型のHDD、外付け（光学）ドライブ、メモリカードリーダライタ、USBメモリ、スキャナ、プリンタ等があります。

据置型HDDは、内蔵HDDでは記録容量が不足する場合に用いられることが多く、ポータブル型HDDは据置型よりもコンパクトで、持ち運ぶ必要がある場合等に用いられます。

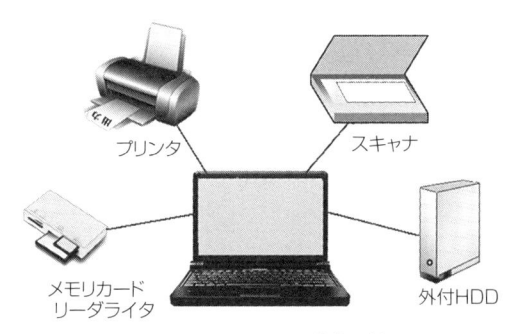

図2−9　パソコンの外付け機器

これらのHDDには、以前はSCSIやATA、PCMCIA等各種の規格がありましたが、現在ではUSBケーブルで簡単にパソコンと接続されるものがほとんどです。なお、ネットワーク（LANケーブル）で接続されるHDDは、NAS（Network Attached Storage：ナス）と呼ばれます。

メモリカードリーダライタは、SDメモリカード、コンパクトフラッシュ等の記録媒体を装着してデータの読み書きを行う装置であり、USBメモリはパソコンのUSBコネクタに直接接続してデータを読み書きするスティック型等の形状をした記録媒体です。

プリンタは、説明するまでもないでしょうが、文書や図表、写真画像などを紙等に印刷出力するための装置で、個人ユーザ向けではインクに圧力をかけて細いノズルの先端から紙に吹き付けて印刷するインクジェットプリンタが、ビジネス向けではコピー機と同じ仕組みで印刷するレーザープリンタが主流となっています。

外出時等にスマートフォンで撮影した写真や編集した文書を、帰宅後にWi-Fiを用いて直接印刷することが可能なプリンタや、外出先からクラウドサービスを介してアクセスしたWebアプリケーションからの印刷を可能と

するネットワーク対応プリンタ、FAX等の機能を兼ね備えた複合機（MFP）などが利用されることも多くなっています。

(3) 周辺機器の取扱い

電源の入ったパソコンに周辺機器が接続されている場合に、周辺機器を安易に取り外すと当該機器の記録情報を損壊してしまうことがあります。

これは、パソコンには、USBメモリ等の記録媒体にデータを書き込む際、直ちには行わずに動作に余裕がある時に行う「**遅延書き込み機能**」があるためです。この機能が有効になっている場合、データの書き込みが終了する前に記録媒体を取り外してしまうと、書き込む予定であったデータが消失したり、記録媒体内のデータが損壊するなどの異常を引き起こすことにつながるのです。

周辺機器の側にも同様のことがいえます。例えば、データの読み書き中の外付けHDDを取り外すと、HDDへの電源供給が急に断たれてしまうことから、HDD内のデータが損壊するのみならず、読み書き中の磁気ヘッドが不測の動作をしてディスク表面を傷つけたり、磁気ヘッド自体が傷ついてしまい、当該HDDが再び使用できなくなってしまうおそれすら生じます。

したがって、これらの周辺機器を取り外すとき、例えばOSがWindowsである場合には、「**ハードウェアの安全な取り外し**」という操作を必ず経るようにします。

また、パソコンに保存されているデータを抽出・収集しようとする際は、併せてその周辺機器で情報が記録されている可能性がある据置型やポータブル型のHDD、USBメモリ等の外付けの記録媒体についても調査することはもちろん、現場にメモリカードリーダライタがあった場合には、これに装着可能なメモリカード等についても調査対象とする必要があります。

特に、NASとして使われているHDDは、パソコン周辺に置かれているだけでなく、ブロードバンドルータやテレビの近くに置かれ、映像や音楽等のコンテンツが共用されていることも多いので注意しましょう。

6　パソコンと接続コネクタ

　パソコンを周辺機器やネットワークに接続する際には、ケーブルを使用します。ケーブルやコネクタには多種多様のものがありますが、それぞれ用途が定められており、酷似した形状を持つものであっても規格や性能が異なる場合があります。
　周辺機器を正しく使用するためには、パソコンと周辺機器とのインターフェースに適合したケーブルとコネクタを使用する必要があります。ここでは、代表的なケーブルの接続コネクタについて説明するとともに、これらを取り扱う上での注意点について説明します。

(1)　パソコンの接続コネクタ

　パソコン本体には、周辺機器や関連機器を接続するため、様々な接続端子が用意されています。
　パソコン本体の背面等に配置されているコネクタは各々用途が決まっており、定められた用途と異なる機器・ケーブルを接続した場合には、正常に動作しません。

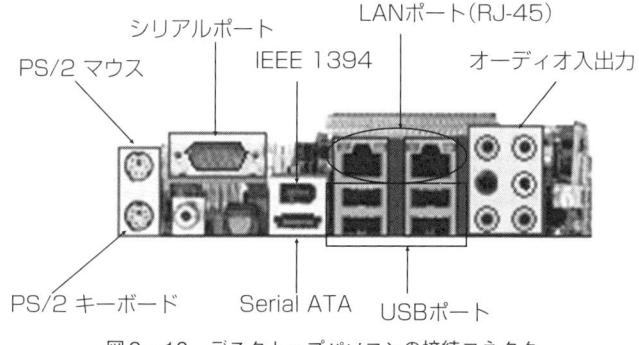

図2-10　デスクトップパソコンの接続コネクタ

　また、一見すると同一形状に見えても、厳密には相違点があったり規格が異なっている場合があります。
　以下に、パソコン本体のコネクタの種類をいくつか列挙します。
　パソコン用ディスプレイを接続するビデオコネクタには、形状の異なるア

ナログ用（D-SubやS端子）と、デジタル用（DVI-I）があります。

最近のパソコンに備わることも多くなったHDMI（High-Definition Multimedia Interface）端子は、映像とともに音声信号をデジタル方式で出力するものです。

また、デジタルビデオ機器等との接続に用いるIEEE1394端子のように、同一の規格でありながら、DV端子、FireWire（Apple社の商標）、i-Link（ソニー社の商標）と複数の名称が付けられた端子もあります。

周辺機器との接続に用いられるUSB（Universal Serial Bus）端子には、データ転送速度の違いによって、現在は主にUSB2.0とUSB3.0の2つの規格が使われています。

USB3.0規格に準拠した周辺機器をパソコンのUSB2.0の端子に接続した場合には、下位規格に準拠した動作はするものの、本来の性能は発揮されません。また、規格名は同じでも、ミニタイプやマイクロタイプは大きさや形状が異なっています。

(2) 接続コネクタ取扱い上の注意点

パソコンの接続コネクタを取り扱う上で特に注意したいコネクタは、LANコネクタです。電話ケーブル（RJ-11規格）とLANケーブル（RJ-45規格）とは、見た目の形状はよく似ていますが、厳密には、先端部の大きさ、形状、電線の数（接点の数）等

図2−11 ビデオコネクタの形状

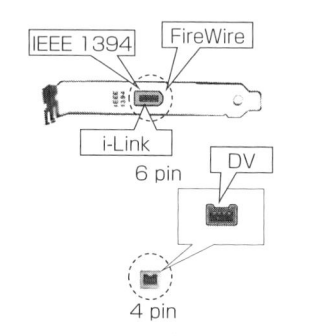

図2−12 IEEE1394端子のコネクタ形状

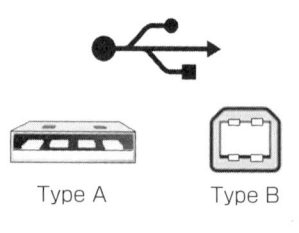

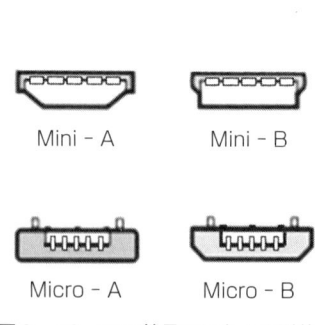

図2−13 USB端子のコネクタ形状

に違いがあります。

しかし、その違いに気付かず、モデム（変復調装置）が内蔵されたパソコンで電話回線を使用するつもりで、電話ケーブルをLANコネクタに接続してしまい、期待した動作をしない、ケーブルの「ツメ」が引っかかり外せない、パソコンのコネクタの端子を破損してしまったということが、かつてはよく起こりました。

このように、形状が似たケーブルやコネクタであっても、異なった規格のケーブルとコネクタを強引に接続しようとすると、コネクタ部分が破損することがあるため、注意しなければなりません。

特にパソコンや周辺機器、附属品を解析する場合に、確認を怠ったままケーブルを接続しようとすると、このような損傷事故が発生するおそれがあります。

もともとはどのように配線されていたのか、ということを正確に記録しておき、その状態を確実に再現できるよう、接続コネクタ取り外しのときから留意することが必要です。

7 ファイルの情報

パソコンでアプリケーションソフトを使用して作成・編集した情報は「ファイル」という形態で電磁的記録媒体に保存されます。

まず、この仕組みについて例を挙げて説明します。

電磁的記録媒体を図書館とします。「図鑑」や「絵本」等にグループ分けされた「書架」群や架の中の「棚」はディレクトリ又はフォルダと呼ばれ、その中に並べられた「書籍」がファイルに当たるといえます。

書籍の背表紙に書かれているタイトルが「ファイル名」に当たります。書籍を開くと、発行

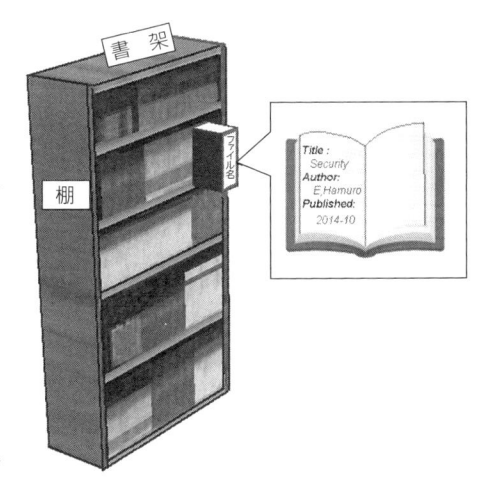

した日付や著作者等に関する情報が記されていますが、これと同様、パソコンの中に保存されているファイルも、ユーザが作成して保存した情報や、その名称を示すファイル名のほかに、ファイルの更新日時を表す情報、記録されたデータの種類やその情報量（ファイルサイズとも呼ばれています。）、保存したユーザ名（登録名）等、様々な付加情報が記録されています。

この付加情報には、大別して、OSが付加するものとアプリケーションソフトが付加するものの2種類がありますので、それぞれについて説明します。

(1) ファイルの付加情報　～OSによるもの～

Windowsの場合には、ファイル名の末尾に拡張子と呼ばれる「．（ドット）」と3文字程度の英数字が付加されます。

例えば、「．jpg」であれば画像ファイル、「．docx」であればMicrosoft Wordの文書ファイルというように、それぞれ対象のアプリケーションソフトとの関連付けが行われており、そのファイルのアイコンをダブルクリックするとWindowsが関連付けているアプリケーションソフトを起動して当該ファイルを開くという、ファイルの種類を区別するための付加情報として管理されています。

なお、MacやLinux等でも、同様にファイル名には拡張子が付加されます。

また、ファイルの作成日時、更新日時等の情報も保存されています。

これらの日時情報は「タイムスタンプ」と呼ばれ、電磁的記録の解析を行う上で、大変大きな意味を持つ情報として取り扱われます。

第1章4(2)「解析の正確性」の項でも示しましたが、例えば、ある撮影に使用されたデジカメの内部時計を確認したところ、設定されていた日時が正確な日時とずれていたとします。そのデジカメで快晴の天候下で撮影されていた写真について、画像ファイルの撮影日時（タイムスタンプ）からその時刻の気象情報を確認したところ、雨天であったことが分かっ

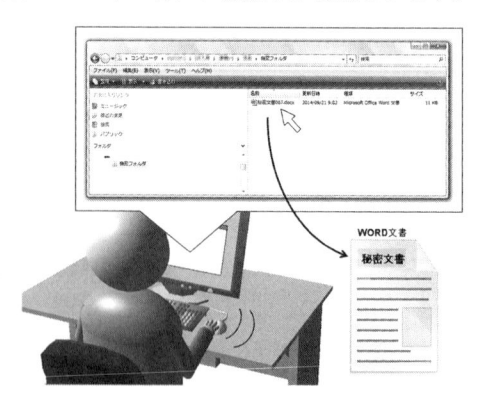

たとします。さらに、日時のずれを考慮すると、気象情報からも一時的に快晴となっていた時間帯と一致していることが確認できたとします。

では、このことを「実際にこの写真が撮影された日時は、時刻のずれを確認した時の差分だけ、ずれた時刻だったため、たまたま晴天下で撮影できたものである。」という断定をしてもよいものでしょうか？

これは、撮影時点と内部時計のずれを確認した時点において、「正確な時刻とのずれ方が双方とも同じである。」ということの証明なしには明言できないことですし、これは解析を通じて得られたありのままの事実を明らかにするというデジタル・フォレンジックの本旨を外れたものといえるでしょう。

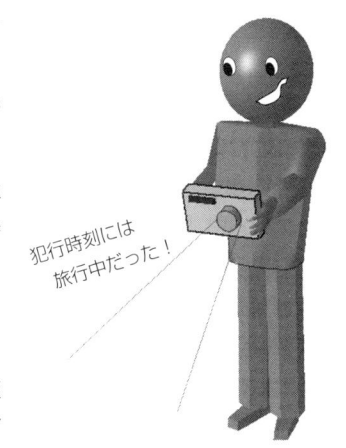

このように、タイムスタンプの扱いを誤ると、調査結果等に大きな影響を与える場合もあり得るということには十分注意する必要があります。

電磁的記録の解析を行う際には、タイムスタンプ情報に留意する必要がありますが、タイムスタンプ情報はOSや動作環境によって異なります。

ここではWindows（Vista以降）を例に説明します。

Windowsでは、「作成日時」、「更新日時」、「アクセス日時」の３つの日時情報をタイムスタンプとして管理しています。

「作成日時」はファイルが作成され保存された日時、「更新日時」は直近過去にファイルの内容が変更され保存された日時、「アクセス日時」はファイルに最後にアクセスした日時を表します。

アクセスとは、ユーザがファイルコピーなどの操作を行った場合に加えて、OSや各種アプリケーションソフトがそのファイルを読み込んだ場合等が含まれます。

タイムスタンプはシステムで設定されている日時情報（内部時計ともいいます。）を基に付加されますので、解析を行う際には設定日時が正確な日時とずれていないか、ずれている場合にはローカルタイムやサマータイムが関係していないかなどの確認が必要です。

また、これらのタイムスタンプは、正確な時刻設定の下に作成されたファ

イルでも、その操作状況によっては違う意味で記録されることがあります。

例えば、あるファイルのコピーを作成した場合、複写先の新しいファイルの作成日時は、コピーを行った日時となりますが、更新日時は元のファイルのものがそのまま引き継がれます。

(2) ファイルの付加情報　～アプリケーションソフトによるもの～

アプリケーションソフトが、データの内容とともにファイルに付加して記録する情報にも様々なものがあります。

まず、ワープロソフトで作成した文書ファイルの付加情報には、作成・編集に関する情報や印刷に関する情報、その他ファイルに関する様々な履歴情報が含まれます。

また、画像・動画ファイルの付加情報には、撮影日時等の情報のほか、撮影した機器に関する情報等が含まれます。

これらの付加情報は、各ファイルの中にデータの一部として記録されていますので、OSが付加する情報とは違い、ファイルを移動したりコピーすることによって内容が書き換わることはありません。また、**図2-14**のようにファイルのプロパティを表示させることで、例えばWord文書の場合には、作成者や前回保存者、編集時間などを表示させることも可能です。

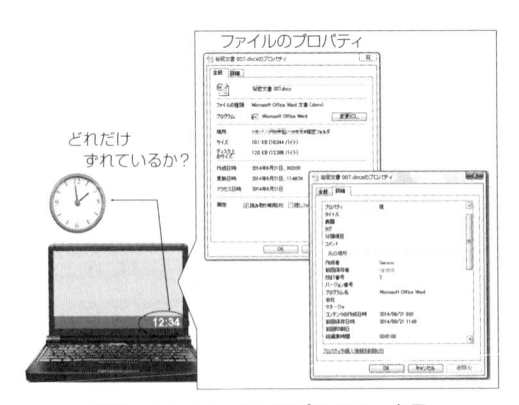

図2-14　ファイルのプロパティ表示

なお、Word等のMicrosoft Officeアプリケーションでは、VBA（Visual Basic for Applications）を利用して、各種の設定情報を収集することができます。

例えば、
　ActiveDocument.BuiltInDocumentProperties(x)
というVBAの関数では、xの所に表2－15にある値を記述して用いることにより、「説明」の欄の付加情報を得ることが可能です。

x	定　　数	説　　明
1	wdPropertyTitle	文書タイトル
2	wdPropertySubject	副題
3	wdPropertyAuthor	作成者
4	wdPropertyKeywords	キーワード
5	wdPropertyComments	コメント
6	wdPropertyTemplate	テンプレート名
7	wdPropertyLastAuthor	最終作成者
8	wdPropertyRevision	改訂番号
9	wdPropertyAppName	アプリケーション名
10	wdPropertyTimeLastPrinted	最終印刷日時
11	wdPropertyTimeCreated	作成日時
12	wdPropertyTimeLastSaved	最終更新日時

表2－15　VBAの利用による設定情報の収集例

　これ以外にも、多くの付加情報を得ることが可能です。

8　ファイル等の複写

　第1章1(3)ア「(電磁的記録の特徴)　複写」でも示したように、電磁的記録は容易に複写することができます。デジタル・フォレンジックにおいて「複写」は、調査対象の電磁的記録媒体の原本同一性を担保するためや、調査に当たって電磁的記録の内容を変えざるを得ない場合に、その基となる電磁的記録にまで影響を及ぼさないようにするためなどに用いられます。
　本節では、ファイルや電磁的記録媒体の複写がどのように行われるのか、その仕組みについて説明します。

⑴　ファイルの複写
　ここでは、Windowsで用いられているFAT（File Allocation Table）というファイルシステムを例に、ファイルの複写の仕組みについて説明します。
　あるフォルダに保存されているファイルを、他のフォルダに複写する場

合、まず電磁的記録媒体の未使用領域の調査が行われます。未使用領域が複写したいファイルのサイズと比べて十分に空いていたなら、複写先フォルダのディレクトリ・エントリ（各ディレクトリの中にあるファイルの名前や実際の保存先、付帯情報を記録している専用ファイル）に、複写するファイルに関する情報を書き込む場所を確保します。

次に、電磁的記録媒体の未使用領域に、複写するファイルの内容を順次複写していきます。

最後に、複写先フォルダのディレクトリ・エントリに所要の情報を書き込んで複写は終了することになります。

複写元のファイルと複写先のファイルは、その内容は完全に同一のものとなりますが、複写先のディレクトリ・エントリに記録されるタイムスタンプについては、作成日時は複写した日時となり、更新日時は複写元ファイルの更新日時が維持されるなどの特徴があります。

(2) 電磁的記録媒体の複写

デジタル・フォレンジックにおいては、解析対象の原本同一性を担保するために、電磁的記録媒体の複写を行うことがあります。電磁的記録媒体の複写方法には、物理コピー（Physical Copy）と論理コピー（Logical Copy）とがあります。ここではそれぞれの複写方法と、持つ意味の違いについて説明します。

ア　物理コピー

物理コピーという作業は、電磁的記録媒体の物理的なクローン、つまり完全に同一の複製物を作成するということを意味するものではありません。

HDDを例に説明しましょう。本章3(2)「電磁的記録媒体」の項で示したように、HDDのプラッタにおいては、セクタという領域の単位で記録がなされています。最近のHDDでは、LBA（Logical Block Addressing）という方式が採用されており、ユーザがHDDのインターフェースを介して利用可能となるセクタには、一連の通し番号が付けられています。

若干言葉足らずにはなりますが分かりやすさを優先して説明しますと、HDDにおける「物理コピー」というのは、複写元となるHDDの先頭セクタから最終セクタまでを、複写先となるHDDの先頭セクタから最終セクタま

でに、対応するセクタ番号の記録内容が同一になるように複写する、ということを意味しています。

　この先頭セクタから最終セクタまでは、ユーザが情報を記録できる領域（ユーザ領域）です。実はこれ以外にもHDDがその動作を行うために必要となる情報を記録している領域（管理領域）が存在しており、物理コピーではこの管理領域の情報のうち、複写先のHDDが動作するために必要となる情報も併せて複写しています。

　ところで、物理コピーを行うためには、複写元HDDの容量と同じか、それよりも大きな容量のHDDを複写先として用意する必要があります。しかし、同一容量であればよいのですが、2つのHDDの容量が異なる場合には、複写元HDDの容量を超える部分の複写先HDDのセクタには何が書き込まれるのか、あるいは読み出す際にこの部分が出力されてしまうと複写物の内容の同一性が担保できなくなるのではないか、などの懸念が出てくるかもしれません。

　しかし、このような場合には、複写先HDDで使用できる最終セクタ番号を、複写元HDDの最終セクタ番号に合わせてしまう「クリッピング」という機能により、複写元HDDと複写先HDDとの間でインターフェースを介して認識できる領域が同一の容量となるようにし、複写元のHDDに記録された情報以外には、余分な情報は一切含まれないようにすることによって、同一性を担保しています。

　物理コピーでは、全てのセクタ情報を複写するため、HDD1台の複写にはそれなりの時間がかかります。しかし、図2-16に掲げるようにファイルとして扱われていない領域のデータも複写できることから、削除ファイルの復元等の可能性を残すことができます。

イ　論理コピー

　論理コピーは、複写元のHDDにおいて利用者が認識し利用できる状態にあるファイルについて、そのフォルダの階層構造を維持したまま複写先HDDに複写を行うものです。論理コピーを行うときに使用するツールによっては、複写元HDDのファイルのタイムスタンプが維持されるものもあります。

　論理コピーでは、複写に必要となる時間は、複写元HDDでファイルとして認識され使用されている領域部分の容量に依存します。また、複写元

HDDでファイルとして扱われていない領域のデータは複写されないことから、削除済みのファイルの復元等はできません。

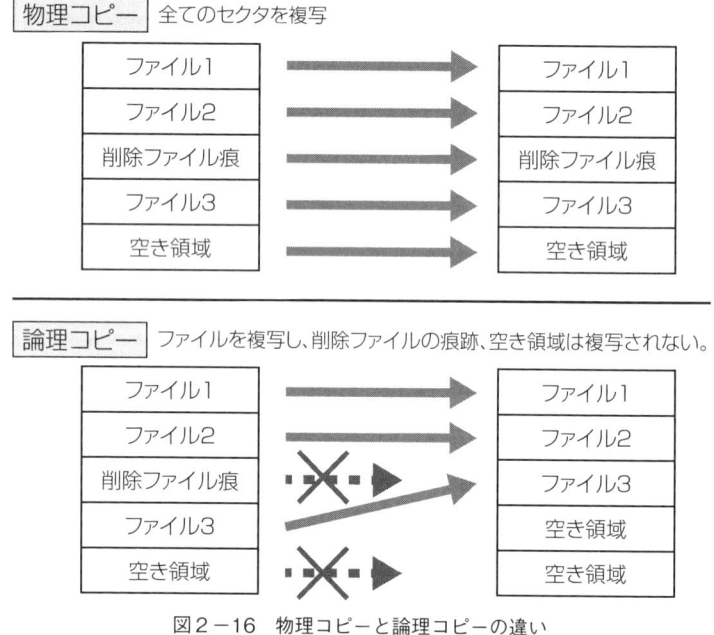

| 物理コピー | 全てのセクタを複写 |

ファイル1	→	ファイル1
ファイル2	→	ファイル2
削除ファイル痕	→	削除ファイル痕
ファイル3	→	ファイル3
空き領域	→	空き領域

| 論理コピー | ファイルを複写し、削除ファイルの痕跡、空き領域は複写されない。

ファイル1	→	ファイル1
ファイル2	→	ファイル2
削除ファイル痕	✕	ファイル3
ファイル3	→	空き領域
空き領域	✕	空き領域

図2-16　物理コピーと論理コピーの違い

9　ファイルの削除

　用済みだと思い込み、大事な文書ファイルや写真ファイルを削除してしまった、という経験をお持ちの方はいませんか？
　本節では、削除されたファイルがパソコンの中でどのように扱われるのか、その仕組みについて説明します。
　例えばWindowsパソコンでは、ファイルを削除する方法は、大きく2通りあります。
　その一つは、デスクトップ画面やエクスプローラに表示されているファイルのアイコンを選択（反転表示）した状態で「Delete」キーを押下する、又は対象ファイルのアイコン上でマウスを右クリックして表示される「コンテキストメニュー」から「削除」を選択する方法です。

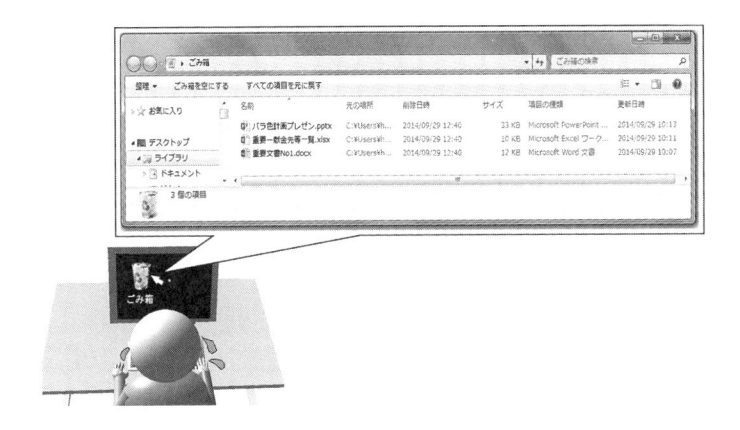

第2章　パソコンにおけるデジタル・フォレンジック　　63

　この方法によって削除されたファイルは「ごみ箱」フォルダへ移動するだけであり、実際にパソコンの中からデータが消滅するわけではありません。
　「ごみ箱」フォルダへ移動されたファイルは、「ごみ箱」のアイコンをダブルクリックするなどして開くと、「ファイル名」、「元の場所」、「削除日時」等のファイルに関する情報（プロパティ）を表示することができます。

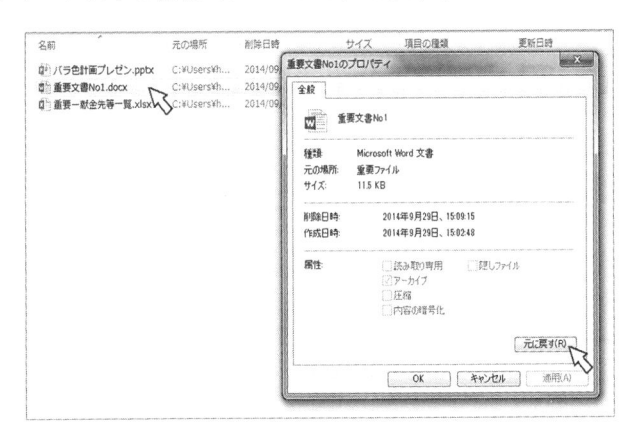

　また、「ごみ箱」の中に表示されているファイルは、「ごみ箱」の中のファイルを選択してDeleteキーを押下する、若しくはコンテキストメニューから「削除」を選択する、又は「ゴミ箱を空にする」という操作を行うまでは、元々記録されていた場所にファイルのタイムスタンプ等の情報を含めて戻すことができます。

これは、削除対象ファイルのアイコンをドラッグ＆ドロップして「ごみ箱」に入れた場合も同様です。

このような方法で元に戻すことができるのは、元々OSが持つセーフガード（保護措置）機能によるものです。現実社会でもあるように、一旦「ごみ箱」に捨てた書類が後で必要であったことに気付き、慌てて「ごみ箱」からゴソゴソと取り出して事無きを得た、ということがパソコンでも起こり得るからです。

なお、ファイルを削除するもう一つの方法は、デスクトップ画面やエクスプローラに表示されているファイルのアイコンを選択（反転表示）させた状態で「Shift」キーを押下しながら「Delete」キーを押下する方法ですが、この方法では、ファイルは「ごみ箱」フォルダを経由することなく直接消去されるため、エクスプローラ上でそのファイルの存在について確認することはできなくなりますし、「元に戻す」ことも不可能となります。

また、これは、「ごみ箱」の中のファイルに対して「ごみ箱を空にする」の操作を行ったり、ごみ箱を開いた状態で対象ファイルを選択（反転表示）させて、更に「削除」を行ったりした場合も同じです。このファイルは消去されて「元に戻す」ことができなくなり、以後、閲覧、編集、実行等の操作はできなくなります。

また、MacOSやLinuxでも、操作性に若干の違いはありますが、同様の機能を備えています。

さて、通常は、このようにファイルを削除したり消去したりして「ごみ箱」からも消してしまった場合には、二度とファイルを元に戻したり内容を確認することはできません。

しかしながら、調査対象のデータが、証拠隠滅のためにファイルごと削除されてしまった場合には、どうすればよいのでしょうか？

ファイルを削除する前の状態に復元したり、一部であったとしても部分的に抽出したりすることはできないものでしょうか？

その可能性については、次節で説明します。

10 削除されたファイルの復元

前節では、ファイルの削除の方法について説明しましたが、「ごみ箱」を空にすることにより削除されてしまった、又はごみ箱を経由しない方法で削除されてしまったファイルでも、状況によっては「復元」が可能な場合があります。

ファイルを削除する仕組みを説明する前に、ファイルを管理する仕組みについて簡単に説明します。

(1) ファイルシステム

WindowsやMac、Linux等、各種OSがファイルを管理する際の仕組みや機能を「ファイルシステム」と呼びます。

Windowsの場合には、FATファイルシステムやNTFS（New Technology File System)、NTFSの耐障害性等を高めたReFS（Resilient File System)、分散ファイルシステムのDFS（Distributed File System）等が使われています。

FATと呼ばれるものには、FAT12、FAT16、FAT32、exFAT等の種類があります。

また、Macの場合は、HFS（Hierarchical File System）や、HFS+が利用されています。

Linuxの場合には、Ext（Extended File System)、XFS、RaiserFS、Btrfsを始め多種多様なファイルシステムが利用されています。また、フラッシュメモリ用に設計されたJFFS2（Journaling Flash File System, version 2）やYAFFS2（Yet Another Flash File System 2）などのファイルシステムは、携帯電話機やスマートフォン等に実装されています。

ファイルシステムによってファイルを管理する仕組みはそれぞれ異なりますが、一般的な仕組みとして、ファイルが保存されている電磁的記録媒体を図書館の本に例えてみることにします。

電磁的記録媒体には、実際の内容を示す情報であるファイルデータを保存する場所（データ領域）と、ファイル名や付加情報とともに電磁的記録媒体上にファイルデータが保存されている領域を示す情報を管理している場所

（管理領域）があります。本で例えるなら、前者が「本文」、後者が「タイトル名」や「目次」に相当します。

一般的なファイル削除（「ごみ箱」を空にする。）は、極端な言い方をすれば、図書館の本の背表紙のタイトルを剝ぎ取り、目次ページを引きちぎる、ということに似ています。

背表紙や目次がなくても、本文は残っていますので、内容は問題なく全て読むことのできる状態です。

しかし、「タイトル名」や「目次」がなくなる（管理領域の情報がなくなる）と、当該ファイルが記録されている場所についての情報が失われることになります。

つまり、パソコンで「ファイル削除」という操作を行った場合、管理領域において「このファイルは削除済み」というマークが付され、これによってファイルシステムでは当該ファイルを使用可能なファイルとは認識しなくなりますが、実際にはエクスプローラ上で表示できないだけで、ファイル本体はそのまま全て残されている可能性があるということになります。

(2) FATにおけるファイルの削除

具体的に、**図2-17**を用いてFATファイルシステムの場合におけるファイルの配置や削除方法について説明します。

通常は、HDDの外周部分にシステムを起動させたりファイルを管理するための領域が集められています。これは磁気ヘッドが先端に付いたスイングアームの移動距離が短い、すなわちアクセスに要する時間が短くて済むからです。

FATファイルシステムの場合、ファイル名やその拡張子、属性、日時等の情報は「ルートディレクトリ」と呼ばれる領域で管理されていますが、実際にファイル内容が記録されるHDD上の位置を管理しているのがFAT（File Allocation Table）であり、文字どおりファイル内容の記録位置を管理する

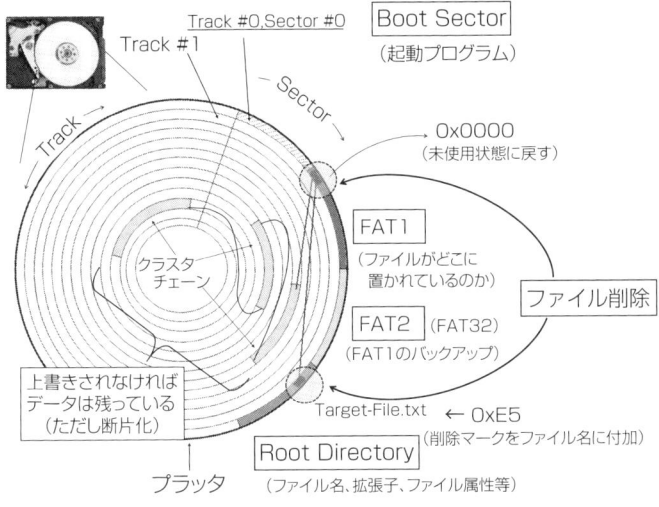

図2−17 ハードディスク上のファイル保存領域

表になっています。

　Windows等のOSでは、データが記録されるセクタを複数まとめて「クラスタ（cluster）」と呼んでいますが、例えば1つのクラスタ（FAT32の場合は4kB）に収まらないような大きなファイルであれば、複数のクラスタに分割して保存されます。

　例えば12kBの大きさを持つファイルであれば3つのクラスタに分割されて保存されますが、その3つのクラスタが連続してHDD上に記録されている場合もあれば、飛び飛びの位置に記録されることもありますので、その続き具合をFATに記録しているのです。

　FATファイルシステムにおいては、ファイルを削除する、ということは、
① ルートディレクトリの当該ファイルに削除マーク（0xE5）を付けて、削除されたファイルであることを示す（このことでエクスプローラ等では表示されなくなる。）。
② FATにおける当該ファイルの位置を記録した場所を未使用状態（0x0000）に戻す。

という作業を行っているのです。

　この②で「未使用」とされたエリアには、いつでも新たに別のファイルを書き込むことができます。これを「上書き可能な状態」と呼んでいます。

しかし、いまだ「上書き」されていない状態であれば、ファイルの中のデータを見ることができる可能性を残しているのです。

(3) ファイル復元作業

ファイルの「復元」とは、削除する前にファイルの内容が記録されていたクラスタ（複数セクタのかたまり）を連結して一つのファイルとして整え、管理領域で付されていた削除マークを外して、ファイルを再びエクスプローラ等で見えるようにする、という作業を意味しています。

あくまでも"イメージ"です。

このような作業は、元々はテキストエディタ等のソフトウェアを用いて職人技で行っていましたが、現在では、ファイルシステムの判別から自動的に行われるようにした多様なソフトウェアが商品化されています。ファイル復元ソフト、解析用ソフト等と呼ばれるこれらのソフトウェアは、基本的には、「削除マーク」が付加されたファイルの管理情報を基にして「復元」を図るものです。

しかし、前述のように、削除されたファイルの内容が記録されていた領域が他のファイルのデータで上書きされてしまうと、元どおりにファイルを復元することは極めて困難になります。また、電磁的記録媒体の容量が小さいほど、一つの領域でファイルの削除・保存が行われる確率が高まることから、この場合も削除されたファイルを元どおりに復元できる可能性はやはり低くなります。

なお、データの上書きが行われる場所は、ファイルの先頭部分とか古いファイルの保存領域から行われるとは限りません。そのため、ファイル内容の一部分がテキストデータとして部分的に復元される場合や、古い時期に削除したファイルが復元できたのに、最近削除されたファイルが復元されない、写真の一部しか見ることができないといった現象が発生することがあります。

また、前項のFATファイルシステムの例であれば、ファイルを削除した場合には、FAT上にある当該ファイルのデータ領域における配置（クラスタチェーン）の情報は消去されてしまいますが、NTFSでは、ファイルを管

理する機能はMFT（Master File Table）に集約されており、MFTの該当するファイルの箇所に削除マークを付すだけなので、ファイルのクラスタチェーンを復元する作業は、FATに比較すると容易かもしれません。

このように、ファイル復元作業の実施に際しては、HDD、SSD等の記録媒体の機能や各ファイルシステムにおけるファイル管理の仕組みを理解しておくことが極めて重要であり、「復元ツールを用いれば、簡単に元どおりに復元できる」のような、安易な考えを持つ「ツールのオペレータ」であってはならない、ということに留意する必要があります。

(4) 危険な「デフラグ」等の操作

デジタル・フォレンジックの現場では、正常に動作する機器だけが持ち込まれるわけではありません。

中には、起動しないパソコンが持ち込まれることもありますし、起動しないパソコンに各種のチャレンジを行った挙げ句、どうにもならなくなってから持ち込まれることもあります。

解析が必要な機器を持ち込まれた場合には、できるだけその場で動作確認チェックを行ったり、聴取等により状況を十分把握しておくようにします。さもなければ解析がうまくいかなかった場合や、HDDが復旧しない場合に、解析担当者の責任に帰されることがあるかもしれません。

また、パソコン等の解析を行う場合だけでなく、パソコンが起動しない、ハードディスクを認識しないなどの場合で、パソコン内に残された重要なデータを救出したい、という依頼がなされることもあります。

このような場合も、必ずしもデータ救出（サルベージ）がうまくいくとは限りません。失敗することも少なくないのが現実です。

ましてや我流で復旧を試みようとしたとき、ややもすると、ファイルシステムの特性を考慮することなく次に示すようなコマンドを使いたくなりがちですが、これらを実行してしまうと、せっかくデータが残っていてもデータの復元は絶望的になってしまいます。また、単にパソコンを再起動させるだけでもHDDの状態が変化してしまうので、これにも注意が必要です。

○ チェックディスク（Windowsのchkdskコマンド）
　ディスクのハードウェアを検査するものではなく、ファイルシステムやインデックスの論理的整合性を検査するとともに、不良セクタ等があれば復旧を試みる、というコマンドです。
　このため、ファイルを削除した後に、chkdskコマンドを用いると、インデックス等が変更されてしまいます。
　Linuxの場合のスキャンディスク（fsck）も同様の機能を有しています。

○ デフラグ（Windowsのdefragコマンド）
　ハードディスク上に断片化（フラグメンテーション）したファイルの再配置

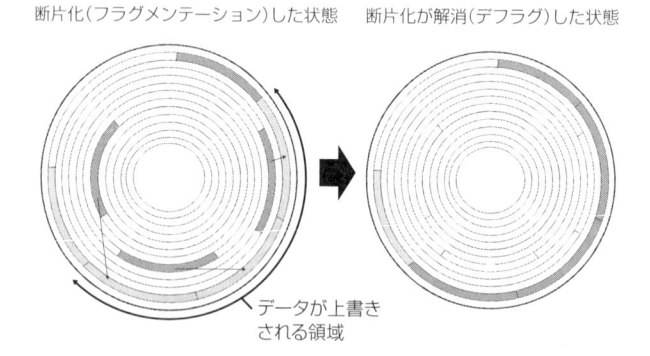

図2-18　デフラグによる上書き

を行うことにより最適化し、ファイルアクセスの高速化を図るツールです。

　最適化する際に、削除されたファイルが使用していた領域を含む（未使用とみなされている）領域に再配置を行うため、削除されたファイルの領域に別のデータが上書き・再配置された場合には、復元することはほぼ不可能になります。

(5)　外部記録媒体のデータは復元できるか？

　SDメモリカードに記録されていたデータが削除されていた、というような場合には、HDDの場合と同様、ファイルシステムの構成を分析し、断片化した残存データを再構築することによって復元可能な場合があります。ただし、これはデータが上書きされていない場合で、かつ「ガベージコレクション」が発生していない場合に限られます。

　また、SSDやSDメモリカード等のフラッシュメモリを用いた外部記録媒体の場合は、データの書き込み、エラー制御、ブロック単位での消去、不良ブロックの管理等を行っているコントローラ部に損傷があると、そのことだけでデータ復元は極めて困難になります。

　一方、データは1か所にしかないわけではない、というように発想を転換することも時として有効です。

　例えば、スマートフォン等で写真や動画を撮影し、そのデータをmicroSDカード等の外部記録媒体に保存した際に、その媒体内のデータが復元できないことがあります。このような場合、スマートフォン本体や接続したパソコンにキャッシュデータが残っていることがありますので、これらの機器内に残存している手がかりから、データの復元を試みることができる場合があります。

　また、クラウドサービスを利用している場合には、クラウドの中に本体側と同期を取って保存されていたバックアップデータが残されていることがあります。

このような手法は、削除されたデータを復元する場合だけでなく、パスワードロックがかけられた端末やファイルを解析する場合にも応用することができます。調査対象以外のモバイル機器やパソコン、外部記録媒体、更にはクラウド上のデータなどをも手がかりとして、ロックを解除・迂回するといった手法も、データの抽出や収集を行う現場では用いられています。

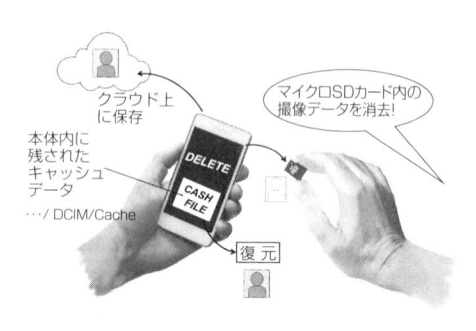

(6) 第三者への説明責任

　削除されたファイルを復元する、という作業を行う際には、復元したデータの正確性や復元手法の妥当性を説明できるようにしておくことが求められます。

　職場の共用パソコンから削除データを復元した、あるいは使い回しのハードディスクから思わぬデータが出てきたなどの場合、誰が作成したファイルなのか、いつ作成したものなのか、データを復元した際の手法やその選択に誤りはないのかなどは、復元用ツールに頼って作業を行っていただけでは満足な説明ができないかもしれません。

　ファイルシステムに関する理論や削除・復元の原理を適切に理解し、第三者に分かりやすく説明する能力を涵養しておくことが必要です。

11　パソコンの電源の取扱い

(1)　電源の役割

　パソコンが動作するためには、形や大きさにかかわらず電源の供給が必要です。

　バッテリーで動作するモバイル端末以外のパソコンに電源を供給するためには、電源ケーブルの一方（プラグ側）を商用電源（100V）のコンセントに、もう一方（コネクタ側）をパソコンに接続するのが一般的です。

　家庭にある、いわゆる「電気のコンセント」には、発電所で作られた電気が「交流」という形で送られてきており、私たちは様々な家電製品の電源として利用しています。しかし、パソコンやテレビなどの電子機器は、時間とともに周期的に電圧のプラスとマイナスが変化する交流電源ではなく、常に一定の電圧を維持する直流電源で動作しています。

　このため、コンセントから取り出された交流電源は、デスクトップ型パソコンの場合には内蔵の電源ユニットにより、また、ノートブック型パソコンやタブレット型等の多くでは電源（AC）アダプタにより、それぞれ直流に変換してパソコン本体に供給されています。

　また、ノートブック型パソコン等に搭載されるバッテリー（蓄電池）も直流電源ですが、使用するにつれて徐々に消耗し、出力される電圧が低下して

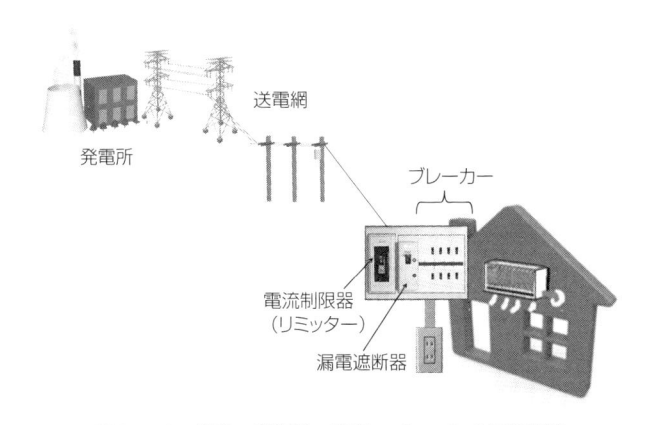

図2-19　発電・送配電・家庭・パソコンの電源接続

しまうため、充電をしながら使用します。

(2) 電源の形状

パソコンを使用するための電源の供給には、デスクトップ型パソコンや、ノートブック型パソコン、タブレット型パソコンで、それぞれ異なる形状のケーブルやコネクタが用いられています。

ア　デスクトップ型パソコンの電源

デスクトップ型パソコンの場合は、両端がプラグとコネクタからなる標準的な仕様の電源ケーブルを用いてコンセントとパソコンを接続します。このため、交流と直流の変換を行っている場所が外観からは分かりづらいのですが、デスクトップ型パソコン本体の筐体内部（電源ケーブルのコネクタ接続部分）に電源ユニットが搭載されており、ここで交流を直流に変換しています。

デスクトップ型パソコンを自作する場合には、高性能なCPUやグラフィックカードなどを比較的自由に搭載することができますが、その分消費電力も大きくなるため、大きな容量を持つ電源が必要になります。このため1,000Wの電源容量を持つ電源ユニットも販売されています。

また、電源ユニットで交流を直流に変換する際に、100％の効率で変換することはできません。変換の際に生じるロスにより発熱しますので、電源ユニットには冷却用のファンが取り付けられています。

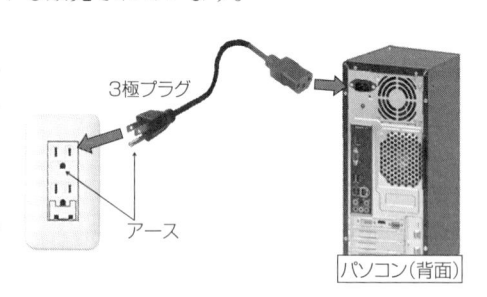

イ　ノートブック型・タブレット型パソコンの電源

ノートブック型パソコンやタブレット型パソコンでは、コンセントと接続する電源コードとパソコン本体の電源コネクタとの間に電源アダプタと呼ばれる変換器が挿入された電源ケーブルを使います。消費電力が少ないパソコンでは、電源アダプタがコンセントに接続するプラグ部分と一体になっているものもありますが、これらによって交流と直流の変換が行われています。

ノートブック型パソコンやタブレット型パソコンは、デスクトップ型パソコンとは異なり、自分好みのパーツで組み立てることはほとんど行われておらず、メーカが製造・組立てを行って、決まったパーツと構成で出荷されます。また、本体の小型・軽量化が指向されているため、デスクトップ型パソコンのように大きな電源ユニットやファンを搭載することもありません。

　このようなことから、この種のパソコンでは交流と直流の変換部分を電源アダプタという形でパソコン本体の外に出して本体の小型化が図られており、また、ユーザーカスタマイズによる消費電力の増大を想定する必要もないことなどから、通常はパソコンを出荷するメーカが機器専用の電源アダプタを付けて販売しています。

　なお、この電源アダプタからパソコンに供給する電源ケーブルの先端（電極）部は円筒型になっているものがほとんどですが、形状や大きさ、プラス・マイナスの極性はそれぞれ異なります。また、必要な電力量に応じて電源アダプタの形状も大きくなりますので、ズッシリと重い電源アダプタが使われているものもあります。

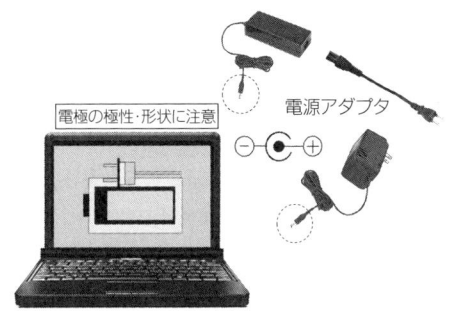

　このようなことを踏まえ、複数のノートブック型パソコンの解析作業を同時に行う必要がある場合には、電源アダプタの筐体のラベル等に表示された電圧、容量や極性を確認するなど、他のものと混同しないように留意する必要があります。また、パソコン本体を差し押さえるなどの場合には、電源アダプタも忘れないように注意します。

ウ　スマートフォンや音楽プレーヤーの接続

　スマートフォンやAndroid型タブレット、音楽プレーヤー等の比較的使用電力が小さいモバイル端末は、内蔵電池にUSB型ケーブルで電源を供給し充電して利用します。

　これらの電子機器には、購入時に専用の充電器（電源アダプタ）が附属している場合もありますが、パソコンのUSB端子からUSB型ケーブルを介して電源を供給できるものが一般的です。

この際、USB型ケーブルを介してパソコンと接続した場合、スマートフォンの内部メモリやmicroSDカードなどは、パソコン側ではUSBメモリ等と同様に外部記録媒体として認識されることに留意する必要があります。

したがって、もしスマートフォンがウイルス等に感染していた場合には、ケーブルで接続したことによって、パソコンもウイルスに感染するおそれがあります。また、何らかの要因で機器内部のメモリが書き換わってしまうおそれもありますので、解析対象であるこれらの機器に電源を供給するときは、原則として電源アダプタを使用するようにします。

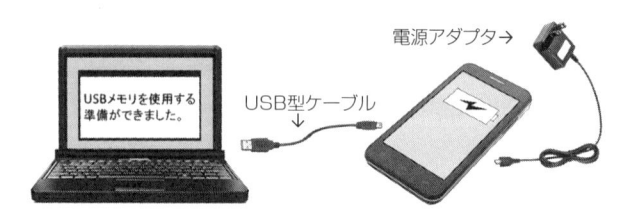

エ　バッテリー・無停電電源装置

ノートブック型パソコンやタブレット型パソコンは、バッテリー（蓄電池）を搭載しているため、コンセントに接続していなくても電源の内部供給が可能となっており、ある程度の時間は外部から電源を供給しなくても使用することができるようになっています。

したがって、バッテリーの状態に問題さえなければ、電源を投入したまま電源ケーブルを抜いたとしても、直ちに本体の電源が断になることはありません。

一方、デスクトップ型パソコンの場合には、通常は本体にバッテリーを搭載していないため、電源ケーブルを抜いたり停電した場合には、電源が瞬時に断となってしまいます。このため、停電時にも運用を停止することができないシステム等には、蓄電池を有する無停電電源装置（UPS）が用いられます。

ただし、無停電電源装置の蓄電池は、負荷の容量にもよりますが、一般的に長時間の給電は困難なことから、停電等による突然の電源断を回避し、パソコンやサーバを正常にシャットダウンするまでの間のつなぎの電源として用いられる場合がほとんどです。長時間の停電時にも安定した電源を供給することが必要な場合には、別途発動発電機等を準備する必要があります。

(3) 電源の取扱い

　解析作業を実施する際には、電源の種類を知ることに加え、電源のON、OFFが与える影響についても理解しておく必要があります。
　例えば、調査対象のパソコンの電源が入っていた場合、どのように取り扱えばよいのでしょうか？
　あるいは、一見、電源が切れているパソコンを解析のために持ち出す場合には、どのような点に注意する必要があるのでしょうか？
　本項では、Microsoft WindowsをOSとするパソコンを例に、電源の取扱い方法について説明します。

ア　電源投入で失われる情報

　私たちがパソコンの電源をONにすると、そのパソコンの中では、起動に必要な様々なファイルをハードディスクから読み込んで実行したり、ハードディスクに情報を書き込んだりし始めます。
　その結果、「電源をONにする」という操作だけでも、ハードディスクに保存された様々なファイルのタイムスタンプが更新されることになります。
　また、パソコンの起動に合わせて開始されるプログラムが設定されている場合には、Windows のログファイルにその記録が追加されます。ログの保存量の上限が設定されていて、その上限に達している場合には、新しいデータが追加される都度、古いデータから削除されていきます。
　さらに、起動時にはパソコンが動作するために必要な設定情報のデータベースであるレジストリも更新されます。
　このような更新は、Windowsの起動に伴い自動的に実行されるものであるため、回避することはできません。
　ところで、パソコンの解析や調査を行うときに電源をONにすることは、当然のことなのではないか、と思われるかもしれませんが、必ずしもそうとは限りません。
　前述のように電源を入れただけで書き換わってしまうデータが種々あるほか、例えば、パソコンの起動時に悪意のあるプログラムを自動的に実行する

設定が施されており、不用意にパソコンの電源をONにしたために重要なファイルが削除されてしまうという事態も考えられます。

したがって、必然性のない時に現場でパソコンの電源をONにするようなことは、電磁的記録の完全性（同一性）に齟齬を来す可能性があること等も踏まえ、できる限り避けることが適当です。

イ 電源断で失われる情報

解析のために現場から持ち出そうとするパソコンの電源がONになっていた場合は、どのような手順で電源をOFFにすればよいのでしょうか。

現場で解析を実施する場合は、パソコンが動作しているうちにデータを収集しておかなければ、電源をOFFにした後では確認できなくなる事項もある、ということに留意してください。例えば、対象のパソコンのネットワーク接続状況や動作しているアプリケーションプログラムの情報などは、電源をOFFにすると消えてしまう「揮発性情報」と呼ばれるものであり、パソコンのメモリ（RAM）内に一時的に蓄えられた情報はその代表格といえます。

一方で、ハードディスクに記録されているデータは、パソコンの電源をOFFにしても消えないため、「不揮発性情報」と呼ばれています。

解析対象のパソコンが稼働中であり、その揮発性情報を取得する必要がある場合には、当該パソコンに記録されている情報に与える影響を最小限にとどめるよう、手順の確認、抽出データの選択等必要な事前準備を確実に実施するようにします。また、揮発性情報を取得する場合には、その行為に関するログが追記されたり、パソコンの状態が変化するなどの影響があることを十分理解し、実施する操作については確実な記録を行う必要があります。

さらに、揮発性情報ではないものの、解析対象パソコンの時刻誤差は、後刻、解析を行う上で重要な情報の一つとなることから、その時点における時刻誤差の確認も確実に行うようにします。

解析の対象となるパソコンの電源がONになっていた場合、最終的には、持ち出しに際してパソコンの電源をOFFにする必要がありますが、この時、

パソコンの中では、起動中のプログラムを終了させるために、ハードディスクに保存された様々なファイルにアクセスしたり、プログラムの終了を表すログをファイルに書き込んだりしています。

その結果、電源をOFFにする場合も、ONにする場合と同じく、ハードディスクに保存された様々なファイルのタイムスタンプや内容が更新されることになります。

電源をOFFにすることは「仕方のない操作」なのですが、その操作によって様々なファイルやタイムスタンプが更新されるおそれがあることを認識した上で、操作状況を確実に記録に残しつつ、定められた手順に従い操作することが重要です。

ウ　押収時等の留意事項

解析対象のパソコンが電源OFFになっている場合には、基本的には、その場で電源を投入して中の情報を確認するより、解析設備の調った場所まで運搬し、そこで解析することが最善の方法といえます。

ここで気を付けるべき点は、次のようにパソコンの電源が「一見」OFFになっているように見えて、実はそうではない場合です。

例えば、
- ディスプレイの電源がOFFになっているだけで、パソコンの電源はONになっている（何らかの作業を行っている場合等）。
- パソコンの休止モードやスリープモード（⇨本章④「メモリ・フォレンジック」）等の節電モードが有効になっている。

等の場合です。

このような場合に不用意に電源ケーブルを抜いてしまうと、特にデスクトップ型パソコンの場合にはバッテリーが搭載されていないため、本体の電源が強制的に断となり、ハードディスクの損傷等、不測の事態を招きかねません。

したがって、本体のファンやランプを十分に確認し、パソコンの電源がOFFになっていない場合には、正しい手順で確実にシャットダウンして電

源ケーブルを抜いてから、梱包・搬出するようにします。
　また、電源ケーブルを始め、パソコンには複数のケーブルが接続されていますので、接続されていたケーブルや接続先にタグなどで目印を付けたり、接続状況を写真撮影するなどにより、元の接続状況を再現できるようにしておくようにします。

第3章
ネットワークにおけるデジタル・フォレンジック

　事業者等で使用されていたメインフレーム（大規模汎用コンピュータ）を核としたシステムを除いて、パソコンは、その登場からしばらくの間はスタンドアローン（単独の動作）の形態を中心に利用されていました。ビジネス分野では、財務管理、商品管理、販売管理等で、科学技術分野では、プログラミングによる数値計算、統計処理等で、技術に詳しい一般の人には、プログラミング、パソコンゲーム等で使用されることが一般的でした。

　平成に入ってから、徐々にパソコンも事業所内のネットワークに接続され始め、それまでの単体処理からネットワーク処理を行えるようになり、ネットワークを介した情報の交換がなされたり、役割を特化したパソコンの設置利用（ファイル共有・情報蓄積等）がなされるなどコンピュータの役割分担が図られたり、ネットワーク分散処理や演算成果の相互利用等のコンピュータの相互連携が図られるようになりました。

　そして、現代では、インターネットの普及・台頭により構築された、国境を越えたボーダレスなネットワークをインフラとして、それまでの事業者内部で閉じていたネットワークの相互間接続が図られ、事業者間・研究者間の情報転送・共有が実現し、膨大な情報量を取り扱うことも一般的になりました。

　また、このインターネットにおいては、様々なサービスが展開されているところであり、**第2章**で説明したWebページの閲覧や電子メール以外にもインターネットをベースとした各種サービスが展開され、普及するに伴って一般の人々の利用も促進されました。

　こうしてネットワーク社会が到来し、ある意味で現実の世界とは別のサイバー空間を形成したともいわれています。この「サイバー空間」という言葉は、1980年代にSF作家のウィリアム・ギブスンが『ニューロマンサー』や『クローム襲撃』の著作の中で使用したサイバネティックス（cybernetics）と空間（space）の混成語を起源としており、日本語では「電脳空間」と訳されています。そして、「サイバー」という言葉は、「コンピュータの」、「インターネットの」等を指す接頭辞として使われるようになりました。

多くの人がインターネットの利便性の恩恵を享受するようになる一方で、残念なことですが、サイバー空間に潜むリスクについての正しい理解は十分に浸透しているとはいえない状況にもあります。

本章では、これまでパソコン単体で説明してきた電磁的記録について、ネットワーク・サービスやネットワーク機器に対象を広げて、デジタル・フォレンジックの観点に加え、セキュリティの観点も織り交ぜて話を進めてみたいと思います。

1 インターネットサービス

人々が利便性と効率性という恩恵に浴するインターネットは、そもそも軍事用の分散型コンピュータネットワークを起源として発展したもので、世界中の企業や学校等のコンピュータやコンピュータネットワークを相互に接続することが可能な巨大なネットワークです。

企業や団体、個人がインターネットを利用するためには、ISP（「インターネットサービスプロバイダ」又は単に「プロバイダ」と呼ばれる通信事業者）と契約することにより、接続サービスの提供を受けることができます。

最近では、誰もが利用可能、若しくは無料会員として登録すれば利用可能なWi-Fi（ワイファイ）スポット（無線LAN基地局）も増加しており、パソコンだけでなくタブレットやスマートフォンからでも、気軽にインターネットを利用することができるようになっています。

⑴ バックボーン（"背骨"）

しかし、ISPが単独でインターネットを構成しているわけではありません。その背後には、バックボーンと呼ばれる、イン

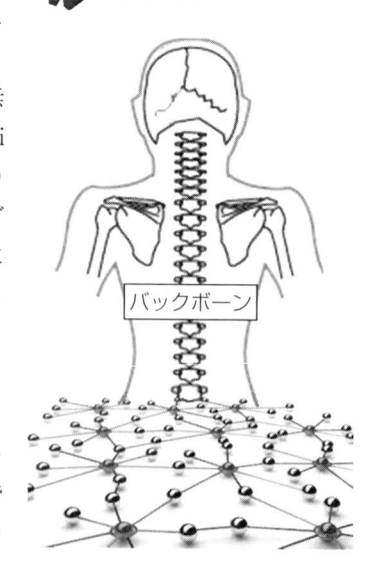

ターネットの基幹部である高速度・大容量の回線網が、国内のISPのみならず国家や大陸を相互に接続して、張り巡らされています。大陸間を結ぶ光海底ケーブルでは、10Tbps（テラビット毎秒）もの大容量の伝送を行うことができるようになっています。

バックボーンの中心に位置するのが、IX（インターネット・エクスチェンジ）と呼ばれる相互接続ポイントです。高速道路のインターチェンジと同様、大量のトラフィックをさばく機能を有しています。IXに直接接続しているISPは一次プロバイダ、それ以外のISPは二次プロバイダと呼ばれることもあります。

(2) パケット（"小包"）

我々がインターネットを利用する時、回線の中では、パソコンからサーバ・コンピュータ（略して単に「サーバ」と呼ばれます。）に向けて要求データが送付され、サーバからは、応答データがパソコンに送り返されてくる、ということの繰り返しが行われています。

このデータの送受は、貨物を宅配便で配送する、ということに似ています。

発送したい荷物は段ボール箱に梱包して宅配便業者に託しますが、1つに収まらない場合には、複数個口として、それぞれに配送伝票を貼り付けます。

この伝票には、「届け先」と「依頼主」が書かれていて、配送センターで他から集荷された荷物とともに、長いベルトコンベアに載せられた荷物は、伝票に基づき仕分けされて配送先に届けられます。

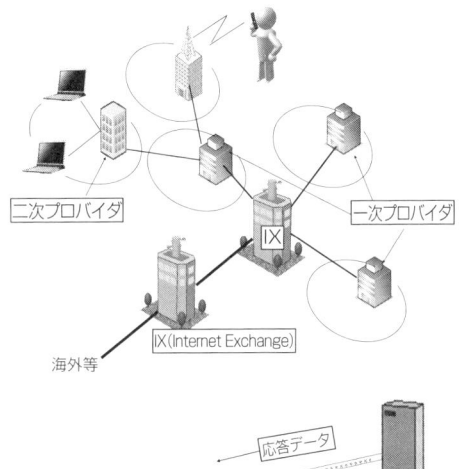

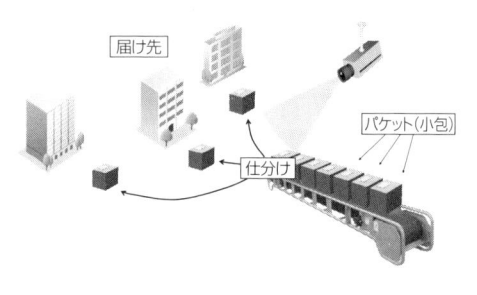

これと同様に、情報のデータもパケット（packet：小包）と呼ばれる単位に分割され、パケットごとに「届け先」を示す情報と、「発送元」としてパケットを送出したコンピュータを示す情報とが付されます（これらの情報は"ヘッダー"と呼ばれます。）。

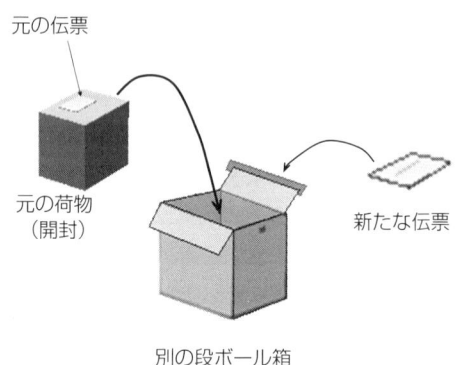

この「発送元」は、宅配便における「依頼主」とは必ずしも同じとは限りません。サーバでデータを中継する時には、一旦荷を開けて中味を確認してから別の段ボールに入れ直して再び梱包し、当該サーバが送出することを示した別の伝票を貼り付ける、ということと似ているかもしれません。

情報のパケットも、バックボーンという巨大なベルトコンベアに載せられて配送され、目的地のコンピュータに届けられます。

(3) インターネットのサービス

インターネットでは、様々な情報を公開するWebページの閲覧、メールの送受、情報収集のための検索サイトの利用等を、固定回線（光ファイバーやCATV等）や携帯電話回線、公衆無線LAN等を経由して行うことが可能です。

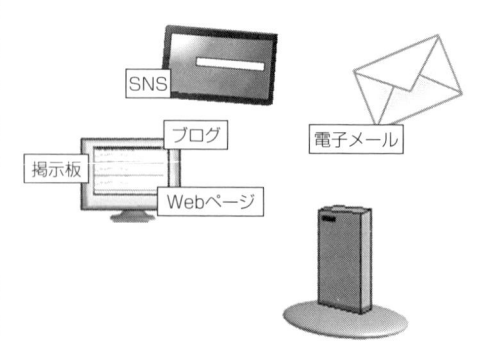

最近では、コミュニケーションの手段として、ブログやSNS（Social Networking Service）等

のサービスを利用して、自分が関心を持つ情報をインターネット上に公開することも可能です。SNSには多くの種類があり、国内ではmixi、GREE、Mobage、Ameba等の利用者が多く、グローバルなものでは、FacebookやTwitter、LINE、My Space、Google＋等が利用されています。

　Tencent Weibo（騰訊微博）やSina Weibo（新浪微博）、NetEase Weibo（網易微博）、Sohu Weibo（捜狐微博）、Renren（人人網）は中国の大手SNSです。また社内SNS等、組織内に閉じたSNSを構築することも可能です。

　基本的にはパソコンのブラウザでそれぞれのSNSサービスのポータル（玄関）サイトにログインして、メール、チャット、会話、ゲーム等を楽しむ、という形を取ることが多いのですが、スマホ時代の到来とともに、専用アプリをインストールすることで利用可能なLINE、カカオトーク、comm等の利用者が増加しています。

　その他、動画を投稿・共有することができるYouTubeやニコニコ動画等、様々なサービスが提供されています。

　なお、このようなインターネットサービスの利用者の属性や動向を分析したものは、年代、性別、居住地域等から個人の趣味・嗜好を始め、現在の流行や世論の動向など、使い方によっては様々なビジネスにもつながるデータの宝庫となっています。この"ビッグデータ"といわれる情報の集合物は、通信事業者や調査会社などで継続的に収集され、各種マーケット向けに販売されるなどしています（例えば、NTTデータ社は、日本におけるTwitterデータの全量を取得、分析、再販する権利をTwitter Japan社から取得した旨を公表しています。）。

ア　SNSに潜む危険性
　(ｱ)　SNSのマナー・注意点
　　　SNSは、互いの距離や時間を気にせずに、気軽にコミュニケーションを図ることができる便利なサービスですが、内容によっては誹謗・中傷等、第三者とのトラブルが発生することもあるため、不特定多数の人に公開したり他人の記事等を引用する際には注意が必要です。
　　　SNS上に不用意に自分自身の写真や

個人情報を掲示したことで、見知らぬ人から交際を迫られたり、悪質商法業者から執拗な勧誘を受けるなどの被害も発生しています。

(イ) サービス連携とアカウントの管理

また、SNS相互のサービス連携も行われています。例えば、同一のIDを用いて同じ内容の書き込みを複数のSNSサービスに書き込む**マルチポスト**というサービスがありますが、一方で、その行為自体が問題視されることもあります。

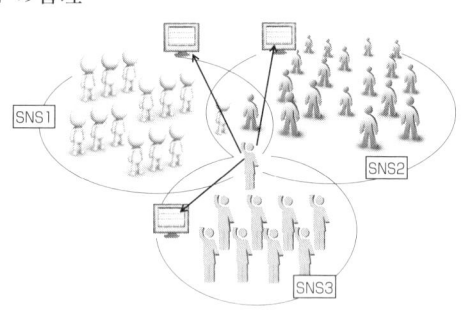

図3－1　マルチポストによる同時投稿

また、1つのSNSサービスでパスワードが盗まれた場合に、同一のIDとパスワードを使い回していると、他のSNSサービスにおいても、なりすましや不正アクセスの被害を受けるおそれがあります。

このため、IDとパスワードの使い回し等を行わないように注意する必要があります。

イ　履歴の管理

インターネットを利用した際には、パソコン側、サーバ側双方に履歴が残ります。

Webページを閲覧した場合には、パソコン側のウェブブラウザに閲覧したサイトの記録が残されます（もちろん消去することもできます。）。

メールを送受信した場合には、メールソフトが記録している情報から、後刻、その内容や送受信日時を確認することも可能です。

一方、サーバ側にも利用した記録が残されます。

メールを利用すれば、サービスを提供しているネットワーク上のサーバ内に送信・受信時刻やメールを特定するための情報である「メッセージID」が、Webメールであれば、これらに加えてメールの内容の記録も残されます。またWebページを閲覧した場合には、サーバ内に閲覧時刻や閲覧したページの記録等が残されます。

例えば、ウェブサーバ用ソフトウェアとして世界中で使われている

Apacheでは、デフォルトで4週間分のアクセスログが残される設定となっています。

同様に、SNSを利用した場合には、書き込み内容や書き込み時刻がSNSサイトのサーバに残されますし、検索サイトを利用していれば、検索キーワードや検索日時がサーバに残っていることもあります。

これらの履歴（ログ）は、サイトやサービスごとに保存期限が異なっています。例えば米Yahoo!等、欧米の多くのサイトでは、「サイバー犯罪条約」の訓示規定にのっとって、90日間ログが保存されています。

したがって、インターネットの利用履歴等を調査する際には、対象のパソコンだけを完璧に解析したとしても、データが意図的に削除されていたり、マルウェアに感染していたり、犯人から遠隔操作されてわざと犯行に使われたデータがダウンロードされていたり、そのパソコンは単なる踏み台の一つにすぎない、などということも考えられますので、当該パソコンの解析だけではなく、可能な限りサーバ側に残されたログ等とも突合しながら、事実の解明を行うことが求められます。

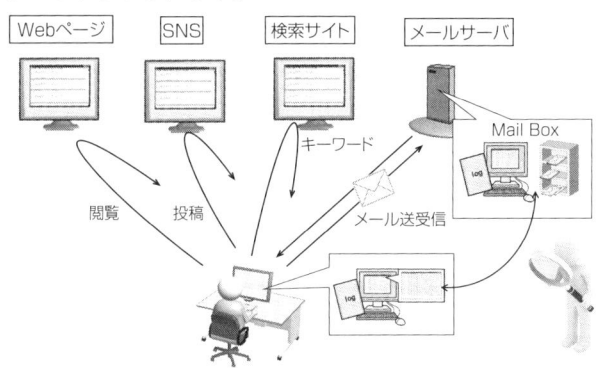

図3－2　利用履歴（ログ）の保存箇所

2　リモートストレージ

(1)　リモートストレージとは？

文書を作成・編集したり、メールを読み書きしたりするのに利用するパソコン端末にはハードディスクが内蔵されており、USBメモリ等の外部記録媒体とともに文書等の保存に利用されています。

このような端末内部の記録媒体や、端末から直接LAN回線で接続されている同一構内に所在するサーバの保存エリア等を「**ローカルストレージ**」と呼びます。これに対して、インターネット等の回線を介して接続され利用されるストレージ（情報を記録する装置）を、「**リモートストレージ**」と呼びます。

インターネット上で個人が無料で利用可能なリモートストレージも増加しています。利用者から見れば、インターネットに接続可能な環境さえあれば、「どこからでも、どのような端末からでもリモートストレージに保存したデータを取り扱うことができる。」という利便性は魅力であり、最近では家庭のパソコンからだけでなく、モバイル環境のスマートフォンやタブレット等からの利用が増えてきているようです。

また、企業が広域イーサネット等を利用して、本社と支社・支店を結び、統合的なストレージ管理を行っている場合には、支店から本社のコンピュータにアクセスすることも多いので、このような場合における記憶装置も「リモートストレージ」と呼ばれます。

遠隔地（リモート）に所在するか否かは別として、企業向けにオンラインストレージのサービスを提供する事業者も多数存在しています。

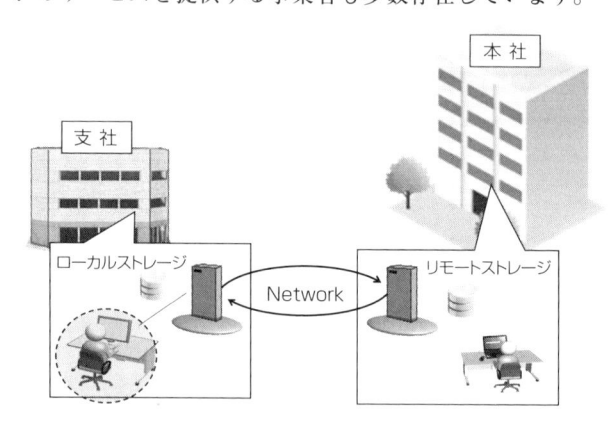

(2) 個人向けのオンラインストレージサービス

(1)で記したように、あたかも自分のパソコンやスマートフォンの内蔵ディスクと同様に、ファイルの保存や編集を行うことが可能なオンラインストレージサービスが、個人向けにも多数提供されています。

個人が無料で利用可能なものもあります。以下はその例です（2014年10月現在：（　）内は無料で利用可能な容量）。
・Dropbox（Droxbox社：2 GB）
・Google Drive（Google社：15GB）
・iCloud（Apple社：5 GB）
・OneDrive（Microsoft社：15GB）
・Yahoo!ボックス（Yahoo! JAPAN：5 GB）
・box（Box社：10GB）
・Amazon Cloud Drive（Amazon社：5 GB）
・MEGA（Mega社：50GB）
・Bitcasa（Bitcasa社：5 GB）
・4shared（4shared社：15GB）

　一部のオンラインストレージサービスでは、ユーザのメールアドレスやパスワード、保存されていたプライベート画像等が大量に流出する事案も発生しており、次項で述べるように情報セキュリティ面での課題は少なくありませんが、既に多くのユーザが利用しているサービスでもあることから、今後とも新たな事業者の参入が続くことは十分考えられる状況となっています（反面、無料サービスの提供を中止したりサービスから撤退する事業者も出現しています。）。

(3)　セキュリティ上の留意事項
　オンラインストレージにデータを保存するということは、基本的には貸倉庫やトランクルームに物を預ける、ということと同じようなものです。
　したがって、貸倉庫等と同様、警備・セキュリティが十分に確保されていなければ、何者かに侵入されてデータを盗まれてしまうおそれがあります。
　利用者がデータを守るためには、利用者自身によるパスワードの適切な管理も不可

欠ですが、オンラインストレージサービス自体を狙った攻撃によりシステムが乗っ取られるなどの事態が発生すれば、利用者が預けたデータも丸ごと盗まれてしまうことから、利用するサービスの選定に当たっては、利便性や経済性だけではなく事業者の情報セキュリティ対策についても十分確認しておく必要があります。

　なお、実際に攻撃を受けてしまった場合、調査を行うためだけに大勢の人が使っているシステムやサービスを全面的に停止したり、業者によっては地球規模で分散保管されているデータやログをかき集めたり、メモリのイメージを取るなどの作業の実施はかなり難しく、被害回復も困難なのが現状です。

(4)　同期機能

　オンラインストレージにおけるサービスの一つに「自動バックアップ」機能があります。パソコンやスマートフォンで文書等を作成した際には、この機能によりオンラインストレージ上に自動的にバックアップファイルを保存することができます。

　他にも連携するパソコンやタブレットがあれば、その端末とも同期を取ってバックアップファイルが保存されます。

　このような機能を用いると「(端末)ローカル」か「オンライン」かといったデータの保存場所を意識しないで利用可能となりますので、パソコンとスマートフォン等、複数端末を持つビジネスマンなどには便利な反面、機密情

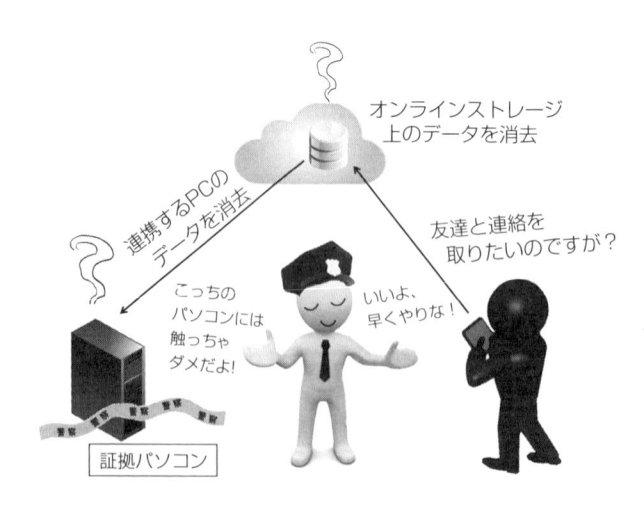

報や個人情報を「ローカル」だけに保存している、と思っていても、自動的に同期を取って保存されていたオンラインストレージのデータが不正アクセス等で流出してしまう危険もあります。

このため、このようなサービスを利用する場合は、最低限、例えば日頃からファイルに暗号化を行うなど自衛策を執る必要があります。

また、調査の際には、何者かが、調査対象以外のパソコンやスマートフォンからオンラインストレージにアクセスし、保存されているデータを改変したりファイルを削除する、ひいては、そのオンラインストレージと連動し、同期を取っているパソコンやスマートフォンのデータを消去するなどの行為を画策する可能性がある、ということにも留意する必要があります。

3 クラウドコンピューティング

(1) 「クラウド」のタイプ

「オンラインストレージ」は「ストレージ」、すなわちネット上のファイルの保存を中心に置いたものですが、このオンラインストレージを包含する概念として「クラウド」があります。

クラウドは、総称して"XaaS"と表記されることも多いのですが、一例として、
- ソフトウェアを提供するものはSaaS（Software as a Service）、
- プラットフォームを提供するのはPaaS（Platform as a Service）、
  （インターネット上で利用するアプリケーションソフト等の開発・稼動用基盤を提供するもの。代表的なPaaSとしては、Microsoft AzureやGoogle App Engine（GAE）があります。）
- インフラやハードウェアを提供するものはIaaS（Infrastructure as a Service）やHaaS（Hardware as a Service）

と呼ばれています（IaaSの代表的なものはAmazon Web Services（AWS）で、EC2（仮想サーバ）、S3（ストレージ）、RDS（リレーショナルDB）等が含まれます。）。

各種事業者が構築する仮想サーバ等は**インスタンス（instance）**と呼ばれ、この仮想環境を、"クラウド"というネーミングで企業向けに提供する

「プライベートクラウド」も多いのですが、データセンター等の事業者が運営する「パブリッククラウド」型、あるいはその両者を目的等により使い分ける「ハイブリッド」型のクラウドサービス等が利用されています。

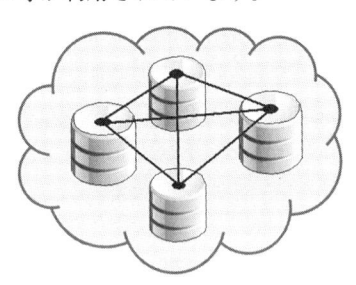

「電子政府の推進」という時代の要請もあり、政府共通プラットフォームや自治体クラウドの整備・活用が推進されていますが、民間企業でも、地方銀行における勘定系システムの共同化等のほか、同じ業種やグループ企業でインフラを共同利用する「コミュニティクラウド」の構築・利用による事業運営コストの効率化等の取組が進んでいます。

(2) クラウドを支える技術

クラウドはロケーションに依存しない資源管理を行い、インターネット等の広域網を利用したアクセスが可能であることから、利便性のみならず、耐災害性等にも優れています。

利用の形態やデータ量の変動に迅速かつ柔軟に対応することが可能なIaaSシステムを構築するため、仮想サーバやネットワーク、ストレージ等を一括して管理することが可能な基盤技術が利用されています。

オープンソースで利用できるものとしてはOpen Stack（オープンスタック）、Cloud Stack（クラウドスタック）等があります。

また、クラウド基盤を構築するためには、仮想化技術が必須の技術となります。これにはサーバの仮想化だけでなく、ネットワークやストレージの仮想化、オープンソースソフトウェアのDocker等を利用したコンテナ型の仮想化、構造化ストレージともいわれるNoSQL系データベース管理システムの利用、分散並列処理技術等がありますが、特に分散ファイルシステムに関する技術は、障害や不正アクセス等の攻撃事案が発

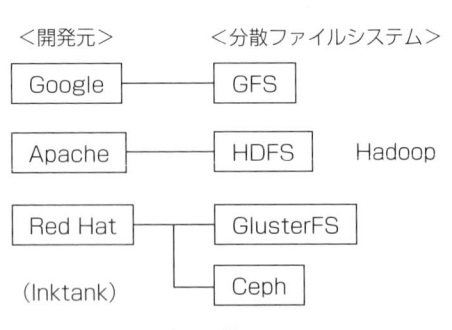

図3-3 主な分散ファイルシステム

<開発元>	<分散ファイルシステム>
Google	GFS
Apache	HDFS — Hadoop
Red Hat (Inktank)	GlusterFS / Ceph

生した場合に備え、デジタル・フォレンジックに携わる者として基本的なところを理解しておくことが必要です。

　様々な種類のファイルシステムが利用され、日進月歩で進化している領域ですが、現在のところ図3−3のような分散ファイルシステムが多く利用されています。

(3) クラウドのセキュリティ

　クラウドサービスを利用する際の指針や留意事項については、2014年3月に「クラウドサービス利用のための情報セキュリティマネジメントガイドライン（2013年度版）」及び「クラウドセキュリティガイドライン活用ガイドブック（2013年度版）」が経済産業省から公表されています。

　また、クラウドサービスを提供する側が守るべき情報セキュリティに関する指針としては、2013年4月に特定非営利活動法人日本セキュリティ監査協会の下部組織として設置された「クラウドセキュリティ推進協議会」が、管理基準やチェックシート等をWebサイトで公開するとともに、クラウド情報セキュリティ監査制度を発足させています。

　さらに、2014年4月には、総務省が「クラウドサービス提供における情報セキュリティ対策ガイドライン〜利用者との接点と事業者間連携における実務のポイント〜」を公表しています。

　その他のクラウドに関するセキュリティ関係の指針としては、NIST SP 800-144 "Guidelines on Security and Privacy in Public Cloud Computing"（パブリッククラウドコンピューティングのセキュリティとプライバシーに関するガイドライン）があり、そのほか、SP 800-145にクラウドの定義、SP 800-146にクラウドコンピューティングの概要と推奨事項が示されています（いずれもIPAのサイトに邦訳が掲載されています。）。

　クラウドのセキュリティに関する国際標準規格としては、

　ISO/IEC 27017 (Information technology — Security techniques — Code of practice for information security controls based on ISO/IEC 27002 for cloud services) の策定が進められているほか、

　ISO/IEC 27018 (Information technology — Security techniques — Code of practice for protection of personally identifiable information (PII) in public clouds acting as PII processors) が2014年に制定されています。

(4) 調査における課題

　利用者側から見れば、どこかで障害が発生しても稼働し続けるクラウドは、利便性や業務継続性の観点からは非常に優れたサービスということができますが、反面、一旦不正アクセスや犯罪等が発生した場合には、被害回復が困難で、さらにいえば、捜査や解析も非常に難しいものになります。

　また、ストレージやサーバ、ネットワークが仮想化され、物理的なハードウェアやネットワークとの関連付けがないため、どこに証拠データがあるのか、ということを特定することはできない、と言いますか、特定することが無意味なことも多いのです。

　例えば、クラウドではデータは分散されて各地のデータセンターに保管されますが、そのデータセンターの位置は国内かどうかすら事業者側で明らかにすることはほとんどありませんし、そのデータの保管も文書（ファイル）単位なのか、あるいはブロック単位なのか、ということも統一されていません。

　利用者のデータをそのまま複写して分散保管するのか、あるいは分割して保管するのかなどの方式の差異もあります。

　分散ファイルシステムの構築・利用形態によって、データの保管形態やその名称はまちまちです。本節(2)の図3−3で示したファイルシステムの中で、例えばオープンソースのHDFS（Hadoop Distributed File System）の場合であれば、マスター側がNameNode、スレーブ側がDataNodeと呼ばれてい

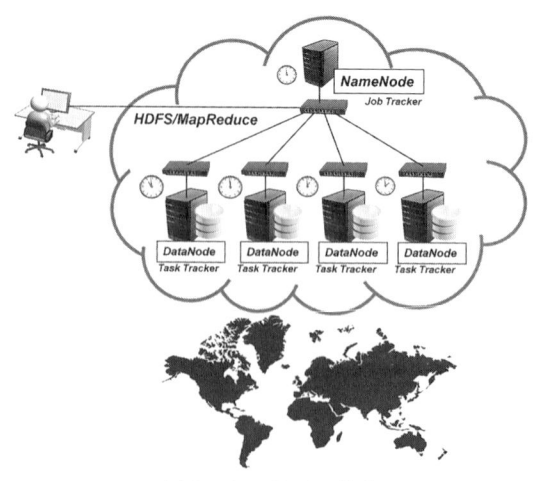

図3−4　HDFSの構成

ますが、これらにはGoogleの分散処理フレームワークであるMap Reduceの Job Tracker、Task Trackerがそれぞれ搭載され、高速でデータ処理を行っています。

また、別のサービスであるRedHatの分散ファイルシステムのGlusterFSでは、マスターレスの構造となっているため、データはスレーブ側に"Brick"単位で分散保管されています。

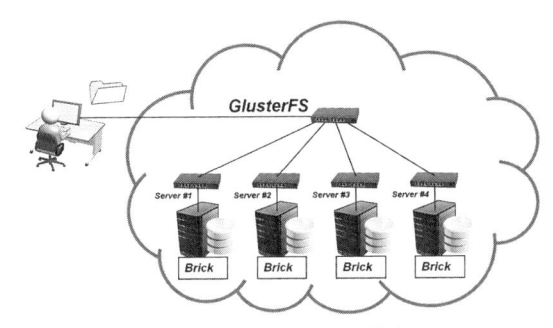

図3−5　GlusterFSの構成

いずれにせよ、これらのサービスにおいては、ネットワークにより世界各地のデータセンタを接続してデータを保管しているため、調査対象の電磁的記録が所在する場所やサーバに記録された時刻の特定が難しく、仮にいくつかのサーバを差し押さえて中のハードディスクを解析したとしても、事案の全容解明につなげることは困難なものとなっています。

なお、アメリカでは、クラウドのフォレンジックに関する標準化の取組も始まっていて、レポートの案が公開されている段階です（Draft NIST IR 8006 – NIST Cloud Computing Forensic Science Challenges(2014年6月)）。

また、前項に掲げたクラウドに関する各種の指針や規格には、証跡保存や管理についても示されていますので、クラウドサービスを提供する事業者がこれらの国際標準にのっとった体制を整備していれば、例えば不正アクセスや犯罪が発生した際には、調査対象のデータ（蔵置ファイル）のほか、関係するメールデータ、ログ（証跡）や監視レポート等のデータの提供を受けられる可能性があります。

また、犯罪捜査においては、当該証拠データ等が被疑者等のコンピュータやスマートフォンで作成されていることが明らかで、そのデータがクラウド

上に残されている場合には、平成23年に改正された刑事訴訟法の規定により、リモートストレージ等に記録されたデータを他の媒体等に複写して差し押さえることも可能となりました。

4 IPアドレスとは？

多種多様な電子機器やコンピュータがインターネットに接続されている中にあって、パソコンや電子機器等は、通信の相手先をどのように認識・識別すればよいのでしょうか？

メールの送受信を行ったり、SNSへの投稿を行ったりするような場合には、メールアドレスやユーザアカウント（ID）により対象を識別することができますが、不正アクセスやなりすましなどのセキュリティインシデントが発生した場合には、どのパソコン等から送受信したり投稿したのか、ということをメールアドレスやID以外の情報からも調査する必要があります。

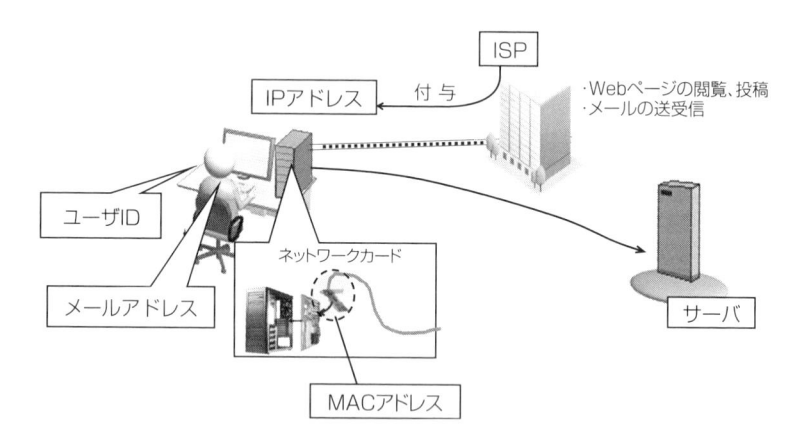

(1) MACアドレス

パソコンやサーバ等の識別には、IPアドレスやMACアドレスが用いられます。MACアドレスとは、「Media Access Controlアドレス」を略したもので、ネットワーク機器ごとに、例えばデスクトップパソコンの場合には内蔵されているLANカードに一意に割り当てられる番号であり、このLANカード等のネットワークカード（NIC：Network Interface Card）を製造した会

第3章　ネットワークにおけるデジタル・フォレンジック　97

社が、製品一つひとつに重複しないように割り振っています。
　逆に、MACアドレスが分かれば、ネットワークカード製造会社（ベンダー）が判明します（MACアドレスを入力するとベンダー名を判定するサイトも存在します。）。
　MACアドレスは48bitで構成されていて、先頭の24bitがベンダーを表し、後半の24bitが機種とシリアルナンバーからなる、各ベンダーが割り振る固有製造番号を示します。
　例えば、
　　00:00:48:XX:XX:XX（XXの部分にも16進数が記載されています。）
というMACアドレスであれば、その先頭24bitの00:00:48から、「セイコーエプソン社」が製造したネットワークカードである、ということが分かります。

OUI:Organizationally Unique Identifier
図3−6　MACアドレスの構成

○　MACアドレスの調べ方
・Windows 7/8では、「コントロールパネル」—「ネットワークの状態とタスクの表示」を表示させたときに、「物理アドレス」と記載されているものがMACアドレスを示します。
・あるいは、「コマンドプロンプト」を立ち上げて、ipconfig /all と入力しても、「物理アドレス」を表示させることができます。

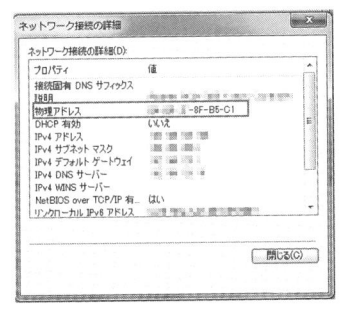

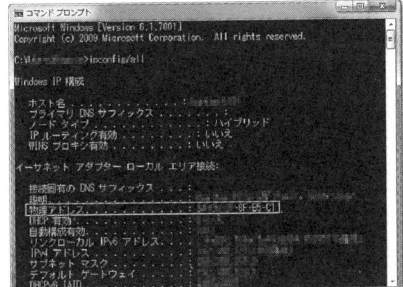

図3−7　MACアドレスの調べ方

(2) 携帯電話・スマートフォンの識別は？

　携帯電話やスマートフォンの場合でも、Wi-Fi等の無線LANが利用できる機種では、もちろんMACアドレスが付与されていますが、それ以外にも各種の識別番号（ID）が付与されています。

　また、従来は、携帯電話事業者との契約が固定（SIMロック）されていましたが、「SIMフリー」となり、SIMカードを別の携帯電話等で利用することもできるようになりましたので、現在ではSIMカードと携帯電話等のデバイス本体のIDは１対１対応とは限らなくなっています。

　１台のスマートフォンには図３－８にあるように各種のIDが設定されています（⇒第４章③「本体やSIMカードの識別情報」）。

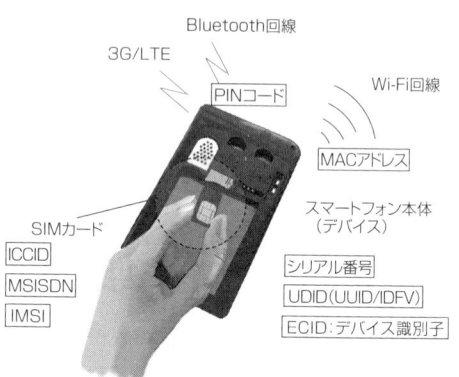

図３－８　スマートフォンに設定されているID

(3) IPアドレスの割当て

　インターネットにおけるパケット交換の通信手順（プロトコル）のことを"IP（Internet Protocol）"と呼びます。また、通信されるデータには、本章①(2)の「パケット（"小包"）」での例示における配送伝票のように、パケットごとに「届け先」と「発送元」のヘッダ情報が記載されているので、それぞれのパケットは、これらの手順や情報により、指定された「住所」（IPアドレス）に届けられることになります。

　この「住所」の記載方法としては、2015年現在も主流で用いられている「IPバージョン４（IPv4）」と、このIPv4のアドレスが枯渇し始めたことを受けて近年普及が促進されている「IPバージョン６（IPv6）」の２種類があります。

　今後IPv6が普及すると、膨大な数のアドレスを付与することが可能となりますので、「モノのインターネット（IoT: Internet of Things）」と呼ばれるように、家電や各種センサー等、ありとあらゆるものにIPアドレスを付与でき、インターネットへの接続ができるようになります。

では、このIPアドレスは、一体誰が割当てを行っているのでしょうか？
　IPアドレスは「インターネットレジストリ」と呼ばれる組織により、階層的な管理・分配が行われており、国内では、一般社団法人日本ネットワークインフォメーションセンター（JPNIC）がこの業務を行っています。さらにその下の階層に位置付けられる約400の「IPアドレス管理指定事業者」には、JPNICからIPアドレスの再割当てについての業務委託がされています。
　個人のレベルでは、この「IPアドレス管理指定事業者」か、そこからさらに割当てを受けたISP等からIPアドレスの割当てを受けることとなるので、このあたりのことはあまりなじみのないことかもしれません。本項では、以下、改めて家庭や職場のパソコン端末について見ていくことにします。

ア　固定的なIPアドレス、動的なIPアドレス
　家庭のパソコンの場合、ISPと契約することによりインターネットの利用ができるようになっていますが、前述のように、このISPには数多くのIPアドレスがあらかじめ割り当てられていますので、パソコン利用者がインターネットに接続したい、という要求を行った場合には、ISPが保有するIPアドレスの中から利用者に逐次割当てを行います。
　このため、一旦パソコンやネットワーク機器の電源を落として、再び起動してインターネットに接続した場合には、割り当てられるIPアドレスは前回付与されたものとは異なることがあります。このようなIPアドレスは「**動的IPアドレス**」と呼ばれています。
　しかし、先ほど「IPアドレスはインターネット上の住所」と説明しておきながら、接続の都度IPアドレスが異なることになる、というのでは、特に企業等

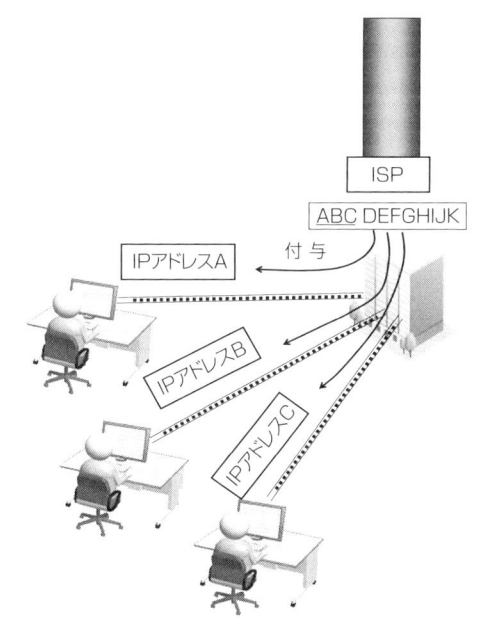

の場合には「自社の所在地が毎日変わります。」というのと同じようなものであり、いかにも具合が悪いものです。

このため、企業や官公庁のサーバ等は、固定的なIPアドレスの割当てを受けています。このようなIPアドレスは「**固定IPアドレス**」と呼ばれています。

イ　グローバルIPアドレスとプライベートIPアドレス

「固定IPアドレス」といっても、企業の社内システムで、その従業員（パソコン端末）の数だけIPアドレスを確保するのは大変です。

このため、直接インターネットに接続されるIPアドレス（グローバルIPアドレス）とは別の体系で、それぞれの企業が自社内のシステムの中だけで通用するIPアドレス（プライベートIPアドレス）を社内の機器に割り当てることにより、この問題の解決を図ります。

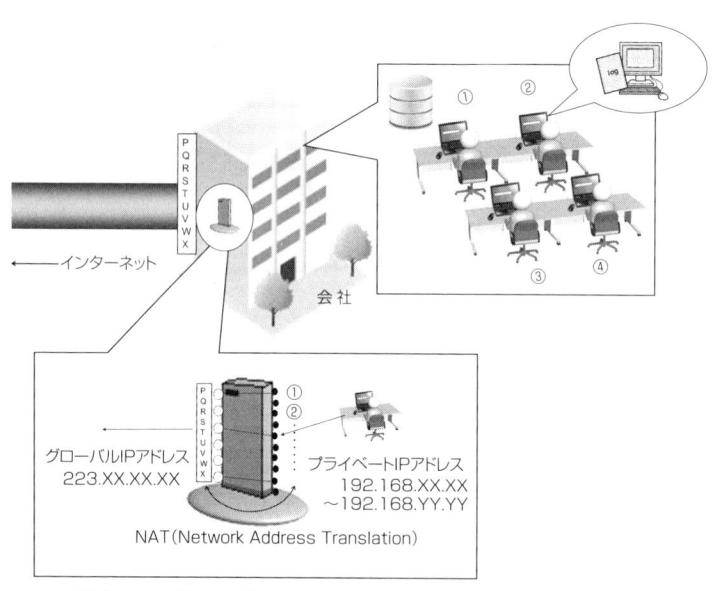

図3－9　グローバルＩＰアドレスとプライベートＩＰアドレス

社内LANを利用して従業員同士のメールのやり取りを行う場合は、このプライベートIPアドレス（ローカルIPアドレスとも呼ばれます。）だけでパケットの送受信ができますが、この社内LANがインターネットに接続されている場合には、当該企業に割り当てられたグローバルIPアドレスを持つ機

器(ルータ)に中継させることで、社内LAN端末からもインターネットが利用できるようになります。

なお、プライベートIPアドレスは、「社内に閉じたLANなのだから、どのようなIPアドレスを割り当てても勝手!」と思われるかもしれませんが、インターネットコミュニティでは、RFC1918においてプライベートIPアドレスで利用するアドレスの範囲を規定していて、通常はその範囲内で設定することとされています。

端末台数等の規模別に、クラスAからCに分けられていて、クラスAは10.0.0.0～10.255.255.255、クラスBは172.16.0.0～172.31.255.255、クラスCは192.168.0.0～192.168.255.255と定められています。

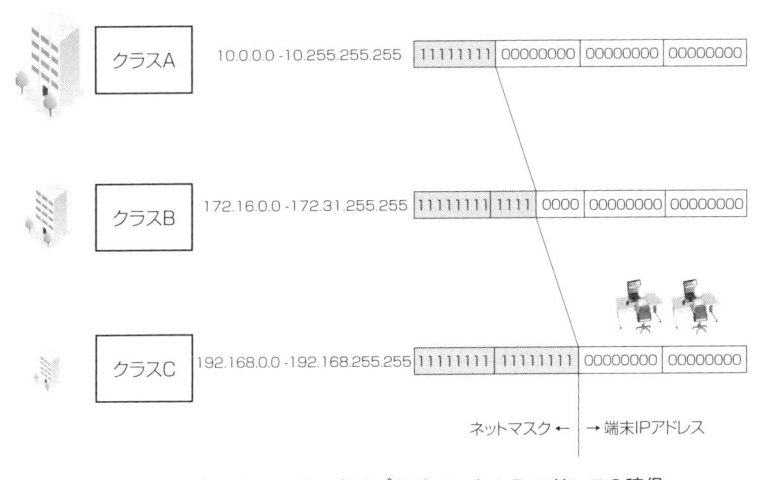

図3-10　ネットマスクによるプライベートIPアドレスの確保

したがって、他社の社内ネットワークでも自社と同様のプライベートIPアドレスの体系を利用していることはよくありますし、プライベートIPアドレスがクラスA～Cのいずれかであれば、その会社の端末台数の規模がある程度推測できることにもなります。

なお、グローバルIPアドレスについても、クラス別にクラスA～Cに分けられていて、基本的には図3-11のように規模ごとに割り当てられています。

なお、利用しているパソコンのIPアドレスは、MACアドレスと同様の手

102 第1部 デジタル・フォレンジックの基礎

クラスA	0.0.0.0 - 127.255.255.255	11111111	11111111	11111111	11111111
クラスB	128.0.0.0 - 191.255.255.255	11111111	11111111	11111111	11111111
クラスC	192.0.0.0 - 223.255.255.255	11111111	11111111	11111111	11111111

ネットワークアドレス ←→ ホストアドレス

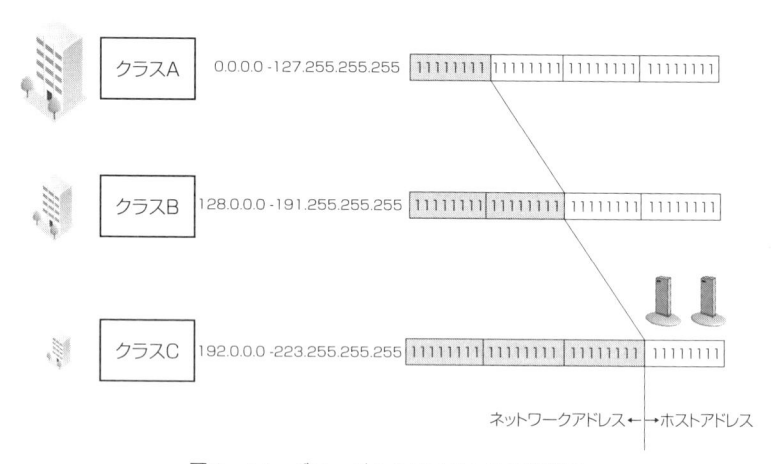

図3-11 グローバルIPアドレスの割当て

法で表示させることが可能です。

ウ　IPv6のIPアドレス

　IPv4のIPアドレス体系では、「180.233.135.33」（警察庁のウェブサーバの場合）のように、4個の数字を「ドット（.）」で区切って表現しています。

　32bit全てを用いて表現できるIPアドレスの数は2の32乗、約43億個ですが、前述のとおり既に枯渇状態となっていることから、現在はアドレス表示に128bitを充てることが可能なIPv6の導入・普及が推進されています。IPv6では、最大で2の128乗（≒3.4×10^{38}：3.4兆の10兆倍のそのまた10兆倍）という非常に膨大な数のアドレスを表記することができるので、パソコンやサーバ等のネットワーク機器にとどまらず、あらゆる「モノ」について、余裕をもってグローバルIPアドレスを付与することができるようになるといわれています。

(4)　IPアドレスの書換え、詐称

　通常の場合、インターネットに送り出されるパケットには送信元のIPアドレスが正しく記載されているものですが、サイバー攻撃等で悪意のパケットを送り付けようとする者の側からすれば、そんなことをしてはすぐに送信元がたどられてしまうので、この部分が正直に記載されているということはほ

第3章 ネットワークにおけるデジタル・フォレンジック　103

とんど期待できません。

　現実社会において脅迫状を郵便で送付するような不逞な輩であれば、差出人欄には何も書かなくても郵便は宛先に届きますが、サイバー空間を飛び交うパケットの場合には、送信元に何も書かないとエラーとなってしまうため、偽のIPアドレスか、本来インターネット上で送信元として存在してはならないIPアドレス（"bogon（ボーゴン）"と総称されます。）が使われます。

「差出人」の欄に正直に書くわけがない!

　また、IPアドレスの詐称（なりすまし）によるサイバー攻撃、例えばウェブサーバ等を機能不全に陥れるために行われるDoS（Denial of Service）攻撃では、サーバの処理能力を上回るほど大量のパケットを送りつける、という手法が用いられます。"嫌がらせ"のように執拗に自分のパソコンやサーバから特定の相手に大量のパケットを送付していると、そのうち受信側でそのIPアドレスからのパケットを受信しないよう「拒否」設定されてしまいますので、送出元のIPアドレスを詐称したり、あるいはランダムに送信元を偽装（スプーフィング）するなどした攻撃が行われます。

　そのほか、サーバにパケットを送ると送信元に確認のための応答パケットが送り返されることを悪用した攻撃もあります。多くのサーバに対して、送信元を偽装（この場合は、攻撃対象サイトのIPアドレスを設定）した要求パケットを一斉に送り付けることによって、その応答パケットにより攻撃対象のサイトを機能不全に陥れます。このように、大量のコンピュータが一斉に接続要求等を送出することにより、攻撃対象を機能不全に陥れる攻撃をDDoS（Distributed Denial of Service）攻撃と呼びます。

　IPアドレスは、パケットをどこのコンピュータに送付するの

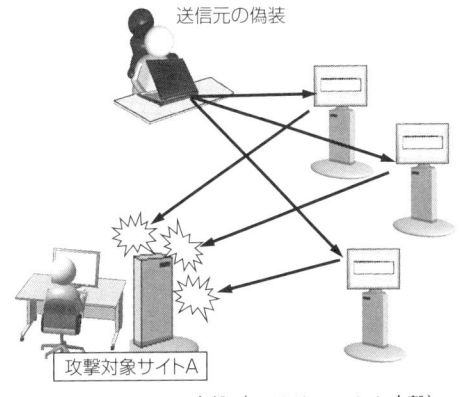

図3-12　DDoS攻撃（DNSリフレクタ攻撃）

か、あるいは、そのパケットはどのコンピュータから送出されたのか等を示す重要な情報ですが、その一方で、詐称・改竄が行われていたり、中継・迂回等により本来の送出元をたどれない場合もある、ということに注意する必要があります。

5 ドメイン名

(1) ドメイン名とは？

警察庁のウェブサイトを閲覧しようとする際に、いちいち「180.233.135.33」のように、4つの数字を入力するのは非常に面倒ですし、第一、このような数字をいくつも覚えることは不可能でしょう。

このため、サーバ等の通信相手を一意に示す方法として、意味の類推が容易な文字列による表記とした「ドメイン名」による表記が一般的に用いられています。

"domain"という英単語は、もともとは領土や領域等を意味する語ですが、インターネットにおける「ドメイン名」は、インターネット上の「住所」を示すものとされています。

例えば、警察庁のウェブサーバのドメイン名表記は、「www.npa.go.jp」が用いられています。

このうち、npa.go.jpの部分を「ドメイン」と呼んでいますが、「.」で区切られた階層的な構造となっています。また、トップレベルドメイン（この場合「jp」）まで指定されている「www.npa.go.jp」のような形式は、「絶対ドメイン名（完全修飾ドメイン名：FQDN（Fully Qualified Domain Name））」と呼ばれることもあります。

ちなみに、ドメインの前にある「www」（ホスト名）は、ウェブサーバを意味しています。ファイルサーバならftp、メールサーバならmail（smtp/

pop)、代理サーバならproxy等が一般的な表示ですが、必ずしもこのような分かりやすい名称ばかりが付されているとは限りません。

トップレベルドメインの「jp」は日本、それに続く部分「go」は政府機関であることを示すものです。

また「npa」は警察庁（National Police Agency）を意味する略号ですが、このドメイン名の取得は先取優先制になっていますので、別の企業が先に取得していたり、有効期限が満了した時、自動更新猶予期間（45日）内に更新等の手続を取らないと、他者による登録が可能となってしまいます。

したがって、現状でも、例えば「npago.jp」のようなnpa.go.jpと紛らわしいドメイン名は誰もが取得可能ですので、フィッシングを目的とした「警察庁もどき」のドメインのサイトを構築することも可能なわけです。また漢字や仮名を使った日本語のドメイン名の取得も可能です。

企業や団体の中には、このように他者による類似サイト（偽サイト）が登録されることを懸念し、実際には使用しないものでも、類似する名称も含めてドメイン名を取得（登録）したり、ドメイン名を商標登録する等の対策を行っているところも多くあります。

反対に、このような非常に紛らわしいドメイン名、有効期限切れで放置されたままのドメイン名を取得し、本来使用することが相応しい企業等に高く売りつけようとする行為を、**ドメイン占拠（サイバースクワッティング：cybersquatting）**と呼びます。

ドメインは、メールアドレスにも用いられており、user001@npa.go.jp のようにユーザ名（user001）に続いて@を、その後にドメイン名（npa.go.jp）を書く形式で表現されます。

図3-13　ドメイン記述上のルール

長さも決められており、ドメイン名は253文字以内、メールアドレスでは254文字以内に収める必要があります。

迷惑メールを防止するためには、ユーザ名の部分の長さはある程度長い方が良いのですが、これも64文字以内に収めなければなりません。

また、このようなドメイン名やメールアドレス等の情報から、ドメイン内部のネットワークに関する大まかな情報を推測することもできます。例えば、警察庁のドメインnpa.go.jpには、Webページを提供するためのサーバやメール送受信用のサーバがあって、user001、user002……等というユーザがメールを送受信できる環境にある、ということが分かります。

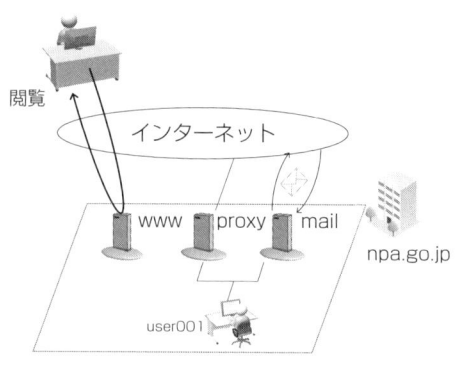

(2) ドメインの登録と検索

JPドメインと、.com、.net等の「汎用ドメイン（gTLD:Generic Top-Level Domain）」の一部（JPRSが管理レジストラになっているもの）については、日本レジストリサービス（JPRS）のWebページにある、ドメインの登録者を調べることができる「JPドメインの検索」（WHOIS）（http://whois.jprs.jp）を用いて登録組織名、登録担当者等の情報を得ることができます。

ただし、これらの登録情報は、割当て時には正確な登録が行われていても、その後の更新が適切に行われず、現状とは異なっていることもあります。

また、WHOIS検索は様々なサイトでサービスを行っていますが、トップドメインに国別コードが割り当てられているもの（ccTLD）について、さらに詳細な情報を得たい場合には、各国のセンター機関のウェブサイトで調べることができます（以下はアジア地域の一例です。）。

・大韓民国（http://whois.kisa.or.kr/kor/）
　Korea Internet & Security Agency（KISA）
・中華人民共和国（http://ewhois.cnnic.cn/）
　中国互联网络信息中心（China Internet Network Information Center : CNNIC）
・台湾（http://whois.twnic.net.tw/）
　財團法人台灣網路資訊中心（Taiwan Network Information Center : TWNIC）

第3章　ネットワークにおけるデジタル・フォレンジック　　107

6　ドメイン名とIPアドレス

　インターネットのウェブサイトを閲覧したい場合、例えば、警察庁のウェブサイトを見る際には、ブラウザのアドレス欄にwww.npa.go.jpと入力すればよいのですが、それよりはブラウザの検索窓に「警察庁」と入力して、検索結果に表示されたリンクをクリックしてたどり着くことの方が多いのではないでしょうか？
　ましてや、直接、IPアドレス「180.233.135.33」をブラウザのアドレス欄に入力する人は、まずいないでしょう（ちなみに「http://180.233.135.33」と入力しても警察庁Webページは表示されます。）。
　なお、ドメイン名からIPアドレスを求めるには、コマンドプロンプトでnslookupコマンドを用います。また、ドメイン名⇔IPアドレスの変換サービスを行っているサイトも数多くあります。

(1)　名前解決（DNSの仕組み）
　インターネットの通信はIPアドレスを基に行われるので、利用者がドメイン名等を入力した場合には、利用者のパソコンがインターネットのDNS（Domain Name System）という「名前解決」を行う仕組みを用いて自動的にIPアドレスに変換しています。

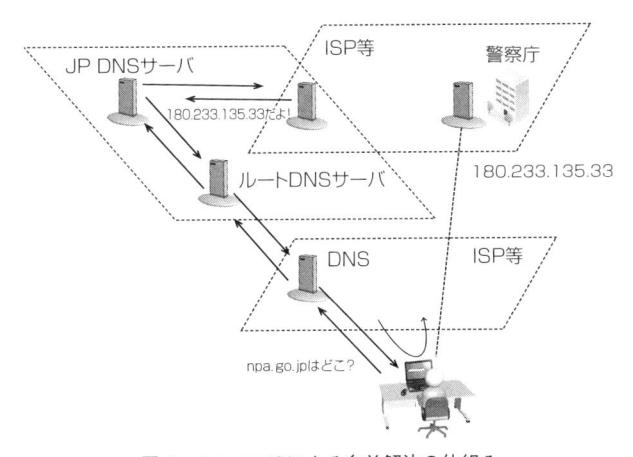

図3-14　DNSによる名前解決の仕組み

例えば、家庭用パソコンから警察庁ウェブサイトにアクセスする場合の「名前解決」の仕組みについては、次のようになります。

まず、家庭で契約しているISPのDNSサーバ(キャッシュサーバ)に対して、www.npa.go.jpの名前解決を要求（IPアドレスへの変換を要求）します。

この要求を受けたDNSサーバは、ルートDNSサーバやJPドメインを管轄するJP DNSサーバ等に、順次、警察庁のIPアドレスが登録されているDNSサーバにたどり着くまで、繰り返し問合せを行います。

このような調べ方を「**再帰的検索（名前解決）**」と呼んでいます。結果として得られた警察庁のIPアドレスは、利用者のパソコンに回答され、パソコンはそのIPアドレスにより警察庁ウェブサイトへのアクセスを行います。

(2) DNSサーバへの攻撃

DNSサーバは、インターネット接続時に重要な役割を担っていますが、そのDNSサーバ（キャッシュサーバ）に一時記憶（キャッシュ）されている接続情報を書き換えることにより、偽サイトへの接続を誘導する、という攻撃手法があります。

これは、「**DNSキャッシュポイズニング攻撃**」ないし「**カミンスキー型攻撃**」と呼ばれるもので、主としてフィッシングサイトへの誘導に使われます。

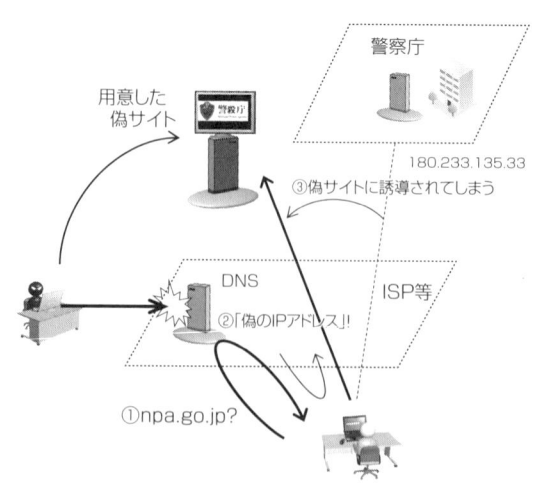

図3-15　DNSキャッシュポイズニング攻撃

また、この他にも、DNSサーバは、違うIPアドレスのサイトに接続してしまう「DNS Rebinding」や、名前解決ができなくなる「Lame Delegation」と呼ばれる状態に陥ったり、人為的に行われるDNS登録情報の改竄や前述のドメイン占拠（サイバースクワッティング）等によって、サイバー攻撃やサイバー犯罪に加担してしまう場合があります。
　このような事態が起きると、インターネット全体の信頼性を著しく低下させることとなることから、DNSサーバの管理者は日頃から適切なシステム管理・運用を行うことが重要です。

(3) ダイナミックDNS（D-DNS）サービス

　本章の4「IPアドレスとは？」の項にも記したとおり、一般的には個人がパソコンをインターネットに接続する場合には、その都度ISPから動的IPアドレスが割り当てられます。
　それでは自宅でウェブサーバを構築してホームページを公開することはできないのか？というと、そうではありません。「**ダイナミックDNSサービス**」というサービスを利用すれば、ISPから新しいIPアドレスが割り当てられるたび、その新たなIPアドレスがダイナミックDNSサービスに通知されてFQDN（絶対ドメイン名）との変換ができるようになるため、IPアドレスが変化しても常にDNSから正しいIPアドレスが回答され、いつでもホームペー

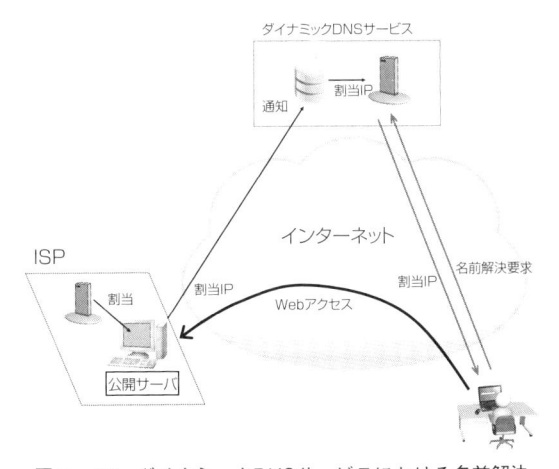

図3-16　ダイナミックDNSサービスにおける名前解決

ジを公開状態にしておくことができます。

　また、外出先から家にあるビデオの予約を行ったり、録画した動画をリモートで見る、あるいは家電製品のコントロールを行うなどの操作も、このダイナミックDNS機能を利用することによって可能になりますが、この機能は、IPS等のサービスを利用する方法のほか、近年では比較的安価なブロードバンドルータや家庭用の無線LANルータにも備わっているものが出てきていることから、これらの利用によっても実現することができます。

　しかし、サーバ機能を備えたパソコンは、これを踏み台とした攻撃に悪用される場合もありますので、このような機能の運用を自ら行う場合には、ネットワーク・セキュリティについての知識が必要です。

　例えば、ウイルス対策が十分でないパソコンを狙うマルウェアの中には、侵入するとサーバ機能を有効にし、無料のダイナミックDNSサービス等が提供するドメインを利用して、DDoS攻撃や「標的型攻撃」の一種であるAPT（Advanced Persistent Threat）攻撃を行うものなどがあります。

　2014年にMicrosoft社は、あるダイナミックDNSサービス事業者のサービスが、マルウェアを配信したり、ボットネットのC&Cサーバに悪用させたりするなどの犯罪を助長するインフラとなっているとして、その事業者が使用しているドメインの差止めを連邦裁判所に申し立てています。

(4)　DNSサーバを踏み台にした攻撃（DNSアンプ／リフレクタ攻撃）

　ダイナミックDNS機能には対応していない家庭用のブロードバンドルータであっても、その管理が十分になされていないと、不特定多数からの名前解決要求に応答する「オープンリゾルバ（Open Resolver）」として機能してしまい、これを悪用した「DNSアンプ攻撃」や「DNSリフレクタ攻撃」に使われてしまうおそれがあります。

　これらの攻撃は、オープンリゾルバとして機能するDNSサーバのキャッシュに登録された、大量のデータを含んだ名前解決の回答を攻撃対象に向けて

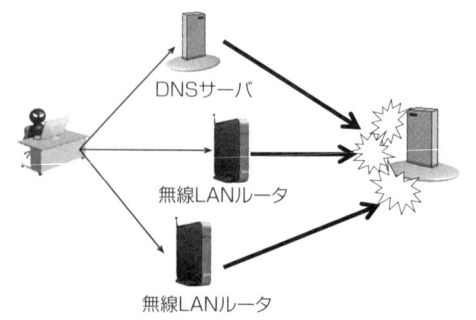

図3-17　DDoS攻撃（DNSアンプ攻撃）

送出する、という形で、攻撃対象となったサイトの回線をパンクさせ、機能停止・麻痺状態を発生させるものです。

　パソコンやサーバと異なり、家庭用のブロードバンドルータや無線LANルータなどのネットワーク機器では、セキュリティアップデートの都度、ファームウェア自体を入れ替えなければならないことが多いので、ともすれば古いバージョンのまま使い続けてしまいがちですが、脆弱性が残っていたり設定が不適切なままになっている機器は、DNSアンプ攻撃等の踏み台になったり、「DNS水責め（Water Torture）攻撃」と呼ばれる他のDNSサーバを狙った攻撃に利用されるおそれがあったりするので、セキュリティ対策を確実に講じることが必要です。

(5)　サーバの仮想化技術

　ここまでの記述から、IPアドレスとドメイン名は常に1対1に対応しているかのように思われるかもしれませんが、必ずしもそうではありません。物理的には1台のサーバを仮想的に分割して複数のIPアドレスを割り振ったり、1つのIPアドレスに複数のドメイン名を割り当てることにより1つのサーバで複数のドメインを運用するという、バーチャルホストと呼ばれる技術があります。

　また、この「サーバの仮想化」とは使用する技術が異なりますが、複数のサーバを見かけ上1台のサーバのように運用する際には、それぞれのサーバに同じドメイン名を付けることもできます。

ア　負荷の分散

　別々のIPアドレスを持つ複数のサーバであっても、同じドメイン名を付けることができます。

　例えば、多くの利用者が訪れるWebサイトでは、Webサーバの負荷が重くなるため、複数のWebサーバを用意しています。

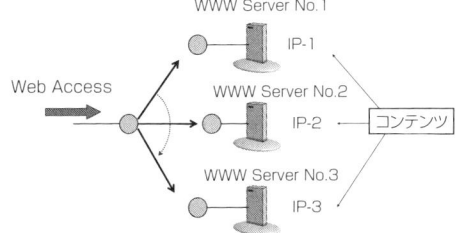

　通常は、負荷分散装置（ロードバランサ）を使用することが多く、利用者からWebサーバへのアクセス

があった場合に、負荷分散装置が当該アクセスについて順番にWebサーバに担当を割り振ることで、負荷を平準化しています（DNSラウンドロビン）。

なお、このような構成のとき、これらのWebサーバのうちの1つが不正アクセスの被害にあった場合には、他のWebサーバのコンテンツも被害を受けている可能性があるため、そのような場合には構成する全てのWebサーバについて確認をする必要があります。

イ　バーチャルホスト

ホスティングサービスを提供する事業者は、効率的に事業を展開するために「バーチャルホスト」を使用していることがあります。

顧客のWebサーバやメールサーバを当該顧客向け専用にサーバを構築し提供する、「一軒家」のようなホスティングサービスでは、どうしても高価なサービスになってしまいます。このため、個人商店・中小企業等向けのホスティングサービスとしては、「マンション型」、すなわち1台のサーバのリソースを複数の顧客が共有することにより比較的安価にサービスの提供が可能となる形態が使われています。このような共同利用システムに用いられるのが「バーチャルホスト」です。

仮想サーバを利用してホスティングサービスを実現する方法としては、大きく次の2つが挙げられます。

　(ア)　IPベース

　　同一のサーバ筐体内に複数のネットワーク（LAN）カードを挿して、その数だけIPアドレスも用意して、それぞれに対応するサーバを個々に構築する、という手法で、この場合には、IPアドレスとドメインは1対1で対応しています（VIF（Virtual Network Interface）技術を利用すれば、1枚のLANカードで済ませるこ

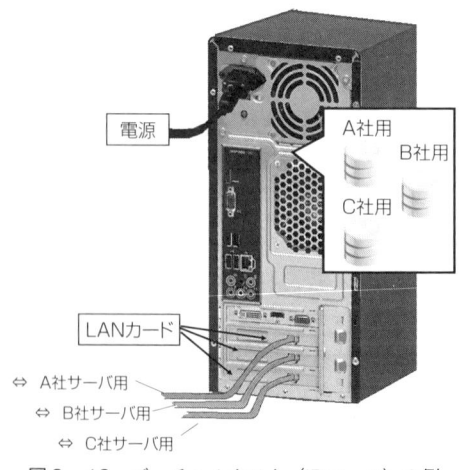

図3−18　バーチャルホスト（IPベース）の例

とも可能です。)。

ただし、電源やマザーボードを共有し、さらにApache等のWebサーバソフト等も共用しているので、このような部分に障害が発生したときには、IPアドレスが別々であっても、共倒れの状態になります。

(イ) NAMEベース

サーバ筐体だけでなくIPアドレスをも共用し、Webサーバソフトの設定を行うだけで、個別のWebサーバを構築することが可能です。これにより、「個人でも独自ドメインが取得可能！」等、安価なサービス提供を行っている事業者も多数存在しています。

この方式では、IPアドレスとドメイン名が1対多の対応になっています。

このため、ドメイン名からWhoisサービスでIPアドレスを求め、そのIPアドレスを用いて利用者がWebサーバにアクセスしようとすると、元のドメインとは別のサイトにたどり着く可能性もあります。

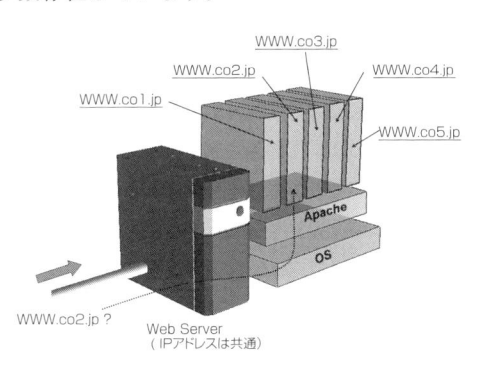

図3-19 バーチャルホスト（NAMEベース）の例

図3-19の例では、www.co1.jpからwww.co5.jp の5サイトが同じサーバを共用していることを示していますが、Webサーバソフト（Apache）の設定の中で、co1を先頭にし、以降の順番を設定ファイルで記述している場合には、「www.co2.jp」からWhoisサービスで求めたIPアドレスを用いてアクセスすると、www.co1.jpにたどり着く、ということが起こり得ます。

ウ 障害や攻撃の波及

バーチャルサーバを利用していて、不正アクセスやDoS攻撃の被害を受けたり、障害が発生したときには、前述のようにシステムやIPアドレスを共用している他のドメインにも影響が波及するおそれがあります。

Webページの改竄や、ドライブバイダウンロード攻撃に悪用されたなど

114　第1部　デジタル・フォレンジックの基礎

の事例では、同一IPアドレスを共用している他のドメインだけでなく、前後のIPアドレスを利用するドメインでも同様の被害が発生していることが多いようです。

　これは、脆弱性も「共有」している、ということから、同じセキュリティホール（セキュリティ上の弱点）を突いて、他のドメインにも攻撃が行われた、ということを示しています。

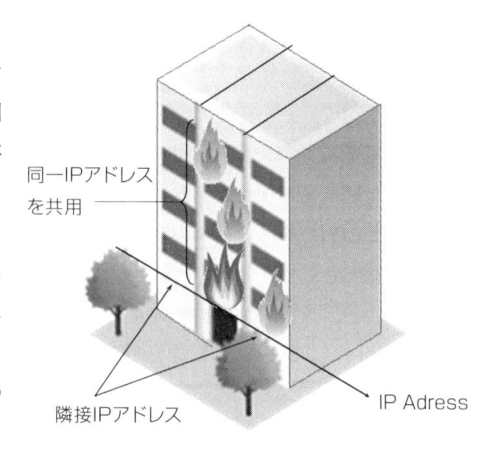

同一IPアドレスを共用

隣接IPアドレス

IP Adress

　したがって、このようなサーバにおける調査に当たっては、可能な限り周囲のIPアドレス、ドメインについても、被害状況の確認等を行うことが必要です。

7　"ログ"とは？

　携帯電話機には、どの「電話番号」（電話帳に登録されている場合には「誰」まで）との間で、「いつ」（日時）、通話（発信又は着信）が行われたのか、

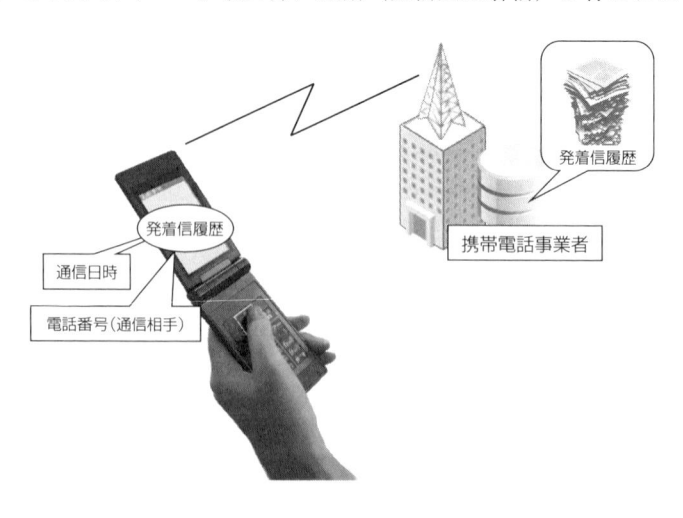

発着信履歴

通信日時

電話番号（通信相手）

発着信履歴

携帯電話事業者

ということを示す「発着信履歴」が残る仕組みになっていることはご存じだと思います。

この履歴は、携帯電話機に記録されているものは削除操作で消去できますが、携帯電話事業者にも同様の記録が一定期間保存されているため、必要があれば所定の手続を経てこの履歴情報を得ることができます。

同様に、インターネットの各種サービスを利用した際にも、ログ（通信履歴）がパソコンやサーバ等に記録される仕組みになっています。

また、広義のログには、インターネットを利用した際の通信履歴のみならず、パソコンの利用状況（起動やシャットダウン等）やログイン時の認証、データの書き込みやファイル操作等の履歴情報も含まれます。

(1) ホームページの閲覧履歴

それでは、パソコンの電源を投入し、ブラウザを起動させて、警察庁のWebページを閲覧するまでの過程で記録されるログについて見てみましょう。

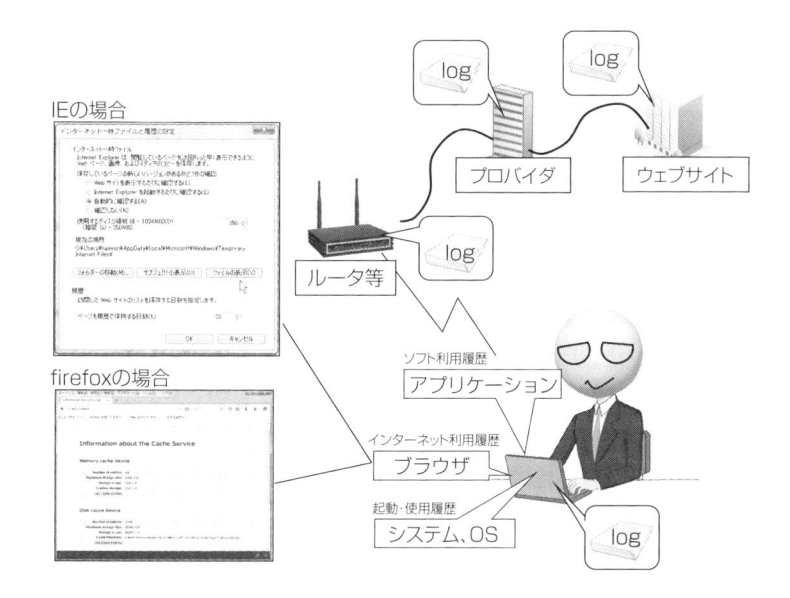

パソコンでは、電源投入時やブラウザの起動時にそれらの時刻等がログとして記録されます。またWebページを閲覧した時刻と、そのURL（Uniform Resource Locator: 警察庁の場合はhttp://www.npa.go.jp/index.html等）も記録されますが、これらの記録が保存されている電磁的記録媒体上の場所は、ブラウザの種類によりそれぞれ異なっています。

　例えば、Windows7以降のOSを搭載するパソコンで、Cドライブのシステムファイル等が可視化できる状態に設定してあれば、次の場所に保存されているものを確認できます。

・IE（Internet Explorer）
　C:¥Users¥User-Name¥AppData¥Local¥Microsoft¥Windows¥History
　（「インターネット一時ファイル」は、
　C:¥Users¥User-Name¥AppData¥Local¥Microsoft¥Windows¥Temporary Internet Files）

・Firefox
　C:¥Users¥User-Name¥AppData¥Local¥Mozilla¥Firefox¥Profiles¥xxxxxxxx.default¥Cache（xxxxxxxxは8文字のランダムな文字列）

　上記の2つのブラウザの場合、ショートカットキー（Ctrl+Shift+H）を用いても履歴を表示させることができます（Firefoxの場合には、ブラウザが開いている状態で、URL欄にabout:cacheと入力して履歴を表示することも可能です。）。

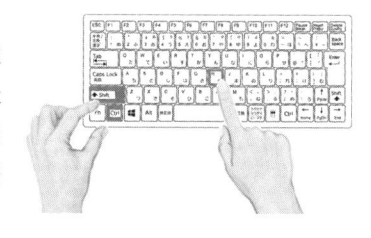

(2)　ブロードバンドルータ等における履歴

　家庭用の無線LANルータ等にも、利用している端末のIDや過去の接続状況などのログが残されています。ルータ等の管理者権限を有している場合には、そのログを見ることが可能です。

　もしかすると、認証用のパス

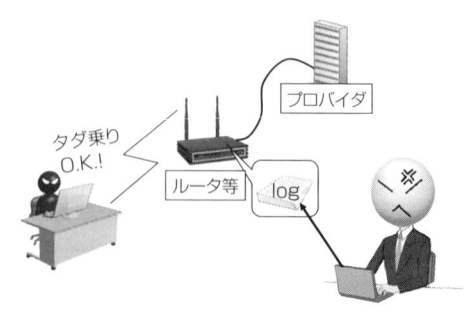

ワードを求めないなどのセキュリティ上の不備がある場合には、家族以外の端末からのアクセス（無断利用）の履歴がログに残されているかもしれません。

そのような場合には、家族の端末のMACアドレス以外からのアクセスを許可しないよう設定すること等により、外部からのタダ乗り等を不許可にすることができます。

(3) プロバイダやウェブサイトのログ

家庭のパソコンからインターネットを利用する場合、ブロードバンドルータから電話回線や光ファイバー回線、無線等の回線を経由して、契約しているプロバイダ（ISP）に接続されますが、そのプロバイダには接続してきた利用者が正当な契約者であることを認証した状況はもちろん、その他の様々な情報、例えば従量制の課金が行われている場合においては、利用時間に関する記録等が残されます。

警察庁のWebページへのアクセスを行った場合、警察庁のウェブサイトには、閲覧要求を受け付けた際に、当該要求パケットの送出元のIPアドレスや、応答結果、時刻等の情報がアクセスログとして記録されます。

これらと同様に、「掲示板」等の投稿を受け付けるサイトにおいても、投稿元のIPアドレス等を取得しています。携帯電話やスマートフォンからのアクセスであれば、それらの端末の個体識別番号等もアクセスログとして保存されていることがあります。

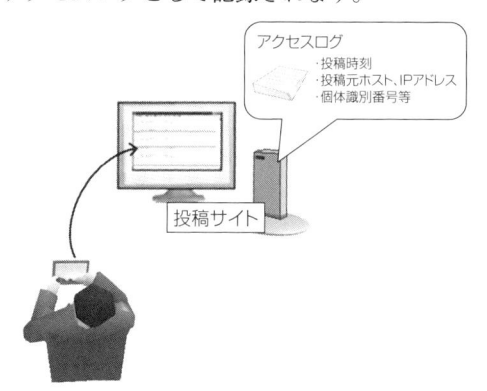

(4) 不正アクセス行為とログ

ログはサーバにのみ保存されているのではありません。

また、不正アクセスによりログの消去や書き換えなどが行われたり、DoS攻撃を受けるなどしてサーバの機能が麻痺していた場合には、あるべきログが残っていないこともあります。

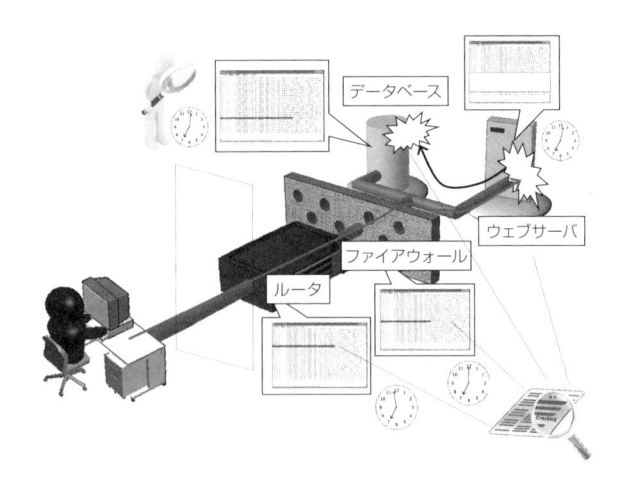

しかし、例えば、ウェブサイトへの不正アクセスやDoS攻撃等が行われた場合には、攻撃パケットは必ずしもウェブサーバにピンポイントで到達しているわけではないため、途中で通過するルータ（ログを記録する設定の場合）やファイアウォールのログ、データベースサーバのトランザクションログ等にも攻撃の痕跡が残されているかもしれません。

ログの解析を行う際には、単一箇所の記録だけを見て全容を即断したりすることなく、関連する機器やサービスに残存するログとも突き合わせるなどにより、なされた行為を総合的に解明することが求められます。

また、企業の情報システムにおいては、社員宛てに標的型攻撃メールが届いた、機密性の高い情報が外部に流出するおそれがある、などの外的要因による情報セキュリティ侵害事案発生のときだけではなく、職員の不正行為・懈怠等の非違事案の実態解明等にも利用したいというニーズがあるかもしれませんが、このような場合には、サーバやパソコンに残されたログだけでなく、入退室管理システムや監視カメラ映像等の記録を収集したログと関連付けることで、調査に活用することもできます。

さらに、ログは、サイバー攻撃対策や不正行為等の原因究明だけでなく、業務の効率化や改善につなげることも可能です。

例えば、端末のパソコンの起動時間等からは、「遅くまで残業している」のか、「端末の電源を入れっぱなしにして帰宅している」のかが分かりますので、その調査結果に基づいて業務負担の見直しや職員指導を行うことがで

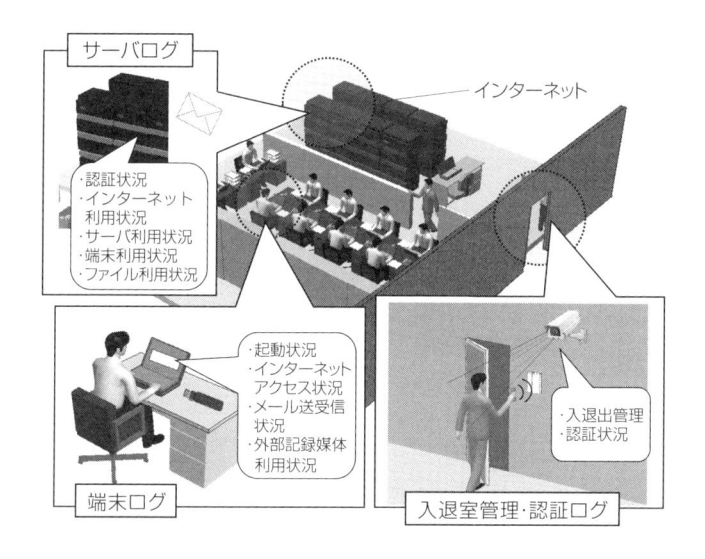

```
          サーバログ                 インターネット

   ・認証状況
   ・インターネット
    利用状況
   ・サーバ利用状況
   ・端末利用状況
   ・ファイル利用状況

              ・起動状況
              ・インターネット
               アクセス状況       ・入退出管理
              ・メール送受信      ・認証状況
               状況
              ・外部記録媒体
               利用状況
     端末ログ              入退室管理・認証ログ
```

きます（勤務時間管理と連動し、終業時刻に強制的にパソコンのログオフ、シャットダウンを行うシステムを構築することも可能です。）。

　このように、各機器に残されているログを適切に管理しつつ活用することで、障害原因の調査やセキュリティインシデント発生時の対応だけでなく、平素の種々の業務管理にも応用することが可能です。しかし、ログを残せる機器の整備が十分でなかったり、せっかく整備されていても活用されていないのでは、このような効果は期待できませんので、平素から各種ログの管理・保持に関する基準（ポリシー）を作成しておき、的確な業務運営や監査、あるいはセキュリティインシデント等が実際に発生した際の証跡となる証拠データの保全に努めることが重要です。

8　ログ収集時の留意点

　前節でサーバ等の機器間の時刻同期については説明しましたが、これ以外にも留意する事項があります。この節では、ログに記録されるIPアドレス管理が持つ意味、中継サーバ等による発信元の匿名化について説明します。

(1) ログ上のIPアドレス

　ここでも、あるWebページ（警察庁としましょう。）を閲覧する、という行為を例にとって説明します。

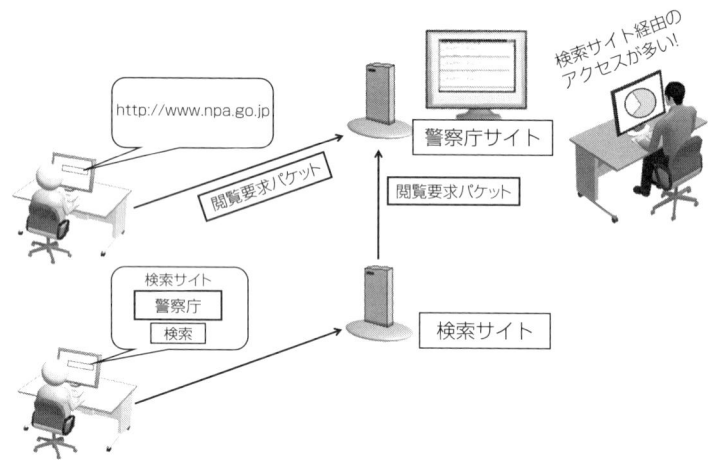

図3−20　ウェブサイトへのアクセス経路

　警察庁のWebページを閲覧しようとするパソコンから送出された要求パケットは、直接警察庁のウェブサイトに到達する場合もあるのですが、他のホスト（サーバ）を経由してから警察庁のウェブサイトに到達することがあります。

　閲覧者が、ブラウザからURLの欄にwww.npa.go.jpと入力して、直接警察庁のウェブサイトへの接続を図る場合には、警察庁側のアクセスログには接続要求を行った端末のIPアドレスが記録されます。また、例えば検索サイトにおいて「警察庁」と入力して得られた検索結果のリンクから警察庁のウェブサイトを閲覧した場合には、警察庁ウェブサーバのアクセスログには、検索サイトを経由して接続が行われたことを示す情報（HTTP_REFERER）が記録されますので、どこのサイトのリンクから接続してきたということも分かるようになっています。

　オンラインショッピングのサイト等では、このように検索サイトを経由して訪問しているのか、あるいはニュース等で取り上げられて掲載された記事からのリンクをたどってたどり着いたのか、あるいはサイトの中のどのWebページを閲覧しているのかなどが分かるので、アクセスログから顧客のサイ

ト訪問方法や嗜好等を分析し、販売効率の向上等に役立てています。

また、**アフィリエイト（affiliate）広告**のように、ブログやメルマガ（メールマガジン）等に広告を掲載し、そこから広告主のサイトにアクセスさせ商品を購入させる、というような成功報酬型広告の場合には、広告を掲載したサイトの売上への貢献度等を確認するために、リンク元のURL等の分析が行われています。

(2) 中継サーバ等による匿名化

言論統制下にある人々に対して「インターネット上の情報の検閲を防ぎ、国家権力等の干渉を認めず、誰もが自由に意見を述べ、誰でも自由に利用できる環境を提供する」という意味では、匿名性を高め、いわば「足取り」がたどられないよう、どのようなサイトを経由して情報パケットが到達したのかを隠すことも一つの手段としてあり得るのかもしれませんし、実際にインターネットの萌芽期には、そのようなニーズのために、各種の公開（匿名）サーバ等が用意されました。

例えば「アノニマスFTP」のように、誰もが匿名でファイルを交換したり配布することが可能なサイトが、かつては多数存在していました。しかし、不正・違法なファイルのリポジトリ（集積所）となるなど、「ネット犯罪の温床」的なイメージが強くなってきたことから、それを好まない人々は正規のクラウドや無料オンラインストレージ等に移行し、あるいは違法目的で使用していた者はP2Pに流れたりしたため、利用者はかなり減少してきています。

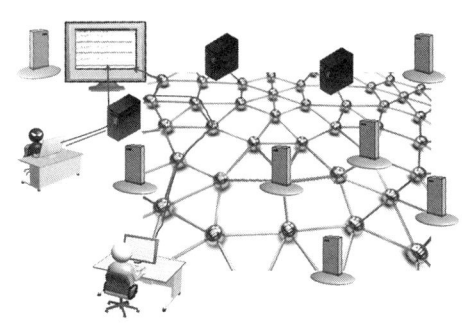

しかしながら、世界中にはウェブアクセスを中継する「**オープンプロキシ**（公開プロキシ、匿名プロキシ、匿名串、アノニ串あるいは単に串、鯖などとも呼ばれます。）」や、誰でも自由にメール中継を行うことが可能な「**オープンリレー**」、誰からの名前解決要求にも応答する「**オープンリゾルバ**」等が依然として多数存在しています。

例えば、オープンプロキシを経由すると、その設定にもよりますが「最初

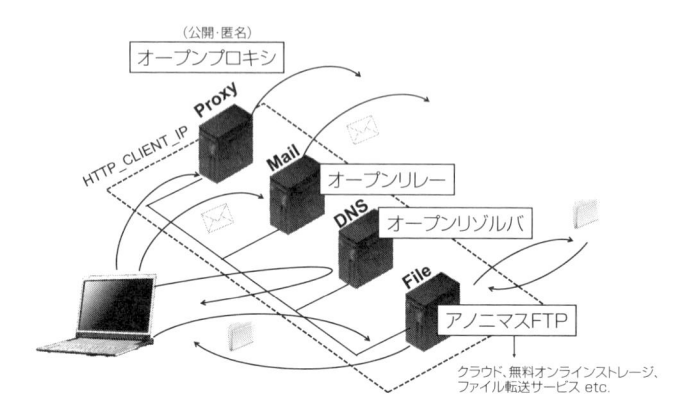

にどこからアクセス行為がなされたのか」を表す送信元のIPアドレスは明示されなくなります。

また、送信元からこのようなオープンプロキシサーバを利用するには、LAN設定等でも可能なわけですが、ブラウザのURL入力欄に、

"http://オープンプロキシのIPアドレス：ポート番号/目的のWebページ"

のように入力しても利用することができます。

さらに、匿名性を高めるため、このようなプロキシを多段に経由させてから目的のWebページにアクセスする、ということ（多段串）も可能で、この発展形として、Tor（トーア：The Onion Router）やI2Pのような匿名通信路が登場し、犯罪等に悪用されています。

また、音楽や動画等、権利上の制約があってコンテンツの配信テリトリーを国内に限定している場合や、国内ユーザ限定のオンラインゲームサイト等が利用者のIPアドレスにより国内外の判定を行っている場合がありますが、本来アクセスが認められていない海外からのアクセスでも、国内にあるオープンプロキシで中継させることにより、あたかも国内のユーザが利用しているように見せかけることができます。

このため、このような中継が行われていないかどうか、IPアドレスを調べて、オープンプロキシ等のIPアドレスからのアクセスについてはフィルタリングするなどの対策を執ることがあります（このようなオープンプロキシのリストは"Free Proxy List"等を検索して得ることもできます。)。

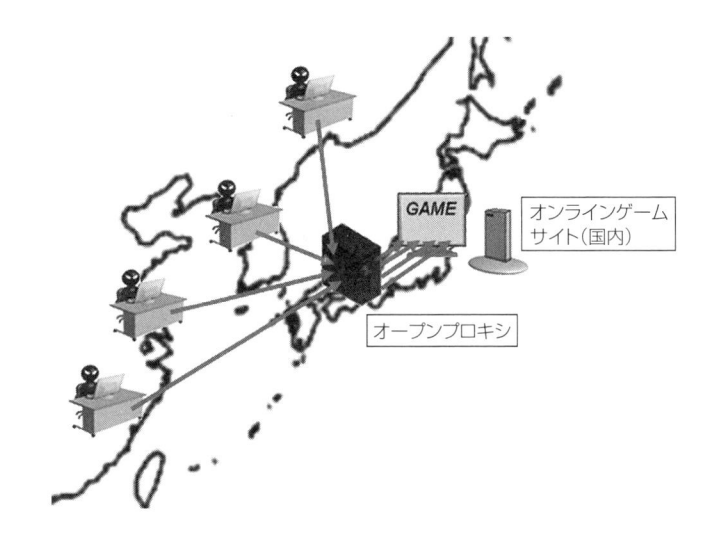

(3) P2Pファイル共有ソフト

　コンピュータ同士が対等な関係で1対1接続された「Peer to Peer（P2P：ピアツーピア）」型のネットワークを利用する**P2Pファイル共有ソフト**は、そのネットワークに参加するコンピュータ（ノード）間でファイルの共有や検索、アップロード、ダウンロード等を行うアプリケーションソフトウェアです。

　P2Pネットワークの仕組み自体は、データを集中管理するサーバと当該サーバへの接続を行うクライアントから構成される「クライアント－サーバ（C/S）システム」よりも耐障害性が高く、アクセス負荷の影響も受けにくいため、インスタント・メッセンジャー、インターネット電話等の様々なサービスで活用されています。

　しかし、P2Pファイル共有ソフトは、ソフト自体に暗号化通信機能や中継機能等を実装していることから、通信当事者間の匿名性が高く、不正・違法なファイルを共有するツールとして使われることが多いものとなっています。

ア　P2Pファイル共有ネットワークの構成

　P2Pファイル共有ソフトの利用者で構成される「P2Pファイル共有ネットワーク」の構成形態は、データの所在を集中管理するためのサーバを必要と

するハイブリッドP2P型と、サーバを必要とせず端末同士が対等な関係でデータを交換するピュアP2P型に大別されます。

また、端末同士が対等ではなく、一定の条件を満たすことによりグループの代表としての権限を持つスーパーノードに昇格する仕組みを持つスーパーノードP2P型という分類を行う場合もありますが、この構成は無料通話で知られるSkype等に利用されています。

イ ファイル共有の仕組み

P2Pファイル共有ネットワーク上に、音楽や動画等のファイルを最初にアップロード（放流）した人のことを「一次放流者」と呼んでいます。

Winny、Share、Perfect Dark等、P2Pファイル共有ソフトの種類により差異はありますが、いずれも、元のファイルを分割・暗号化したものをP2Pファイル共有ネットワーク上にある端末に分散して保管させることが特徴となっています。

BitTorrentやWinMX等のハイブリッドP2P型の場合には、ファイルを求める人がその所在を探しやすいように、タイトル名やサイズだけでなく暗号化ルーチンによりハッシュ値を算出しておき、これらをキー項目として設定しています。また、ハイブリッドP2P型の場合は、設定したキー項目の情報

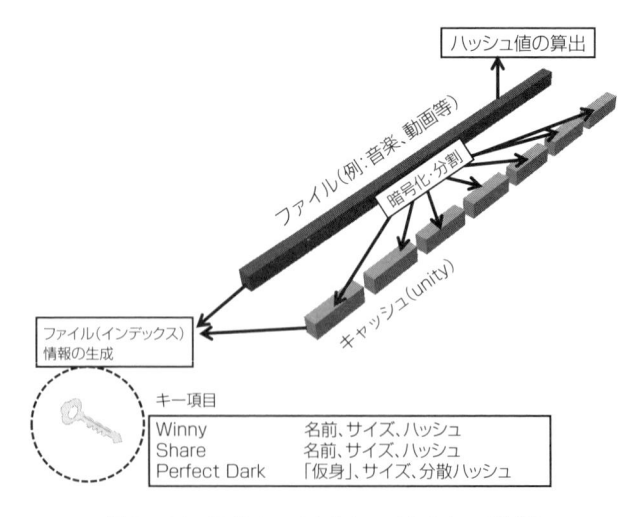

図3-21　P2Pファイル共有ソフトのキー項目等

第3章　ネットワークにおけるデジタル・フォレンジック　125

やファイル本体の所在をサーバで集中管理しているため、このサーバ内の情報によって一次放流者の端末（ノード）を特定することが比較的容易です。

一方、WinnyやShare等では、ネットワーク上にこのようなサーバが存在しないピュアP2P型を採用しています。

端末相互でキー情報が共有されており、その中から欲しいファイルをダウンロードしようとするときは、キー項目を指定して、P2Pファイル共有ネットワーク上から断片化されたファイルを1つずつ細切れに収集します。

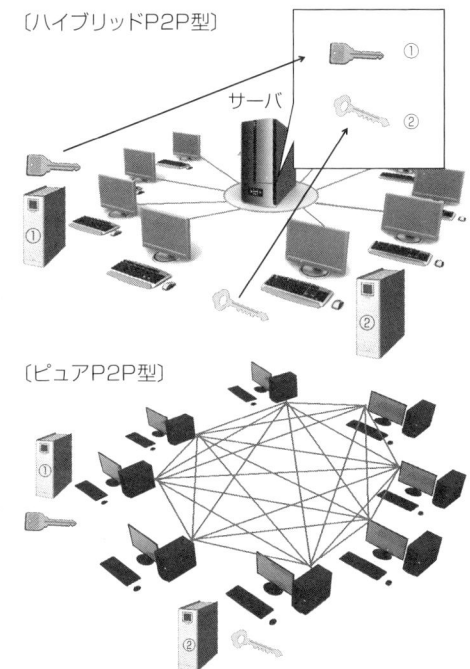

この断片化されたファイルは「キャッシュ」と呼ばれることが多く、端末のキャッシュフォルダに蓄積さ

図3－22　ファイル（インデックス）情報の所在

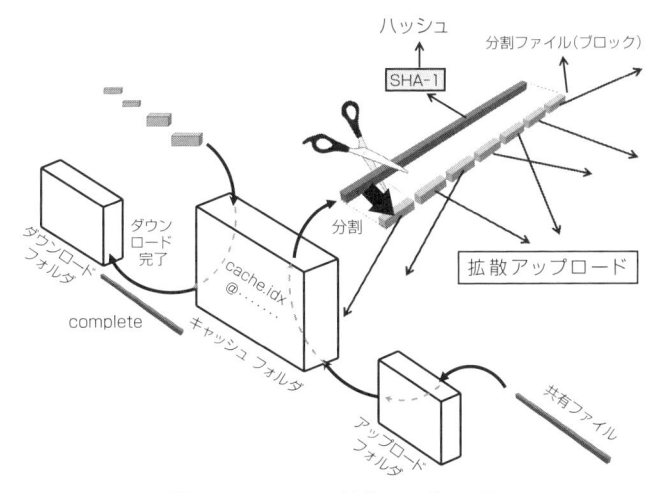

図3－23　Shareの拡散アップロード

れていきますが、全ての断片が揃うと「コンプリート・キャッシュ」となり、元どおりの順番に組み立てられて、ダウンロードフォルダに保存されます。

また、全ての断片が揃わない状態のキャッシュフォルダ内のファイルも、アップロードするためのファイルと同様、ファイル共有ネットワーク上で共有されることが多く、Shareの場合には、図3-23のように「**拡散アップロード**」と呼ばれる手法によりばらまかれます。

ウ　ピュアP2P型の場合における一次放流者の特定

ピュアP2P型の場合でも、特定のファイルを「欲しい！」と要求するユーザに対してそのファイルを提供するため、個々のファイルを識別できる仕組みと当該ファイルの保有コンピュータ（ノード）を特定する仕組みを備えています。

一般的には、ファイルの識別には、暗号技術を利用してファイルの内容を要約した「ハッシュ値」やファイル名、ファイルサイズ、更新日時等が用いられ、コンピュータの特定にはIPアドレスやホスト名（ID）等が用いられています。このため、これらの情報やプロバイダ等へのアクセス履歴をたどることにより、P2Pファイル共有ソフトを用いてアップロードやダウンロードを行ったコンピュータを特定することが可能になります。

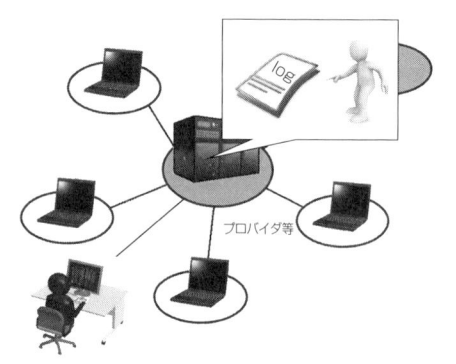

したがって、例えば著作権法に抵触するファイルがアップロードされたなどの場合には、P2Pファイル共有ネットワーク内を流通するファイルの情報やノードの情報を収集し、分析・検索することにより、一次放流者を特定することが可能です。また、このようなノードを特定する仕組みは、警察庁のP2P観測システムにおいても活用されています。

P2Pファイル共有ソフトを使用しているコンピュータは、ダウンロードした違法・有害ファイルを自動的に公開（再アップロード）していることが多く、また、P2Pファイル共有ソフト使用端末を特に狙ったコンピュータウイ

ルスも存在し、このウイルスによる情報流出事案がたびたび発生しています。

このように一次放流者のみならず、違法コンテンツを二次的に放流する「二次放流者」や安易な気持ちで違法ファイルをダウンロードする人も、違法ファイルの拡散を助長することになりますので、このような行為を阻止することが健全なネットワーク社会の維持には不可欠だといえます。

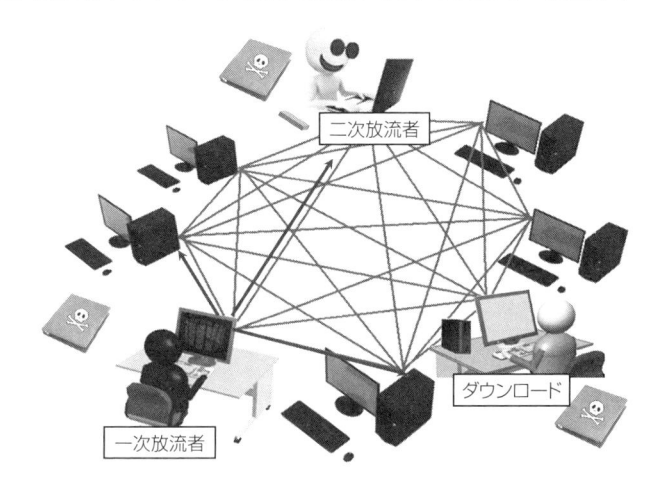

9　ログ監視・解析上の留意点

「ログの分析」の目的は大きく2つに分けられます。

1つは、アクセスしてきた顧客の興味がどのようなものか、あるいは新製品を公表した場合等の反響等、マーケティングのためのリサーチ、分析を行うためのもので、企画・広報担当がビジネス戦略等を立案するために用いられます。

また、もう1つは、システムが正常かつ効率的に機能しているのか、ということを検証する

ために用いられるものです。不正アクセスによる被害が発生したり、ウイルスに感染してシステムが機能停止に陥ったり、情報流出が発生したなどの場合には、対応を誤ると企業の存亡にもかかわりかねませんので、万一の場合の早期発見は不可欠です。

このため、日常的にシステムに発生する種々の「イベント」を適切に記録し、異常事態が発生した場合には、直ちに担当者に「アラート」を通知し、対処を行う体制がとられていることは当然です。

と、口で言うことは簡単ですし、企業の経営層からまさにこのような指示を受けることもあるかもしれません。

しかしながら、ウェブサイトのシステム管理を担当する者にとっては、このようなファジーな指示だけで業務を行うことはできません。

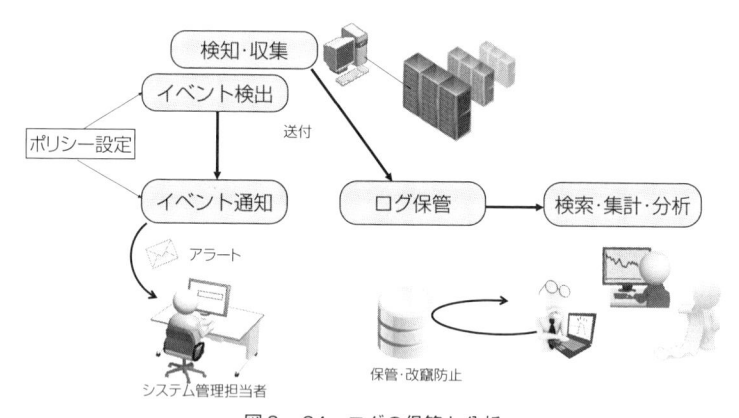

図3−24　ログの保管と分析

また、外部からのアクセスを事細かに記録し、例えば閲覧者数が若干増加したためにトラフィックが増加して、閲覧状況がちょっとだけ「重くなる」、あるいは一瞬のタイムアウトが発生するなどの場合でも、「不正アクセスだ！」とか「DoS攻撃だ！」ということで、アラート（警報）がいちいちシステム管理者に通知されてはたまりません。

就業時間内であればまだしも、毎夜のように叩き起こされて職場に向かい、ログをチェックしてみれば単なる「時差のある外国からのアクセス増」だったというのでは、体も心ももちません。

このため、「どのようなレベルのイベントが発生した際に通知する」、「ど

のような事象をログとして記録する」等のポリシーを組織的に明確化し、これに基づき、ログの保管や分析を行うことが必要です。

(1) IDS、IPS、WAF、UTMの機能等

IDS（Intrusion Detection System）とは、「**侵入検知システム**」の意味であり、システムを監視し、不正に侵入しようとするパケットやウイルスを検知した場合に、システム管理者に通報するシステム（装置）のことをいいます。

同様にIPS（Intrusion Prevention System）とは、「**侵入防止システム**」の意味であり、IDSの結果を基にファイアウォール（FW）等と連動して、侵入を検知した場合にはリアルタイムでネットワークの接続を遮断するなど、自動的な防御を行う「**アプライアンス**」（特定用途専用コンピュータ）や専用のソフトウェアのことをいいます。

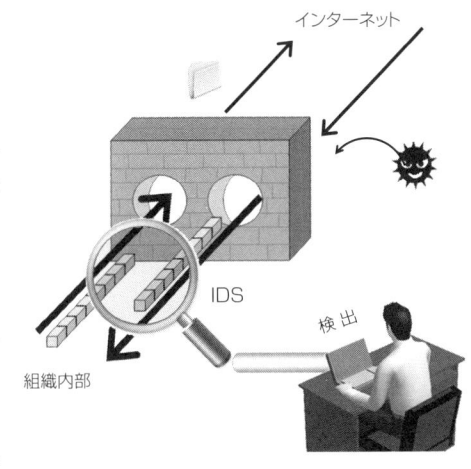

一般的なファイアウォールは、特定のIPアドレスから到達するパケットを遮断したり特定のポートの使用だけを認めるなどの設定に基づいて通信を制御しますが、WAF（Web Application Firewall）では、通常のファイアウォールが通過させてしまうような不正なパケットでも、例えばWebアプリケーションの脆弱性を突いたSQLインジェクション攻撃を受けた場合等における被害の防止又は低減が期待できるものとなっています。

また、セキュリティ対策では、外部から組織内部に向けたパケットだけに着目するのではなく、内部から外部に流れるメールやパケットのデータにも着目した対応が求められます。しかし、これを実現するために、求める機能ごとにセキュリティベンダーの製品を選択して組み合わせていくと、構成が複雑になるとともに運用上の負荷も高くなることから、これらを簡便に取り扱えるよう1つの装置に集約したものがUTMアプライアンスです。

なお、UTM（Unified Threat Management）は、「**統合脅威管理**」と訳さ

れ、IDS/IPSやファイアウォール、WAF、ウイルス対策等の機能を統合して管理すること、又はこれらの機能を1つにまとめた機器（アプライアンス）のことをいいます。

(2) HTTPステータスコード

ブラウザの「お気に入り」に登録してあったWebページを久しぶりに閲覧しようとしたときに、"404 Not Found!"と表示された、という経験はありませんか？

この数字が持つ意味は、"過去にそのページはあったかもしれないが、今はここにないよ"ということなのですが、その"404"というエラーメッセージは、実は「HTTPステータスコード」と呼ばれるもので、サーバの処理結果を端末（パソコン）に返送する際に使われる3桁のコードなのです。

Webサーバの機能が不正アクセスにより阻害された際等に、このステータスコードからサーバの状態を推測することができるなど、システム管理上も重要な意味を持っています。

400
401
403
404
405
500
503

400	Bad Request	要求パケットが不正
401	Unauthorized	認証失敗
403	Forbidden	アクセス権がない(禁止領域へのアクセス)
405	Method Not Allowed	許可されないメソッド
500	Internal Server Error	サーバ内部エラー
503	Service Unavailable	サービス利用不可

表3-25 HTTP ステータスコード （一部抜粋）

また、例えば、アクセス権がないのに繰り返しアクセスしてくるような形跡がないか？ということをアクセスログの中から見つけたい場合には、サーバの管理者ならば、専用のログ管理ソフトを使わなくても、例えばawk（オーク）という言語を使用し、次のように送信元（IPアドレス）ごとの頻度（重複）を並べ替えて、多い順に表示することなどが可能です。

○ awkによるアクセスログの表示

```
awk '{ print $9,$1}' access_log | grep 403 | sort | uniq -c | sort -r
```

接続元IP　　接続日時　　グリニッジ標準時(GMT/世界標準時)との時差
　　　　　　　　　　　　　　　+0900は日本標準時

xxx.xxx.xxx.xxx - - [03/Sep/2014:12:34:56 +0900]
"GET /index.html HTTP/1.1" 200 12345
"http://www.google.co.jp" "Mozilla/4.0"

サーバからブラウザへ
送付したデータのバイト数

ステータスコード
（200は成功(OK)）

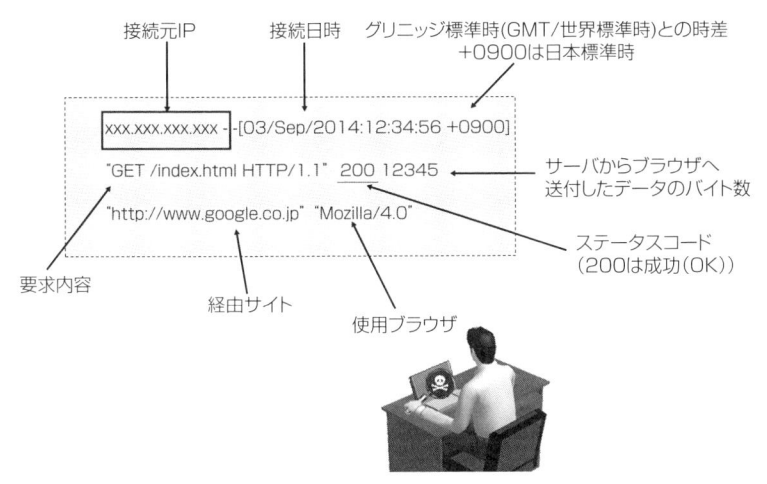

要求内容　　経由サイト　　使用ブラウザ

図3-26　アクセスログの解析

(3) ログ解析の着眼点

ログには種々のものがあります。ウェブサイトを管理している場合、OSやWebサーバ、ファイアウォール等のシステムログやアクセスログ、エラーログ等を日常的に点検する必要があります。

ア　ログの量と連続性

システムの異常を予防・早期発見するという意味では、まず、「定常状態」がどうなっているのかということをよく把握し、その定常状態からの逸脱度合がどうなっているのかということを平素から観測する必要があります。

時間、曜日、週、月、季節等によるアクセス、トラフィックの周期的な変動や、検索サイト等によるクローラー（Crawler）と呼ばれる自動巡回ロボットの訪問によるログの増加量を見込んだ上で、ある時点から新製品の発表や不祥事の発生もないのにアクセスが増加している、Webサーバの特定ポートへのパケットが多く到達する、エラーログの量が増加する、というような状況が見られるようであれば、当該ウェブサイトに対する攻撃又は攻撃のた

めの探索行為が行われている可能性が高いと考えられます。

反対にアクセスログやエラーログの特定時間帯の記録がない、又は極端に量が少ないような場合も、不正侵入を受けて犯行の形跡が消去・改竄されていたり、DoS攻撃によりログのオーバーフローが発生している可能性がありますので、認証ログやファイアウォールのログ等、Webサーバ以外の機器のログとの突合せを行うなどして原因を調査します。

攻撃や探索と思われるパケットが継続、又は周期的に検知されるときは、送信元IPアドレス等の分析を早急に行い、アクセスブロックの検討や関係先への連絡・通報等、被害の発生や拡大の未然防止を図るようにします。

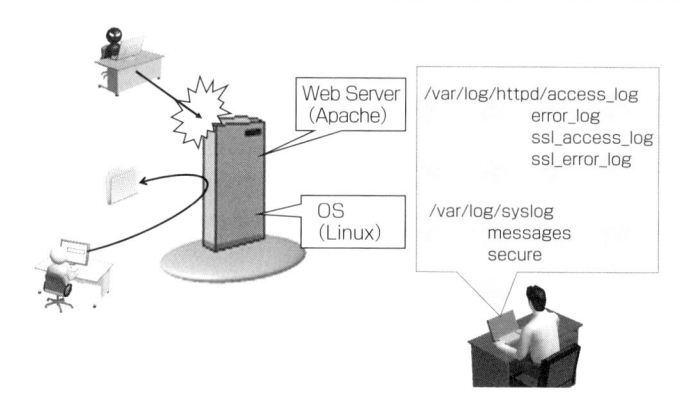

イ 不審な挙動・探索

上の例におけるWebサーバのように不特定多数の利用者からアクセスされるシステムでは、組織内のシステムにまで侵入されないように、物理的にネットワークを分離することなどを検討します。

これは、会社の中で来客が非公開エリアに立ち入る際には、入館手続をして適切な許可を与えた上で、入退出システム、監視カメラによる行動監視・記録が求められるのと同様に、少なくとも外部から非公開エリアにアクセスしようとしたり探索しようとするパケットは、適切に検出される

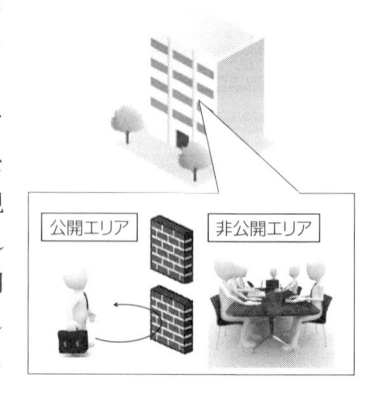

ような仕組みにする必要があるためです。

　また、設定ミス等により「本来公開すべきではないデータが外部から閲覧可能な状態になっていた」という事案もよく発生していますが、単に人為ミス、と片付けず、そもそも設定だけで外部から閲覧できるようなシステム構築が行われないよう、公開エリアと非公開エリアの確実な分離を行うなどの対策を検討します。

ウ　内部から外部へのパケットの精査

　従業員による情報漏洩や、コンピュータウイルスによる情報流出などは、その後の対策に要するコストが膨大になりがちであることから、非常に大きい情報セキュリティ上の脅威となっています。このため、アクセス権の管理や企業内LANから出ていくパケットの監視などを適正に行うことで、インシデントの発生を防ぐようにします。

　まず、アクセス管理の面では、人事異動とリンクしたアクセス権の付与、関係・協力企業の社員や派遣社員等のアクセス権付与の範囲等が適切に設定・運用されていることは当然の前提です。もしも休眠アカウントや退職者アカウントが有効のまま残っていると、それが不正アクセス等に悪用されてしまう可能性があります。

　また、システム管理者が利用するアカウントが多数存在したり、同一のシステム管理者用アカウントを多数の管理担当者で使い回すことも危険です。

　システム面では、例えば、以前はワーム等に感染すると急激にネットワーク内外に送出されるパケットが増加する、というような分かりやすい変化があったことで、結果的に迅速な対応が図られたというセキュリティインシデントもありましたが、最近のマルウェアにはそのような特徴はなく、以前と比べてとても悪質なものになっています。

　夜間だけ、あるいは不定期的にひっそりと端末側から外部に情報を送出したり、あるいはボット化して更新情報や命令コマンドを受け取るために外部サーバ等に接続する、ということも起こり得ますので、このような振る舞いが確実に検出されるよう設定しておくことが望まれます。

　企業の内部統制という観点では、ログの監視・分析を業務管理に利用する場面も出てきています。

　例えば、個人情報や企業秘密を外部に送信したり、外部記録媒体や個人の

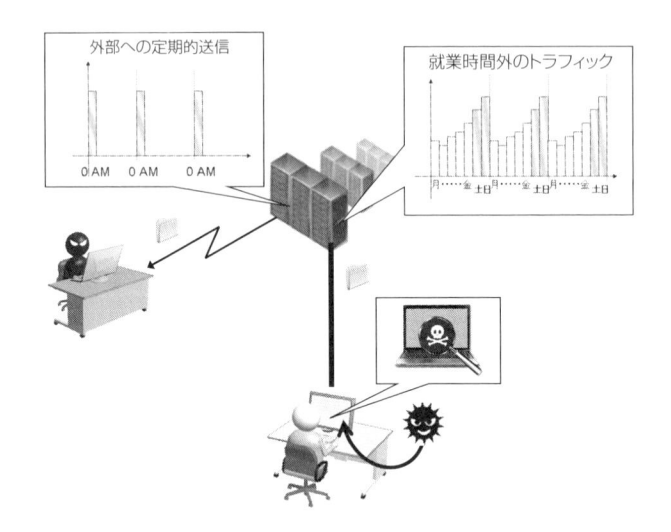

スマートフォン、タブレット等に複写して持ち出されることが想定されるときは、外部記録媒体の使用を制限するとともに、記録媒体使用時にはそのログが確実に残るようにしておきます。

また、インターネットに接続されるシステムでは、フリーメールやオンラインストレージ、クラウドサービス等が利用可能になっていると、これらのサービスを経由した情報流出も想定されますので、これらについて、アクセス制限の設定やログによる監視を行うことを検討します。

なお、社用端末から個人的なオンラインショッピング、株式トレード、馬券購入等を行うことを認めるかどうかはそもそもそれぞれの企業風土で異なるでしょうが、昼休みや休憩時間であれば容認できる、とした場合等には、勤務時間内（禁止時間帯）のこれらの行為をチェックする仕組みとしてログを利用することもできます。

休日出勤していてもオンラインゲームサイトにログインして遊んでいるだけで、高い休日給をもらっている社員はいないかなどの業務管理にも応用することは可能です。

「それぐらい、息抜きなんだからいいの

ではないか？」と思われる向きもあるかもしれませんが、その会社の固定IPアドレスからオンラインゲームに参加していることは、外部には「筒抜け」になっています。これを放置した場合、ネット上で話題になってしまうかもしれません。

第4章
モバイルにおけるデジタル・フォレンジック

デジタル機器に関する技術の進展と、電波を用いた通信の高速化に伴って、かつて固定利用や単独利用にとどまっていた電子機器が、移動しながらでもネットワークを利用できる機器へと変遷を遂げてきました。

携帯電話は、当初こそ音声通話の利用にとどまっていましたが、技術が進むにつれてインターネットの利用さえ可能となり、携帯電話と同様に電子手帳から発展した携帯情報端末（PDA：Personal Digital Assistant／Personal Data Assistance）も普及しました。

さらに、現在ではスマートフォンがこれらに代わって台頭しており、屋外であること、移動中であること等を意識することなく、ネットワークをいつでもどこでも利用できる環境が提供されるに至っています。

本章では、スマートフォンを中心としたモバイル機器に焦点を当て、デジタル・フォレンジックの観点から話を進めることとします。

1 携帯電話・スマートフォンのサービス

携帯電話市場でシェアを拡大しているのがスマートフォンです。

スマートフォンは、多彩な機能を有する情報通信端末であることから、ビジネスや日常生活に急激に浸透しています。

(1) スマートフォンの種類

国内では、NTT docomo、au、SoftBank等の通信事業者がスマートフォンのサービスを提供していますが、そのスマートフォン本体の製造には国内の通信機器メーカーだけではなく、海外メーカーも参入し、工夫を凝らし特色を出した機種を

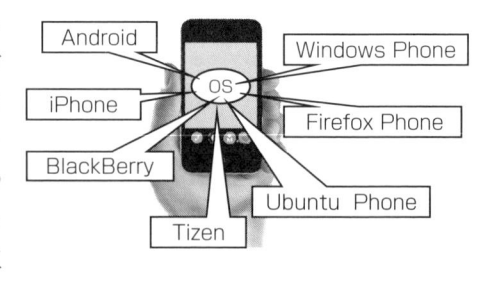

図4－1　スマートフォンのOS

市場に投入しています。

スマートフォンには、パソコンと同様、OS（基本ソフト）が組み込まれており、そのOSの上で様々なサービスが実現されています。

スマートフォンに採用されている代表的なOSは、米Google社のAndroid、Apple社のiOS、Microsoft社のWindows Phoneといったところですが、このほかにもSymbian、BlackBerry、Palm、Firefox Phone、Tizen、Bada等、様々なものがあります。

このうちAndroidは、Google社から無償で提供されているものですが、もともとUNIXから派生したLinuxを起源とするもので、様々なメーカーがこれを採用し、世界的には利用者が最も多いものとなっています。

iOSは、Apple社が開発した、パソコン用のMac OS Xをベースにした携帯機器用のOSですが、これも本を正せばUNIXにルーツを持つものです。iPhoneは独特のスタイルや機能で、我が国では非常に人気の高い機種となっています。

海外ではこれ以外にも多くのOSが利用されています。

また、スマートフォンだけでなく、タブレットにおいても同様のOSが利用されています。

このほか、利用者は、通常、その違いを意識することはありませんが、OSごとに利用されるファイルシステムにも差異があり、例えば、

iOSは、HFSX。

Windows Phone（WP）は、NTFS/ReFS、FAT。

Symbian、BlackBerry、Palm OSは、FAT32。

また、

Androidは、Ext2/3/4、YAFFS2（Yet Another Flash File System2）、VFAT。

Tizenは、Ext2/3/4。

等が利用されています。

また、Linux起源のOSでは、JFS、XFS、Btrfs、ReiserFS、ZFS等の利用が可能なものもあり、調査の実施に当たっては、利用されているファイルシステムに応じた解析を行います。

(2) スマートフォンで利用可能なサービス

スマートフォンでは、通話以外にも多種多様のサービスが利用できます。

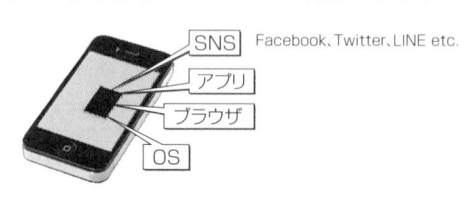

また、通話自体も、通信事業者が用意した基本機能を使わなくても、無料通話アプリによる相互通話が可能です（LINE（LINE）、Skype（Microsoft）、Viber（楽天グループ）、comm（DeNA）、050plus（NTTcom）、SMARTalk（フュージョン・コミュニケーション）、カカオトーク（カカオジャパン）等）。

このようなアプリでは、スマートフォンの電話帳に登録されている電話番号を利用して通話相手との間を接続します。また、中には携帯電話や固定電話との接続が可能なサービスもあります（Viber Out、Skype Out等）。

近年、急激にLINEの利用者が増え、5億人を突破したというニュース（2014年8月）もありましたが、利用者の多い中国版LINEと呼ばれる微信（ウェイシン：WeChat）の利用者は6億人以上ともいわれています。

ア　インターネット

ウェブブラウザを利用したWebページの閲覧や、メールソフトを利用したメールの送受信、チャット等が可能です。ブラウザやメーラー（メール送受信用アプリ）にも多くの種類があり、人によっては、複数のものを利用している場合があります。

イ　SNS

Twitter、Facebook等があります。その他国内で使われているSNSにはmixi、GREE等の大手のみならず、趣味や地域等に特化したサービス・情報交換が行えるものが多数存在しています。

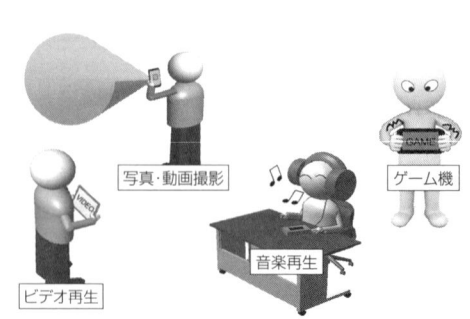

ウ　カメラ・ビデオ撮影、音楽・動画鑑賞、ゲームプレイ

スマートフォンには、高性能

なカメラや音楽・動画再生機能も備わっていることから、デジタルカメラ（ビデオ）、携帯型音楽・動画プレーヤーとして利用したり、オンラインゲームやアプリをダウンロードして楽しむことが可能です。

エ　地図情報との連携

内蔵GPSと連携した地図機能を利用することができます。代表的なサービスとしてはGoogle Mapがありますが、ナビゲーション機能を持つアプリや現在の位置と連動した観光、ショッピング、渋滞情報等の情報提供サービスも行われています。

(3)　アプリの入手

スマートフォンで利用可能なアプリケーションソフトは一般に「アプリ」と呼ばれていて、ビジネス用途から趣味等も含めた個人利用向けまで、世界中で開発された様々な種類のものがあります。

このようなアプリは、正規のものは、Google Play（Android端末）、App Store（iPhone端末）等で入手可能ですが、それ以外のサイトでダウンロードしたものを端末にインストールし、利用することもできます。

例えばAndroidの場合には、APKファイルと呼ばれる圧縮（パッケージ）ファイルの形になっているアプリを非公式マーケット等で入手し、インストールすることが可能です。しかし、本来有償のものであるはずのアプリが

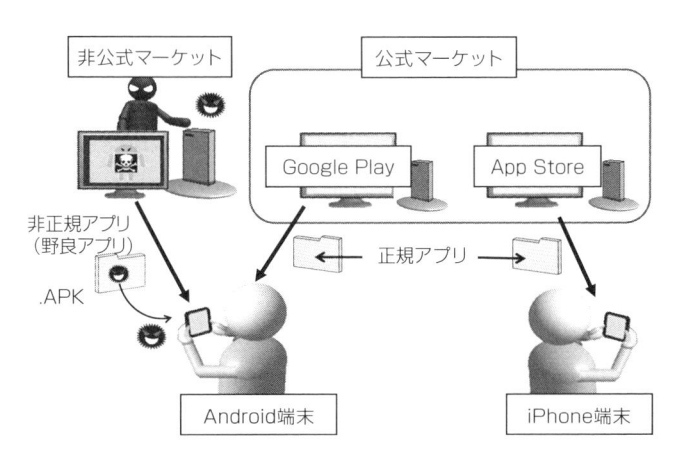

無償で提供されていたり、定価よりかなり安く売られている場合などは、公式マーケット（Google Play）と同じ製品のように見えても、知的財産権上の問題があったりマルウェアが仕込まれていること等がありますので、このような"野良アプリ"には手を出さないよう留意する必要があります。

　iPhoneの場合も、通常の場合にはApp Storeからipaファイルの形になっているアプリをダウンロードしますが、端末側がジェイルブレイク（脱獄）と呼ばれる手法により非正規な方法でダウンロードやインストールできるように改造を行っている場合には、やはり危険なアプリをインストールしてしまう可能性があります。

　スマートフォン用のアプリは様々なものが開発されていますが、中には犯罪目的の悪質な開発者もいることから、使用に当たってはその出自や隠された機能などに十分注意することが必要です。また、これらのアプリには、履歴を始め様々な情報が保存され蓄積されている場合もあることから、調査を実施する際には、これらの情報についても収集することを失念しないようにします。

2　スマートフォン等の取扱い

(1)　精密機器としての取扱い

　スマートフォンを取り扱う際には、様々な注意が必要です。

　スマートフォンは、パソコンやハードディスクと同様の精密機器であり、さらに実装密度が高いことから、強い圧力や衝撃を加えたり僅かでも水分が浸透したりすると、破損したり動作不良となって、データの読み出し等ができなくなるおそれがあるからです。

　また、スマートフォンには、方向に応じて画面の縦横の向きを変更したり、周囲の照度に応じて画面の明るさを調節する、位置情報を取得するなど、様々な機能を有する多数のセンサーが備わっています。

　さらには、電話回線以外にもWi-Fi（無線LAN）やBluetooth、NFC（Near Field Communication）等の送受信システムや、カメラ、マイク、スピーカーを備え、場合によっては指紋等の生体認証システムを装備している場合もあるなど、まさに先端技術が高度に集積された精密機器そのものです。

　したがって、スマートフォンの取扱いに際しては、本体や附属品などが落

第4章　モバイルにおけるデジタル・フォレンジック　　141

図4−2　スマートフォンの機能

下したり、水に濡れることがないよう細心の注意をもって取り扱う必要があります。

　例えば、スマートフォンに圧力が加わると、液晶画面そのものだけでなく、液晶の背面にあるバックライトも壊れてしまうおそれがあり、もし液晶やバックライトが損傷してしまえば、他の機能が正常であっても、画面表示の視認が困難となります。また、本体以外でも、microSDカード等の電磁的記録媒体は、指先の僅かな力でも簡単に破損することがありますので、取り扱う際には注意が必要です。

　また、スマートフォン等に対して何らかの操作を行うと、内部に記録されている情報が書き換わってしまう（状態が変化する）ことがあります。例えば、発信履歴を画面で確認するつもりでスマートフォンを操作しているうちに、誤って発信ボタン

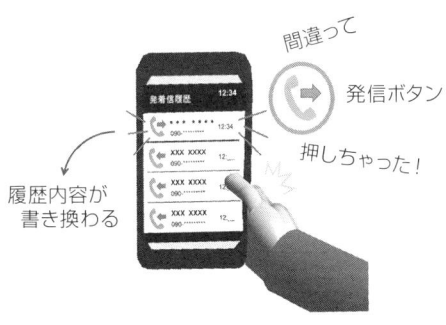

を押してしまえば、新たな発信履歴が追加されてしまいます。

(2) 電波着信時の履歴更新

　誤操作以外でも、スマートフォン内のデータは書き換わる可能性があります。

　例えば、スマートフォンの電源が投入されていて、電波が正常に受信可能な状態であれば、電話の着信やメール受信等の際にそれまで記録されていたデータが自動的に書き換えられます。このことは、履歴等が保持されている件数や期間は機種等により異なりますが、多量の架電によるオーバーフローで古い履歴等が消去されたり上書きされてしまうおそれがある、ということを意味しています。

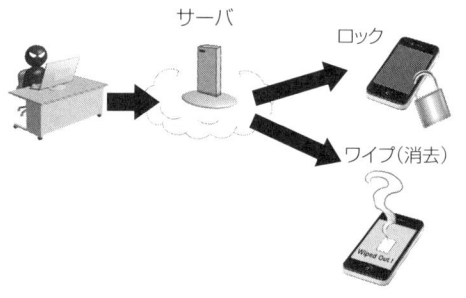

　さらに、遠隔地から通信回線経由で、スマートフォンを操作できないようにする「**リモートロック**」機能や、記録データ等を消去する「**リモートワイプ**」機能が悪用されれば、例えば、犯罪や不正行為を立証する上では、重要な証拠を失ってしまう可能性があります。

　そこで、スマートフォンの押収時等で、後でメモリ・フォレンジック等を実施するため、電源が投入されたままの状態を保持する必要がある場合には、電波着信を遮断する**シールドボックス**に収納したり、通話やパケット通信、Wi-Fi等の無線通信機能をオフにする「**機内モード**」(機種等により「電波オフモード」とも呼ばれることがあります。)に設定変更を行い、情報の

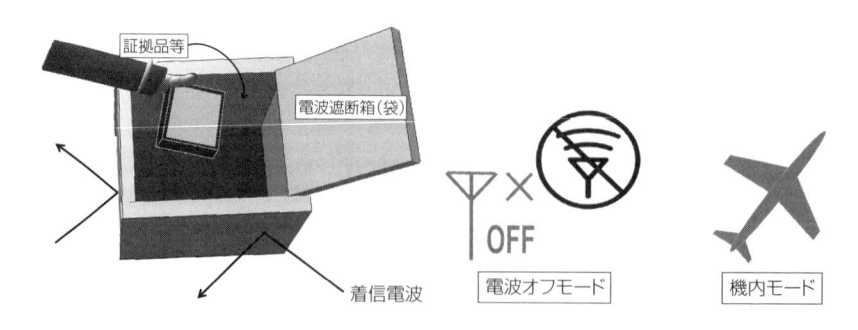

保全を図ります。

ただし、このような設定変更操作をする際にも内部データは変更されますので、いつ、誰が操作したのかという記録は残さなければなりません。

それでは、一刻も早く電源を切断してしまえばよいのか、ということになりますが、その際にも慎重な検討が必要です。

起動しているスマートフォンの電源を切る（OFF）と、画面に表示されていても保存が完了していない情報は消失しますし、画面に表示されていない稼働中のアプリやプロセスも消失してしまうことになります。

さらに、一旦電源を落としてしまうと、再び起動させた際にパスワード等の入力を求められる場合がある（例：Android 4.0以降では**端末の暗号化機能**が備わっているため、電源投入時に復号化のためのパスワード入力が求められる。）などの点にも留意します。

(3) 画面ロック

Android端末の場合、画面（スクリーン）ロックの手法として、パターンロックやパスワード、PIN（数字だけの暗証番号）が利用できます。

iPhoneの場合には、4桁の暗証番号、若しくは長いパスワードを設定すること（**パスコードロック**）が可能です。またiOSの設定により10回入力を間違うとデバイスのデータを消去（**ローカルワイプ**）するように設定することも可能です。したがって、この機能がセットしてある端末を取り扱う場合に、所有者からパスワードを聞き出そうとするときには、人によっては、わざと連続して偽りのパスワードを言って証拠の隠滅を図るかもしれないことにも注意します。

Androidの場合も、業務用端末等で「Google Apps for Business」等の法人向けクラウドサービスを利用してローカルワイプを設定することが可能です。

③　本体やSIMカードの識別情報

　現在使われている携帯電話・スマートフォンのほとんどには、「SIMロック」、すなわち端末を購入したときに契約した通信事業者以外の事業者回線には乗り換えられない（特定の通信事業者のSIMカードでしか動作しない）仕組みが本体側に設定されています。
　このSIMロックは、2011年4月以降に発売された携帯電話等では手続を経れば解除することができるものもありましたが、そのためには、まず現在使っている通信事業者に本体を持ち込んで設定解除してからでないと、他の通信事業者のSIMカードが利用できないようになっていました。このため、総務省では、2015年を目途にSIMカードの交換だけで別の通信事業者に乗り換えられる「SIMロックの解除」を義務付ける方針を公表しています。
　既に「白ロムスマホ」と呼ばれるSIMカードなしのスマートフォンが中古品市場等で多数出回っていることもありますが、今後、電話機本体とSIMカードそれぞれのID等から別々に製造・販売元をたどる必要のある場面も増えてくるかもしれません。
　これらにはどのような識別情報が記録されているのかについて、以下に簡単にまとめます。

(1)　スマートフォン本体の識別情報
ア　デバイス識別ID
　本体筐体の底面やバッテリー収容部等にシリアルナンバーとして記載されているもののほか、端末を一意に特定することのできるIDとしては、Android端末の場合はAndroid ID、iPhoneの場合にはIDFV／UDIDや、iOS識別のIDFA等があります。

イ　無線（Wi-Fi、Bluetooth等）コード
　MACアドレスやPINコード（PINナンバー、パスコード）がメモリに記録・保存されています。

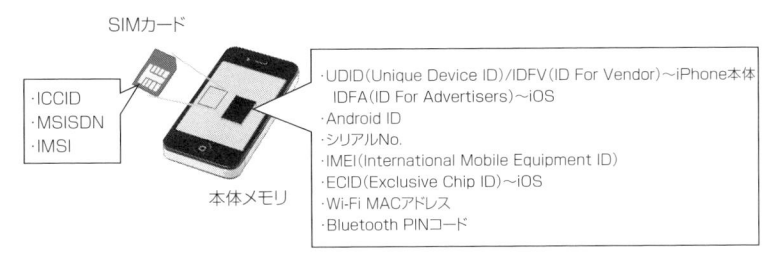

図4－3 スマートフォンの識別情報

ウ 国際移動体装置識別番号（端末識別番号）（IMEI）

国際的に端末を識別する際に使用されるIDです。

これも、筐体裏面等に貼付されていることもありますが、電源が投入されている状態では、「＊#06#」と入力することによっても確認することができます。

IMEI（International Mobile Equipment Identity）は15桁の数字から成り、上位8桁がTAC（Type Allocation Code）と呼ばれる機種・ベンダー情報、次の6桁が各端末のシリアルナンバーを表示し、最後末尾の1桁はチェック用に使用されます。このIMEIにより、ベンダーのサイトから製品情報等を入手することが可能です。

その他、本体には、技適マーク（電波法、電気通信事業法に適合している証のマーク）、FCC ID（アメリカの無線利用認証規格合格のID）等のラベルが貼付されています。

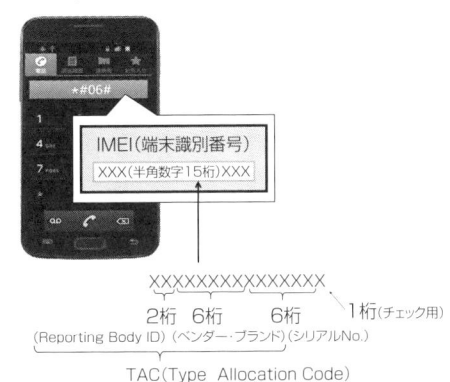

図4－4 端末識別番号（IMEI）のフォーマット

(2) SIMカードの情報

SIMカードの情報は、台紙の裏側等に記載されている電話番号（MSISDN）以外にICCID、IMSIという重要なIDが記録されています。

SIMカード内の情報を見るためには、カードリーダ等が必要となります。

```
                                    PC
           Card Reader
                           89 81 100 XXXXXXXXXXX (docomo)
                                 200 XXXXXXXXXXX (SoftBank)
              SIM Card           300 XXXXXXXXXXX (au)
                           ICCID：ICカードID（SIMカード自体のID）
                                 (IC Card ID)
                           MSISDN：電話番号
                                 (Mobile Subscriber ISDN Number)
                           IMSI：国際移動体加入者識別番号
                                 (International Mobile Subscriber Identity)

                           MCC-MNC-MSIN
                           Mobile Country Code（3桁） 例：日本は 440,441
                           Mobile Network Code（2～3桁） 事業者コード
                           Mobile Subscriber Identification Number（最大10桁）
```

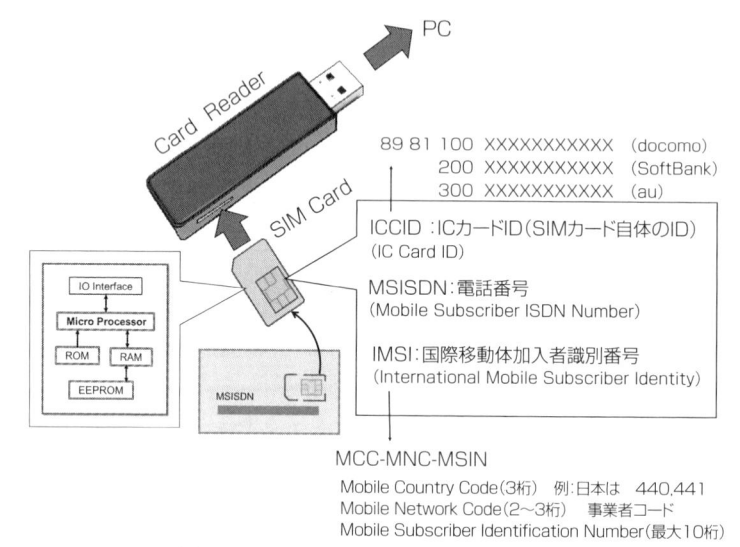

図4－5　SIMカードに記録されている情報

ア　SIMカード識別ID（ICCID）

ISO/IEC 7812（ICカードの国際標準）に従い、最長19桁の数字から構成されています。

ICCIDの場合、最初の2桁は通信事業を示す89、続く2桁は国番号（日本の場合は81）、3桁が事業者識別番号（NTTdocomoの場合は100、SoftBankは200、auは300等）を示し、以降は各カードごとの識別番号として各事業者がそれぞれ独自に割り当てています。

イ　国際移動体加入者識別番号（IMSI）

携帯電話事業者と契約した際に付与される国際的な加入者識別番号です。

通常は15桁程度で、最初の3桁はMobile Country Code（MCC）で国を示し、その次の2～3桁は、Mobile Network Code（MNC）と呼ばれる事業者コードを示します。MNCは北米では3桁、日本や欧州では2桁を使用しています。残る桁（最大10桁）は加入者識別コード（Mobile Station Identification Number：MSIN）を示しています。

国際的にも、利用者の識別には、このIMSI（International Mobile Subscriber Identity）が用いられることが多く、本体の国際移動体装置識別

番号（IMEI）とセットで端末・利用者の特定に利用されています。

4　携帯電話・スマートフォンからのデータ抽出

(1)　状況や目的の確認

　携帯電話やスマートフォンからデータを抽出するといっても、状況や目的に応じて対応や処理の仕方が異なってくるでしょう。

　例えば、忘れ物の携帯電話であれば、その所有者の特定に必要な電話番号を表示すれば済むので、設定情報を確認すれば十分であり、それ以外の個人情報やメール等を確認する必要はなく、プライバシーの点からも見るべきではありません。

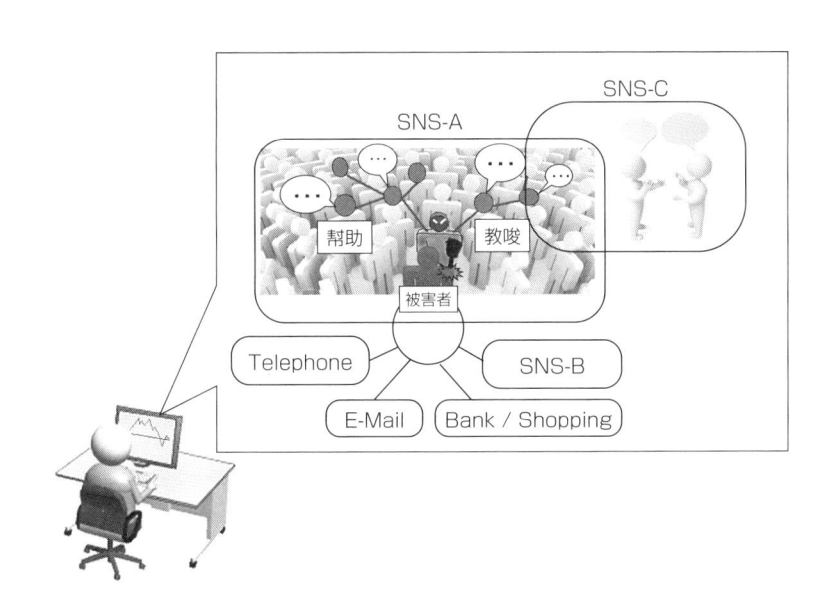

電話番号
所有者(契約者)情報
メールアドレス
発着信履歴
撮影した画像(動画)
SNSのID
電話帳
メール、発言内容……

一方、警察で取り扱われる事件、例えばスマートフォンのカメラ機能を用いた盗撮、というような犯罪であれば、被疑者が所持していたスマートフォン本体やSDメモリカード等の外部記録媒体にとどまらず、家庭や職場のデジカメ、パソコン、そのほかにもクラウド上のオンラインストレージやP2Pに画像を保存したり頒布したりしていないか、インターネットの利用履歴等を確認することが必要となってきます。

また、SNSでの誹謗・中傷、いじめや、それらに起因する犯罪、そのほか危険ドラッグ等の違法物品取引等の場合には、スマートフォンの電話の発着信履歴、メールアドレス、カレンダー（スケジュール）だけでなく、無料通話アプリ、SNS、メールサービス、チャット等の内容を分析し、通信相手や関係者・交友関係の特定を行い、発言内容や行為の経過を時系列に整理するなどして、いつ、誰とどのような通信が行われたのかの解明に努めます。

しかし、意図的にファイルを消去したり、携帯電話やスマートフォンを破壊する、水没させるなどにより証拠の隠滅を図るケースも珍しくありません。

このような場合には、残されたデータの痕跡を拾い集めて復元を図りますが、その前に破壊された本体を修復したり、あるいはメモリチップを取り外して別の同型デバイスに搭載するなど、状況に応じた処理が必要となります。これらの作業をセキュリティベンダーに依頼するとすれば、かなりの費用や日数を要します。

コラム　水没携帯の見分け方

　携帯等の筐体内部やバッテリー、iPhoneの場合にはnano-SIMトレイを外すと白地に赤（ピンク）の水玉等の模様の「水没反応シール」が（複数）貼付されており、その水玉模様がにじんだり、赤（ピンク）に変化していると、水没（又は水分の侵入）したことが分かります。

　水没した携帯電話の本体やバッテリーは通電したまま放置すると、基盤上の回線の短絡や焼損が発生します。特に海水の場合には、塩分による回路間の漏電や過電流によって回路が破壊されてしまいやすいので、携帯電話等を誤って海に落としたなどの場合には、まず、直ちに電池を取り外す必要があります。

　また、このような海水に水没した携帯電話の解析に当たっては、十分な設備のある施設において、薬剤を用いて洗浄した後、よく乾燥させて機能回復を図ることになりますが、回路の断線や短絡が多数箇所にわたっている等の場合には非常に難しくなります。

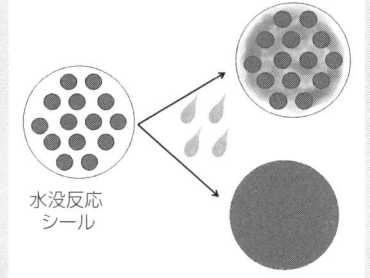

水没反応シール

(2)　証拠データの所在

　それでは、スマートフォンのどこに情報は記録されているのでしょうか？

　前節で識別情報の保存先は、大きく本体側（デバイス側）とSIMカードに分けられる、と記しましたが、本体には、識別情報だけでなく、各種の履歴やメール、撮影した画像やダウンロードしたファイル等も保存されています。

　本体のメモリチップには2種類あり、システムプログラムやデータを保存するROM（内蔵ストレージ）と、プログラムを動作させる際に利用し、電源をOFFにすれば消滅してしまう揮発性情報を保持しているRAM（主記憶装置）に分かれています。

　システム設定情報、識別情報等は本体のROMで保持されていますが、画像や音楽等の保存・ダウンロードしたデータは、このROM以外の外部メモリ、例えばマイクロSD等に保存されていることもあります。

　また、例えばiPhone等のiOSを用いているデバイスでは、iTunesを用いてパソコンにアプリやデータのバックアップを取っていたり、iCloudサービスを利用してオンラインストレージと同期をとっている場合もありますので、

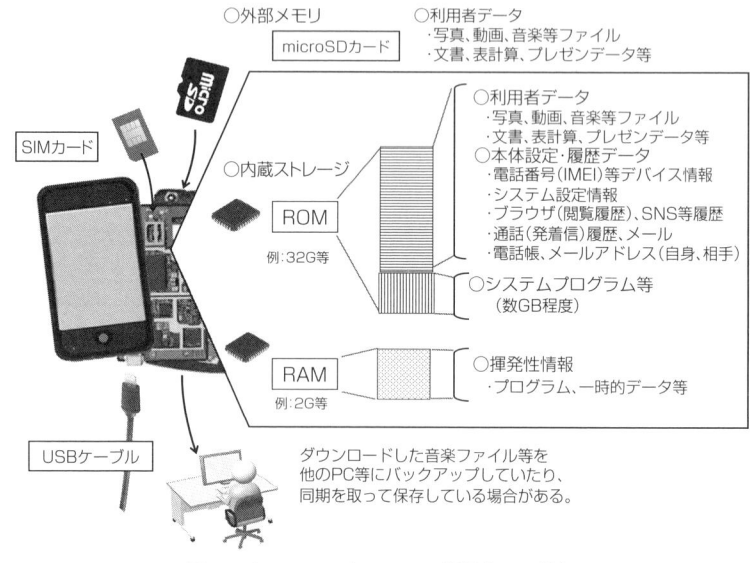

図4－6　スマートフォンに記録される情報

　スマートフォン側で消去したとしてもパソコン等に当該アプリやその痕跡が残っていることがあります。
　さらにアプリによっては、履歴等のデータの保存場所（フォルダ等）やその抽出手法（ツール）が異なる場合があります。このため、例えば警察の情報技術解析部門や都道府県警察では、製品化されているツールだけでなく、それぞれ目的に応じた独自のツール類を利用するなどしています。

(3)　データの抽出手法と留意点
　携帯電話やスマートフォン、外部記録媒体やSIMカードからデータを抽出する手法はいくつかありますが、上で述べたような専用ツール・機材でなくとも、市販の携帯電話用編集（保存）ソフトの中には、データの保存・編集

や書き戻し機能を備えたものがありますし、Android 4.0以降の機種であればADB Backup & Restore機能、iPhone/iPad等ではiTunes又はiCloudの利用により本体内のデータのバックアップを行うことが可能です。

microSDカード等の外部記録媒体内のデータを確認するには、カードリーダ（アダプタ）などを用いてパソコンに接続する必要がありますが、その際には書き込み防止措置を施すなど、データの改変防止に配意します。

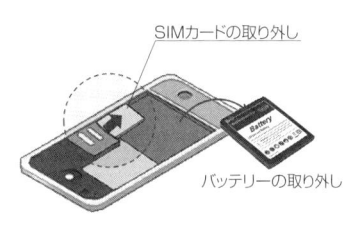

また、記録媒体内のデータが暗号化されている場合等は、解析が困難になります。

SIMカードからデータを抽出する際には、SIMカードリーダが必要となりますが、SIMカードの形状はフルサイズ規格のSIMから mini-SIM、micro-SIM、nano-SIMへと小型化が進んでいますので、これらを本体から取り出す際には、カードやデバイス本体、電池等を傷つけること等のないよう、専用のアダプタやアクセスツールを用いることが必要です（筐体をこじ開けようとして安易にドライバー等を突っ込んだりしてはいけません。）。

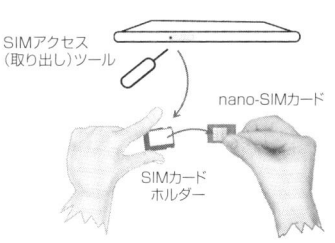

5　抽出したデータの解析

本体や外部記録媒体から抽出されたデータの解析を実施する際にも、状況判断、使用すべき手法、ツールの選定等を適切に行う必要があります。

揮発性情報の解析が必要な場合には**第２章4**「メモリ・フォレンジック」の項等の留意事項を踏まえ、リスク管理を行いながら実施します。

抽出したデータの解析に当たっては、モバイル端末においても、まず最初に可能な限りウイルスチェックを実施します。

特に、マルウェアに感染している、不正アクセスを受けた、他人からの遠隔操作を受けているなどの申告がある場合には、ウイルス等の感染の有無や

不正アクセスの痕跡がないかなどの確認は必須です。

また、マルウェアの存在が確認され、その解析に入る場合には高度な技術が必要となりますので、このような状況が検出された場合には、早期に専門家に連絡するようにします。

その他、一般的な手順、留意点は次のとおりです。

○　抽出データの可視化・可読化

一般的なツールでもある程度は見やすいレポートを作成することが可能ですが、電話帳やメールアドレス、SNSの発言等の量が膨大になっているなどの場合には、データベース化して検索したり時系列に従って整理するために、データベースソフトの利用が必要となる場合もあります。

○　削除データの復元等

被疑者等が意図的にファイルやデータを削除していたり、パスワードロックを行っているような場合にも、これらを復元・解除したり、消去情報の痕跡を見出せる場合があります。（⇨**第8章3**「高度な解析手法」）。

このような場合には、本体からのデータ抽出だけにとらわれることなく、関連するパソコンの中の電子証明書やバックアップファイル、キャッシュファイル等の情報についても必要に応じて収集するようにします。

第5章
他の電子機器におけるデジタル・フォレンジック

　これまで、パソコン、ネットワーク・サービス、モバイル機器と説明をしてきました。紹介してきたこれらの電子機器を構成する技術は、その範疇を超えて様々な所で活用されています。

　これは同時に、様々な電子機器が世の中に存在することを示しており、その中には、ネットワークに接続して使用することができる製品も少なくありません。

　また、各種電子機器の機能を支えているメモリの技術も、機器内部の記憶素子として存在するものにとどまらず、記録媒体としてのメモリも随所で使用され、さらにメモリ技術を活かしたICカードも広く使われています。

　本章では、世の中で使用される様々な電子機器とメモリ技術を活用したデバイス等に焦点を当て、デジタル・フォレンジックの観点から話を進めてみたいと思います。

1　電子機器に記録される情報

(1)　様々な機器に記録される情報

　現代の社会では、これまで紹介してきたパソコン、スマートフォン、携帯電話機以外にも、多種多様な電子機器が使用されています。

　例えば、テレビやカメラなどの映像・画像機器は今やほとんどがデジタル化され、これらのデジタル情報が電磁的記録としてSDメモリカード等の媒体に簡単に保存できるようになりました。また、この電磁的記録がインターネットに接続されることで瞬時に世界中の人が閲覧できるようになるなど、記録・伝

送される情報も多様化が進んでいます。

ア　デジタルカメラ

　デジタルカメラで撮影した写真や動画は、本体に内蔵するフラッシュメモリや本体に装着するSDメモリカード等の電磁的記録媒体に記録することができます。

　デジタルカメラで撮影された写真ファイルには、通常、Exif（Exchangeable image file format）と呼ばれる、撮影日時、撮影したカメラの機種、撮影時の条件（シャッタースピードやF値、ISO感度等）等の情報が併せて記録されています。

　また、デジタルカメラにGPS（Global Positioning System）機能が付加されている場合には、緯度・経度などの位置情報もExifに記録することができます。

　したがって、GPS機能付きのデジタルカメラで撮影した写真をインターネット上のブログなどにそのまま貼り付けてしまうと、撮影日時・撮影条件等の情報のほか、位置情報（撮影場所）までをもオープンにしてしまうことになります。

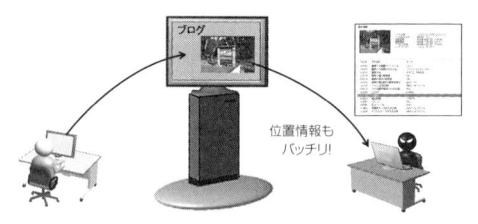

　なお、Exifは、エクスプローラのプロパティで表示させることが可能なので、このプロパティ上でこれらの情報を全て削除できればよいのですが、撮影日時、位置情報等はこの方法では消去できないため、必要に応じて別途専用のソフトを使用するなどして削除するようにします。

イ　防犯カメラ・レコーダー

　防犯カメラで撮影した映像は、ビデオテープ、ハードディスク、フラッシュメモリ等の電磁的記録媒体に記録され、標準的な映像方式で記録するもの、コマ撮り画像と録画時刻を記録するタイムラプスビデオ方式（既に生産終了）のもの、映像監視システムで記録するもの等があります。

　従来のアナログ方式もまだ利用されていますが、最近のものはデジタル方式で記録されるものが多くなっています。その圧縮方式の種類により再生映像の画質や記録時間が異なり、MPEG-4やH.264、モーションJPEG方式等が

利用されています。

記録された映像は防犯カメラに附属する専用の再生ソフトでなければ再生できない場合もありますので、デジタル・フォレンジックの観点では、対象の防犯カメラの映像を再生するために必要なソフトや機材があれば、それらも併せて提出してもらう必要があります。

また、映像監視システムから映像を抽出する際には、録画装置に適した手法を用いないと、画質を劣化させてしまうこともありますので注意が必要です。

ウ　HDDレコーダー

民生用のHDDレコーダーでは、本体に内蔵されているハードディスクのほか、DVDやBlu-ray等の録画用ディスク、USB接続した外付けハードディスク等にもテレビ映像等を記録することが可能ですが、デジタル記録は複写しても劣化しないため、著作権保護等の観点から複写を禁止したり複写回数を制限したりするコピーコントロール機能が付されています。

例えば、「ダビング10」と呼ばれる機能は、地上デジタルチューナー付きHDDレコーダーのハードディスクに録画した地上デジタル放送の番組（デジタル記録）が、9回までコピー可能で、10回目は「移動」となり複写元のデジタル記録が消去されるものです。

そのほか、「コピー・ワンス」、「コピー・ネバー」等のコピーガードが施されているものがありますが、HDDレコーダーの記録にはこのような複写制限がかかっていることが多いので、取り扱う際には注意が必要です。

また、外付けハードディスクへの記録は、そのハードディスクを初期化した機器に限って使用可能であることが多いため、そのような場合、他の機器では再生等ができないことにも留意します。

エ　ゲーム機その他の電子機器

最近の家庭用ゲーム機では、インターネット回線や無線LANを介してア

クセスするコンテンツが数多く提供されていることに加え、ブラウザを利用してインターネット上のWebページの閲覧が可能なものも増えており、これらのゲーム機本体にはインターネットの接続・閲覧記録等のデータが残されていることがあります。

また、最近はスマートフォンやタブレットの普及により、若干影が薄くなってきてはいますが、携帯情報端末であるPDA（Personal Digital Assistant）や小型のカーナビであるPND（Portable/Personal Navigation Device）等もまだ多く利用されています。

このほかの電子機器においても、本体にフラッシュメモリ、ハードディスク等の電磁的記録媒体が内蔵されている機器や、電磁的記録媒体が装着可能な機器は数多くあります。これらの機器についても様々な情報が記録されていますが、記録方式やフォーマットなどが規格化されていないものの場合も多いため、読み出しに当たってはメーカーの技術情報を参照するなどして対応します。

(2) 様々な電子機器のデジタル・フォレンジック

ゲーム機やPDA、PNDその他の電子機器に搭載されるOSは、Windows（Windows CE）やLinuxをベースにしたもの、Android等のほか、機器独自OSなどがあり、保存される情報の種類やそれらが保存される場所も様々です。

そのため、これらの電子機器の調査に当たっては、それぞれの電子機器で使用されているOSに関する知識はもとより、接続インターフェースや装着可能な電磁的記録媒体等のハードウェアに関する知識が必要です。

さらに、インターネット接続機能、無線LAN接続機能、GPS機能等の有無や、それらの機能の使用履歴その他保存される情報の種類、保存方法、保存場所などに関する知識も不可欠です。

このようなことから、パソコンやスマートフォン、携帯電話機だけでなく、それ以外の他の様々な電子機器に対しても事案発生時に的確な調査を行うためには、上記のような機器の諸元や証拠保全の方法等をあ

第 5 章　他の電子機器におけるデジタル・フォレンジック　157

らかじめ調べて備えておくことが望まれます。

2　デジタル複合機（MFP）

　デジタル複合機は、ファクシミリ、プリンタ、スキャナ、コピーの機能（全て、又はそのうちのいくつかの機能）を有するもので、最近では、読み取ったデータを電子メールとして送信したり、外出先のスマートフォンやタブレット等との間でクラウドサービスを経由してファクシミリの送受信を行ったり、受信したデータを印字したりすることが可能な製品もあります。

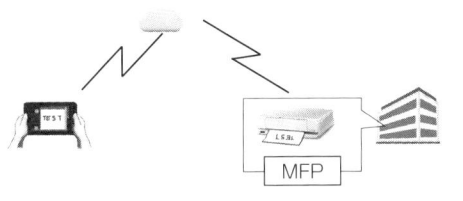

　デジタル複合機は、単に「複合機」とされる場合のほか、MFD（Multi Function Device）やMFPと呼ばれることもあります。MFPは、Multi Function Printer（多機能プリンタ）やMulti Function Peripheral（多機能周辺機器）、Multi Function Product（多機能製品）の略称といわれています。

　PDFやTIFF等、種々の画像フォーマットに対応しており、USBメモリ等の記録媒体にデータを複写して、機器の外部に取り出すことが可能なものもあります。

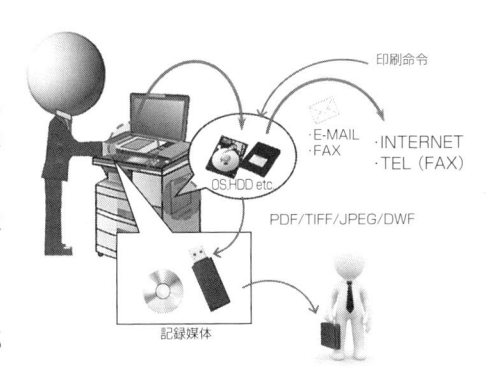

(1)　複合機利用に対するセキュリティ上の脅威

　複合機には記録機能が備わっており、スキャンしたデータ、受信した

FAXのデータ、プリントアウト用のデータ等が蓄積されています。

数百GB〜数TB程度のハードディスクを有するものが多いようですが、最近の機種にはSSDを備えているものもあります。

また、ネットワーク越しに遠隔監視や管理等を行うため、EWS（Embedded Web Server）と呼ばれる簡易的なウェブサーバを備えているものが増えてきていますが、その脆弱性を狙った攻撃により、複合機の中のデータが窃取されたり、攻撃の踏み台として悪用されたりするなどの被害が懸念されるようになってきています。

実際に、初期設定の不備により、ハードディスク内のデータが外部からネットワーク越しに丸見えになるインシデントも発生しています。

また、ネットワークや電磁的記録媒体等機器のセキュリティに起因するものだけでなく、原稿や印刷文書の置き忘れ、盗み見等による人為的な情報流出も情報セキュリティ上の留意事項として挙げられます。

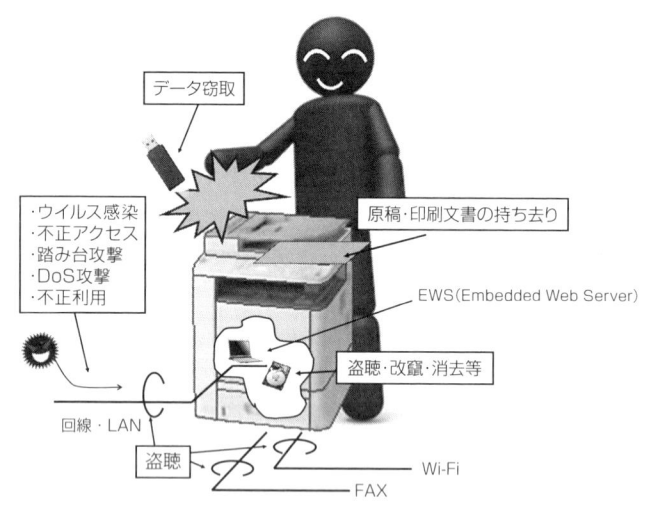

図5−1　複合機利用に対するセキュリティ上の脅威

(2)　複合機のセキュリティ対策

複合機のセキュリティに関する規格であるIEEE 2600（IEEE P2600.1〜P2600.4）は、複合機の主要ベンダー等が中心となって策定されたものであり、ISO/IEC 15408（情報技術セキュリティ評価基準）に基づくコモンクラ

イテリア（CC: Common Criteria）認証取得に関するセキュリティ要件をまとめた「プロテクション・プロファイル（PP: Protection Profile）」といわれる文書です。

　複合機に記録されている情報に対しては、前述したようにファイアウォール等の設定が適切に行われていなかったり、複合機のソフトウェアが適切に更新されていなければ、不正アクセス等の被害が発生するおそれがあります。ただし、最近の機種ではネットワークやHDD等における暗号化、認証機能等を備えていますので、不正アクセスがあったりHDDが盗まれたからといって、直ちにデータが読み出される、というわけでは必ずしもありません。

　また、監査や捜査のために複合機内に記録されているログ（通信履歴や処理・操作履歴等）を調べたい場合には、複合機に接続した管理・保守端末から、ログ管理用ソフトウェア（複合機ベンダーのユーティリティ）等を用いて抽出し表示することができます。

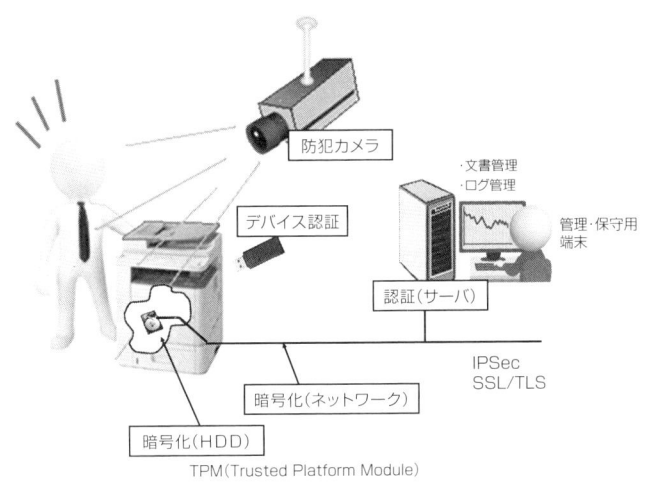

図５－２　複合機のセキュリティ対策

　このほか、このような管理・保守端末やソフトウェアには、通常、エラー発生時や故障時の原因追究のための検索機能や外部記録媒体へのエクスポート（転送）機能などがあります。また、複合機ベンダーや情報セキュリティベンダーなどが、複合機利用時の操作内容、画像データ、ジョブ等をLAN

No	ジョブタイプ	ファイル名	ユーザ名	日付・時刻	印刷枚数	部数
1	コピー	名簿.xls	User001	2014/12/12 12:34:56	50	1
2	ファクシミリ	注文票.doc	User002	2014/12/12 12:34:57	4	1
3	プリンタ	報告書.doc	User003	2014/12/12 12:35:00	3	5
4	スキャン	カタログ.pdf	User004	2014/12/12 12:36:00	20	1

経由で蓄積・記録するサービスをソリューションとして提供している場合もありますので、複合機の利用状況等を確認するに当たっては、これらの機能やサービスを利用することが可能です。

3 ナビゲーションシステム

(1) カーナビゲーションシステム

　カーナビゲーションシステムは、自動車で走行する際に現在の位置や設定した目的地までの経路探索、案内等を装置画面上での表示や音声で行う機能（カーナビゲーション）を有する電子機器で、「カーナビ」と略されます。

　国内のマーケットでは、新車に標準装備として搭載されることも多いのですが、車上荒らしが多発している国などでは、取り外しができる製品の方が主流のようです。

　製品の中には、Blu-ray DiskやCD/DVDなどの音楽・映像用メディアプレーヤーと一体化しているものも多く、また基本機能としての現在地表示、経路案内等のほか、VICS（Vehicle Information and Communication System：道路交通情報通信システム）のサービスである、FM多重放送や光・電波ビーコンから目的地の天候状況や経路上の詳細な交通渋滞・道路環境状況等を受信する機能、あるいは事故等の緊急事態が発生した際に現在位置や走行軌跡

データを自動的に緊急通報サービス会社に通報するHELPNET等の「メーデーシステム」を実装したものなどがあり、多機能化・高性能化が進んでいます。

また、カーナビゲーション機能を有する機器には、自動車に搭載するタイプ（車載用）のものだけではなく、車外に持ち出しての使用を想定したポータブルタイプ（PND：Portable Navigation Device）、スマートフォン等のモバイル機器におけるアプリ（ナビアプリ）等があり、様々な機器や環境でカーナビゲーションシステムの機能を利用することができますが、ここでは自動車に搭載するタイプに限定して説明します。

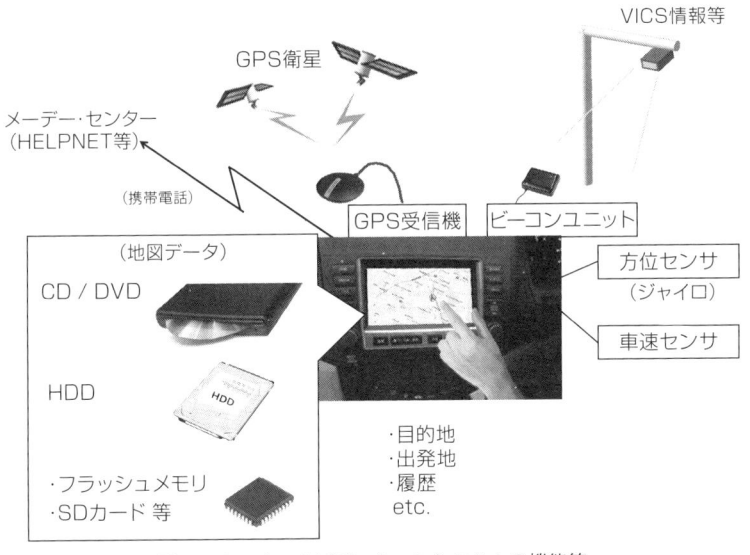

図5－3　カーナビゲーションシステムの機能等

ア　カーナビゲーションシステムの種類

カーナビゲーションシステムは、地図データの格納媒体の違いにより、次のように分類されます。

- CD（DVD）ナビ
- HDDナビ
- メモリナビ

このうち「メモリナビ」の記録媒体には、フラッシュメモリやSDメモリ

カードが用いられています。

メモリに記録されているデータからは様々な情報が得られますが、記憶容量に限度があるため、数日前の走行履歴であっても、その間に長距離走行している場合等は古い走行履歴が上書きにより残っていないこともあります。

イ　デジタコ（デジタルタコグラフ）

　デジタコとは、運行記録計の一種で、運輸・物流業界等の車両に搭載され、イベントレコーダやドライブレコーダ機能を有する製品もあります。

　運行記録、動態情報等をメモリカード等に記録したり、その情報を運行管理センター等に伝送するなどにより運行・運転管理に用いられています。この「デジタル式運行記録計」に関する技術基準には、「道路運送車両の保安基準の細目を定める告示」があります。

　映像・音声を記録するドライブレコーダ（ドラレコ）と連動させて運行管理等を行っている場合には、そのドライブレコーダのSDHCメモリカード等に記録されたデータを抽出・解析することも可能ですが、独自フォーマットで記録されていたり、パスワード等で保護されている場合もあるため、管理者等の協力を得ることが必要となります。

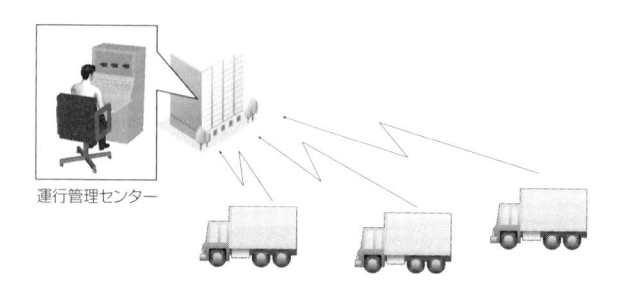

運行管理センター

(2)　航海情報記録装置（VDR：Voyage Data Recorder）

　SOLAS条約（国際海事機関（IMO）による「海上における人命の安全のための国際条約（The International Convention for the Safety of Life at Sea)」）では、船舶の種類や大きさにもよりますが、航海の安全を確保するための各種機器の搭載が義務付けられています。

　AIS（Automatic Identification System：船舶自動識別装置）は、船名や船種、位置や進路等の情報を、VHF無線を使用して他の船や陸上局に周期

第5章 他の電子機器におけるデジタル・フォレンジック　163

```
      GPS/GLONASS
                      データカプセル    VOYAGE DATA RECORDER
                                      DO NOT OPEN
        衛星航法装置                     REPORT TO AUTHORITIES

  AIS(Automatic Identification System)
        船舶自動識別装置
                                              VDR
                                              メイン
                                              ユニット
                              各種センサ等
              VDR(Voyage Data Recorder)
                      航海情報記録装置
```

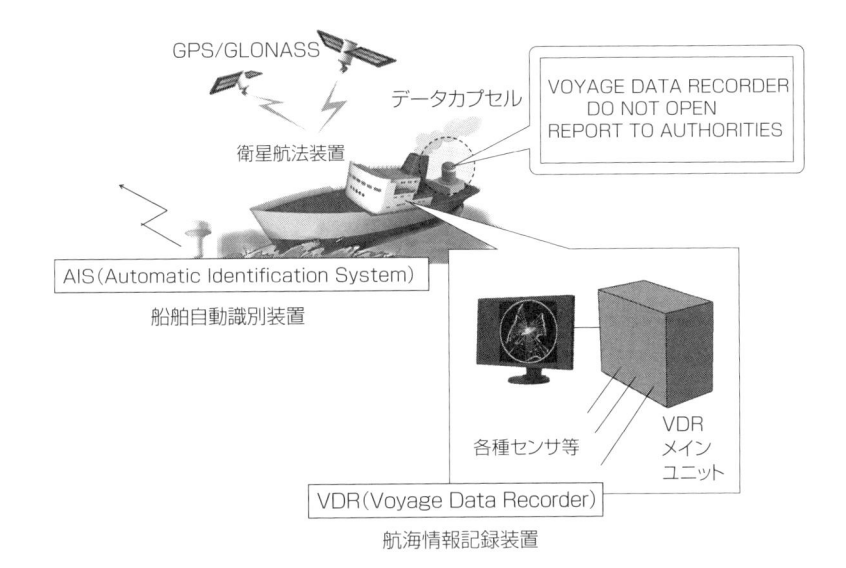

的に送信し、他の船の情報を表示するシステムです。

またECDIS（Electronic Chart Display & Information System：電子海図情報表示システム）は、海のナビゲーションシステムに相当するものです。

航海情報記録装置（VDR）は、大型（3,000トン以上）の貨物船等に搭載される記録装置です。船舶の位置、速力、船首方位や水深、風速・風向、各種警報や音声、レーダーのデータ等、種々のデータを収集・記録しており、万一、海難事故が発生した際の原因究明等に用いられます。

これらのデータは、最短でも12時間分のデータが固定式記録媒体（データカプセル）や自己浮揚式記録媒体に記録されます。センサの接続状況等にもよりますが、数GB～数十GBの容量となり、衝突事故発生時の航跡再現等に利用されます。

なお、VDRに関する規格は、IEC61996「Maritime navigation and radiocommunication equipment and systems - Shipborne voyage data recorder (VDR)」として国際標準化されています。

(3) ブラックボックス（航空機）

航空機のコックピット内の会話等を記録するいわゆるボイスレコーダ（CVR：Cockpit Voice Recorder）と、高度や速度等の飛行データを記録

するFDR（Flight Data Recorder）の総称で、墜落時のショック・爆発時の高温に耐え、海中に没した際には水深6,000m相当の水圧に耐える材質でデータが記録されたSSD等を保護しています。

また、事故後のブラックボックスの位置を探査するため、水中音響ビーコンを備えていて、内部電池により30日以上作動することが仕様上求められています。

航空機事故が発生した際の事故原因の究明等に活用されます。

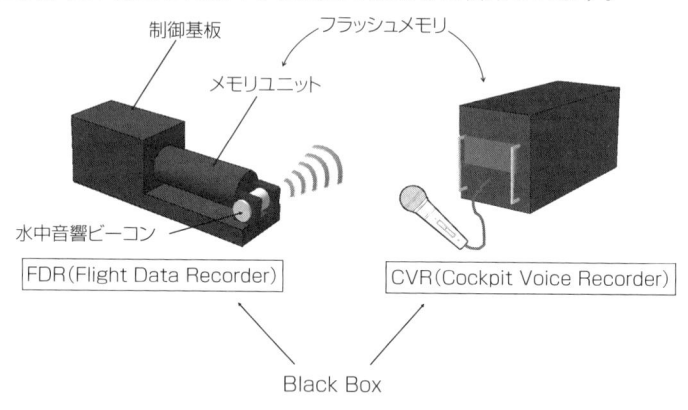

4 メモリカード

(1) 特　徴

パソコン、スマートフォン等の電子機器においては、音声や写真等の多様な情報を記録する媒体として、SDメモリカードやマルチメディアカード（MMC）等、様々なメモリカードが利用されています。

昔（初期）のノートパソコンでは、SRAM（Static Random Access Memory）と呼ばれる半導体メモリを使用したメモリカードが使用されていましたが、このメモリは「揮発性」、すなわち電源を供給しなければ記録された情報が消滅するタイプだったので、カード内にバックアップ用のボタン電池が内蔵されていました。

その後、同じ大きさのカード型でメモリを不揮発性のフラッシュメモリにしたPCカードと総称されるものや、更に薄く小型化したCF（コンパクトフラッシュ）カードへと進化してきました。

第5章　他の電子機器におけるデジタル・フォレンジック　　165

　フラッシュメモリを利用しているものとしては、現在では、各種のSDメモリカードのほか、USBメモリやHDDの代わりに利用されることが多くなったSSD（Solid State Drive）などがあります。
　フラッシュメモリは、電源を供給しなくても情報を保持し続けることができるという特徴があります。また、初期状態である「1」の記憶情報を「0」に書き換えることは1バイト単位でも可能ですが、「0」の記憶情報を「1」に戻す（消去する）ためには、数キロから数十キロバイトのブロック単位でまとめて行う必要があります。
　この記憶状態の遷移（消去）には、物理的な劣化を伴うことから回数の上限があり、データの書き換えは数万回から数百万回が限度であるといわれているほか、書き換えをほとんど行わない場合でも、記憶保持の期間は数十年が限界とされています。もっとも、CD-RやDVD-Rなども、記憶保持の期間は十年から百年とされていますので、これらの媒体に長期にわたりデータを保管する際には注意が必要です。

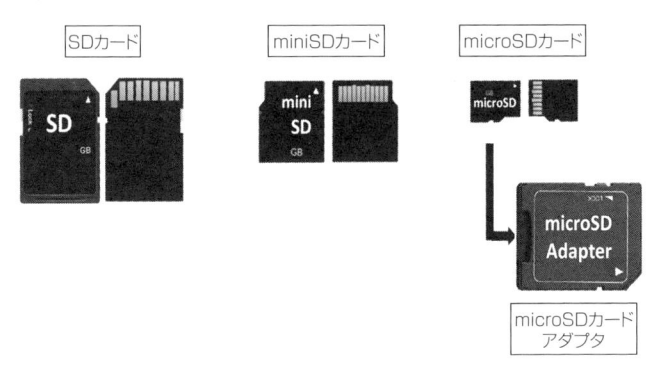

図5－4　SDカードの種類

　SDメモリカードにもminiSDカードやmicroSDカード等、大きさの異なるものがありますが、microSDカードを格納してSDメモリカードと同じように取り扱うことが可能なアダプタもあります。また、このアダプタに付いている書き込み禁止スイッチをLock側にすることにより、SDメモリカードと同様にmicroSDカードへのデータ書き込みを防止することができます。

(2)　**取扱い**
　メモリカードは、ハードディスクとは異なり機械的な駆動部品がないた

め、落下等の衝撃には、ある程度の耐性があります。

しかし、薄型のメモリカードは折り曲がりやすく、例えばmicroSDカードは、指先の僅かな力でも破損することもあるため、スロットに挿入する場合には慎重に取り扱わなければなりません。

また、携帯電話機やスマートフォンの電池パックを装着する位置にメモリカードの装着口がある場合、メモリカードを確実に押し込まないと、スプリングによってメモリカードが押し戻されてしまいます。その場合、押し戻されたことに気付かずに、力任せに電池パックを装着すると、メモリカードを破断するということさえあり得ます。

(3) 種　類

メモリカードには、SDメモリカード、マルチメディアカード（MMC）、メモリスティック、スマートメディア、xDピクチャーカード等があります。

ここでは、主要なメモリカードの特徴や注意事項について説明します。

ア　SDメモリカード

SDメモリカードには、SD規格の範疇でありながら、最大記録容量が異なるSDHC（SD High Capacity）メモリカードやSDXC（SD eXtended Capacity）メモリカードがあり、これらはファイルシステムにも違いがあります。

種　別	ファイルシステム	最大記憶容量
SDメモリカード	FAT16 （一部FAT12あり）	2GB
SDHCメモリカード	FAT32	32GB
SDXCメモリカード	exFAT	2TB

表5-5　メモリカードのファイルシステムと最大記憶容量

SDメモリカード、SDHCメモリカード及びSDXCメモリカードには、データの書き込みや保存されたデータの変更、削除を防止するための書き込み禁止スイッチ（Lockスイッチ）が側面にあります。

データの抽出や複写等の作業を行う際には、基本的に書き込み禁止スイッチをONにして、データの書き込みや変更、削除が発生しないように措置をした上で取り扱う必要があります。

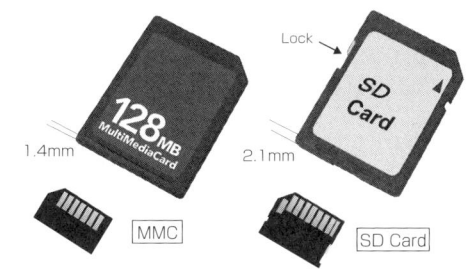

第5章　他の電子機器におけるデジタル・フォレンジック　　167

イ　マルチメディアカード

　マルチメディアカード（MMC）の歴史はSDメモリカードより古く、1997年に発表されました。

　マルチメディアカードの大きさは、縦32㎜、横24㎜、厚さ1.4㎜であり、その後発売されたSDメモリカードは、縦、横がマルチメディアカードと同サイズで、厚さが2.1㎜になっています。

　また、信号線は、マルチメディアカードが7本であるのに対して、SDメモリカードは、その7本の両側に2本を加えた9本となっています。

　したがって、物理的には、SDメモリカードリーダにマルチメディアカードを挿入し、データを読み書きすることができるようになっています。

図5-6　マルチメディアカードとSDメモリカード

　逆に、SDメモリカードをマルチメディアカードリーダに挿入してデータを読み書きすることはできません。

　また、マルチメディアカードはSDメモリカードと形状が似ているものの、SDメモリカードのような書き込み禁止スイッチがありませんので、マルチメディアカードを取り扱う場合には、マルチメディアカードリーダ側で書き込み禁止措置をするなどの対応が必要になります。

ウ　メモリスティック

　ソニー等が開発し、PSP等のゲーム機等にも利用されるメモリスティックには、形状や最大記憶容量、データ転送速度の異なる規格が存在します。

　例えば、メモリスティックがファイルシステムとしてFAT16を採用しているのに対し、ファイルシステムに

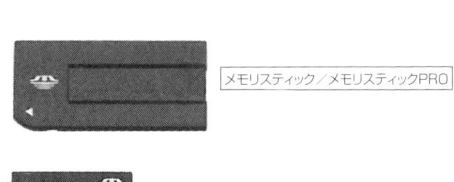

図5-7　メモリスティックの種類

FAT32を採用し最大記憶容量を大きくしたメモリスティックPROや、メモリスティックPROを小型化したメモリスティックマイクロなどがあります。

また、ファイルシステムにexFATを採用し、最大記録容量を更に大きくしたメモリスティックXC（大きさはDuo型）やそれを小型化したメモリスティックXCマイクロなどもあります。

さらに、メモリスティックPRO及びメモリスティックXCのデータ転送速度が20MB/sであるのに対し、これを高速化（60MB/s）したメモリスティックPRO-HG、メモリスティックXC-HGもあります。

メモリスティックのファイルシステムと最大記録容量をまとめると表5－8のようになります。

種　別	ファイルシステム	最大記憶容量
メモリスティック	FAT16	2GB（2GBの製品はなし）
メモリスティックPRO	FAT32	32GB
メモリスティックXC	exFAT	2TB

表5－8　メモリスティックのファイルシステムと最大記憶容量

エ　スマートメディア

スマートメディアは他のメモリカードと異なり、メモリチップへのデータ保存を管理する制御回路を内部に持たないため、厚さ0.76mmという薄さを実現しています。

しかし、その薄さゆえ、スマートメディアリーダと通信をする金属端子部分がむき出しになっているので、取扱いには注意が必要です。

この金属端子部分は比較的大きいため、素手でスマートメディアに触った場合、電気信号をやり取りする金属端子に油脂が付着するなどして接触不良を起こし、データの読み書きができなくなるおそれがあります。

また、スマートメディア自体が非常に柔らかいため、指先の僅かな力でもメディア自体が破損するおそれもあります。

したがって、スマートメディアを取り扱う場合には、静電防止手袋等を使用するなどして慎重に取り扱い、持ち運ぶ際にも硬いケースに入れるようにします。

オ　xDピクチャーカード

　xDピクチャーカードは、スマートメディアの後継として、サイズをより小さく、記録容量をより大きくした記録媒体として発売されました。

　xDピクチャーカード自体は、スマートメディアより頑丈に作られていますので、スマートメディアと比べて破損しにくくはなっています。

　しかし、xDピクチャーカードの裏面は、金属端子部分がむき出しになっているため、取扱いにはやはり注意が必要です。

　素手でカードに触った場合、端子に油脂が付着するなどして接触不良を起こし、データの読み書きができなくなるおそれがありますので、取り扱う場合には静電防止手袋等を使用するようにします。

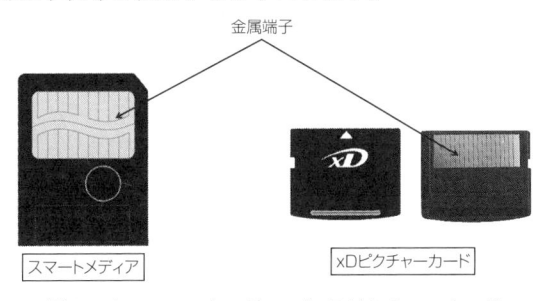

図5-9　スマートメディアとxDピクチャーカード

5　ICカード

(1) 特　徴

　「年会費無料のクレジットカード」や「入会すると、割引やキャッシュバック等の特典を受けられるクレジットカード」等の勧誘に負け、財布の中がカードでパンパンになっているのは私だけでしょうか。

　そのクレジットカードを見ると、プラスチックカードの表面に金色の端子が付いているものがあります。これは、店舗等での支払い時に店側のクレジットカードリーダと接触し情報の送受を行う「IC（集積回路）チップモジュール」の接点です。

　このようなICチップモジュールの接点が表出しているカードは、接触型

ICカードと呼ばれていますが、カード自体の素材がプラスチックなので、「プラスチックカード」の一種ともいえます。

プラスチックカードには、ICカード以外にもバーコードカードや磁気ストライプカードなどがありますが、データの記録形式やその送受方法はそれぞれ異なります。

バーコードカードは、カードの表面にバーコードや二次元コードの一種であるQRコードが印字されており、簡易なIDカードとして利用されています。例えば、カードに印字されたバーコードをスーパーマーケットのレジにあるPOS（Point of Sales）システムのバーコード（QRコード）リーダで読み取って、ポイントを付与するなどの用途で利用されます。

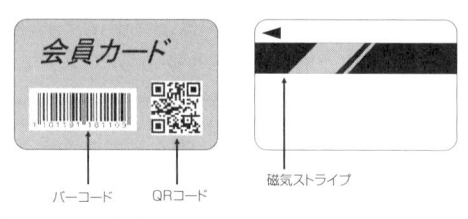

キャッシュカードや社員証等に多く用いられてきた磁気ストライプカードは、カード表面に情報を記録した磁気ストライプを貼り付け、その情報により、ATM（Automated Teller Machine）における自動出納や入退室管理等に利用するものです。無線を用いて情報をやり取りするRFID（Radio Frequency IDentifier）タグ（無線タグ）を埋め込み、併用するタイプもあります。

バーコードは、JAN（Japan Article Number）コードが、日本におけるバーコードシンボルとして多く使われています。また、日本の企業が開発したQRコードやマイクロQRコードは、先にJIS X 0510が制定され、その後ISO/IEC 18004として国際標準化が図られています。

磁気ストライプカードの国際規格としては、ISO/IEC 7810〜7813、4909、ISO 8583があります。国内では、JIS X 6301、6302として標準化が行われています。

しかし、これらのカードには記録可能な情報量の制約があり、また、記録情報が不正に読み取られるおそれがあるなどの理由から、近年ではこれらの課題を解決すべく、記録情報量の拡大とセキュリティの向上が可能なICチップを組み込んだICカードが登場し、普及してきています。

ICカードでは、ICチップを使うことにより、磁気ストライプカードよりも多くの情報の記録や制御・演算が可能となるだけでなく、暗号化によるセキュリティの向上が可能となり、偽造防止にも役立てられています。

(2) 種 類

ICカードは、情報を送受する方式の違いによって「接触型」と「非接触型」に分けることができます。

ア　接触型ICカード

接触型ICカードは、住民基本台帳カード、クレジットカード等で利用されており、ICカードの表面に金色の端子が露出しています（住民基本台帳カードの物理インターフェースは、非接触（ISO/IEC 14443 Type B）を基本とし、接触型（ISO/IEC 7816）との共用も可とされています。）。

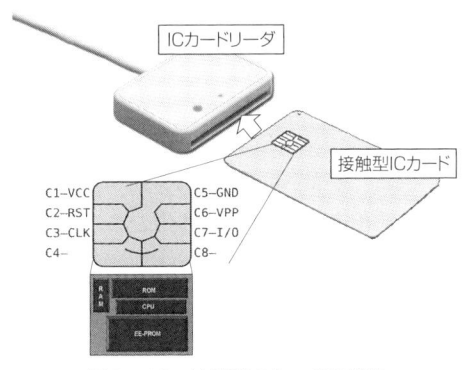

図5-10　接触型ICカードの構造

接触型ICカードでは、ICカードの表面にある端子とICカードリーダの端子とが直接接触して通信を行うとともに、カードに組み込まれたICチップに必要な電力の供給を受ける仕組みになっています。

接触型ICカードの構造例は、図5-10のとおりです。

なお、携帯電話等で利用されるSIMカードも、ISO/IEC 7816 で規定される接触型のICカードです（大きさではmicro-SIMやnano-SIMのような、より小型なものもあります。また、NFC（Near Field Communication）と呼ばれる無線通信機能を内蔵するものもあります。）。

イ　非接触型ICカード

非接触型ICカードにはいくつかの規格があります。

日本国内では、自動車運転免許証やパスポート、在留カード等に使われているもの（規格はISO/IEC 14443 Type B）のほか、TASPO（タバコ購入用成人認証カード）やPayPassで使われているISO/IEC 14443 Type A、さ

らにはSuica、PASMO等の交通系カードや、nanaco、WAON、Edy等の電子マネーで利用されるFeliCa型（ISO/IEC 18092）が代表的なものです。また、このFeliCaチップを携帯電話等に埋め込んだ「おサイフケータイ」、「モバイルSuica」等の利用も進んでいます。

また、上記の3つの規格は同じ無線周波数（13.56MHz）を利用しているものの、相互の互換性がないことから、これらの規格を包含するNFC IP-2（NFC Interface Protocol-2）が、ISO/IEC 21481として国際標準化されています。

非接触型ICカードでは、表面に接触型ICカードのような金色の端子が見当たりません。カード内に内蔵されたループコイル型のアンテナで誘導される微弱電波を介してICカードリーダ端末等と通信を行います。

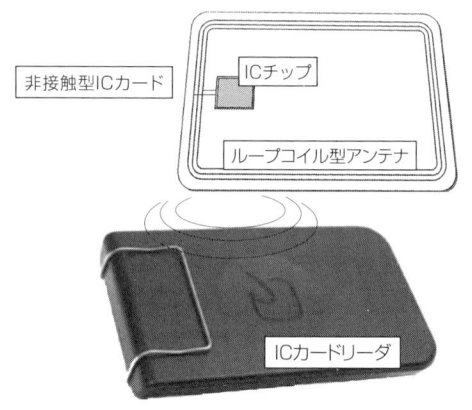

図5-11　非接触型ICカードの構造

なお、無線周波数は、13.56MHz以外にも到達距離等に応じて443MHz、900MHz帯、2.45GHz等が利用されており、中には通信用の電池を内蔵するタイプもあります（ISO/IEC 18000で規定）。

(3) ICカードに記録される情報

ICカードには、用途に応じて多種多様な情報が記録されています。

例えば、JR東日本の「ICカード乗車券取扱規則」によると、同社のSuicaでは、電子マネーシステムとしての利用履歴に、乗車・精算・乗車券類等との引換えを行った月日、取扱箇所、取扱い後の残額、有効区間、チャージの取扱月日、商品購入等の取扱月日等が記録されています。また、26週間以内の履歴のうち、直近20件については、自動券売機等で確認可能となっています。

セブンイレブン等で利用可能な電子マネーであるnanacoは、カードの利用日時、チャージ額、支払い額、ポイント対象額、ポイント加算額、利用店舗等について、過去3か月以内の履歴がnanacoウェブサイトから確認可能

また、これらの記録は、カードリーダを用意しパソコンと接続してSFCard Viewer（Suicaの履歴確認用ソフトウェア）のようなソフトウェアをインストールすることにより確認することも可能ですし、NFC（Near Field Communication）規格対応のスマートフォンに専用アプリを入れ、カードをかざすことによっても確認が可能です。

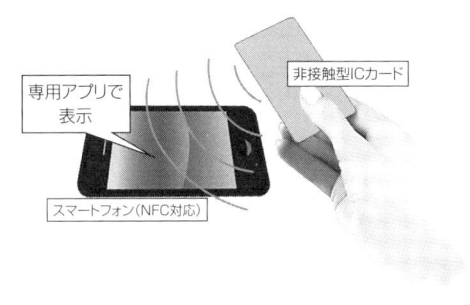

なお、これらの履歴情報は、それぞれの運営事業者側にも残されているため、カード内に記録されている以上の情報が必要な場合には、運営事業者等の協力を得て調査を行うこともできます。

(4) ICカードの取扱い

ICカードには、様々な制御や演算を行いデータを記録するためのCPUやメモリがICチップとして組み込まれていますが、カードを曲げたり、強い衝撃、強い電磁気を与えると破損しますので、慎重に取り扱う必要があります。

接触型ICカードの場合には、ICカードの表面にICチップモジュールに接続された端子が露出していますので、端子部分が汚れるとICカードリーダとの接触が悪くなり、データ送受の妨げになりますし、導電体に付着したごみや粒子などが接点間をふさいで短絡させてしまうおそれもあります。また、ICカードを曲げたり擦ったりすると、ICチップモジュールが割れたり剥がれたりすることもあります。

非接触型ICカードの場合には、内部にICチップモジュールだけでなく、アンテナも内蔵されていますので、衝撃や折り曲げによりアンテナ線が切れたり、アンテナ線とICチップの接続部分が剥がれたりするおそれがありますので、丁寧に取り扱うようにします。

6 無線タグ

(1) 特徴と種類

　無線タグは、無線通信でやり取りできるID情報を埋め込んだタグのことをいい、前節で説明した非接触型IDカードにも使われているRFID（Radio Frequency IDentifier）技術が用いられています。工業製品や家畜にこのタグを付けることにより、これらを自動的に認識・識別し、生産や流通等の業務の効率化を図ることが可能となるものです。人間の入退室管理やマラソン大会の計時用などにも利用されており、無線周波数等は国際規格（ISO/IEC 18000）で規定されています。

　基本的な構造としては、非接触型のICカードと同様、ICチップとコイル式アンテナで構成されていますが、コイン型、円筒型、ラベル型等形状は様々です。

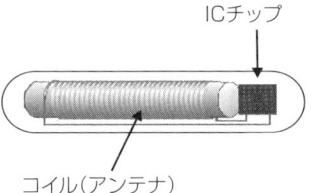

図5−12　円筒型マイクロチップの構造

　通信距離は使用する通信方式や周波数によって異なります。電池の不要なパッシブ型では数十cmですが、電池を内蔵するアクティブ型では数m以上（UHF帯の電波を使用するものの中には数百m到達可能なものもあります。）の通信が可能です。

周波数帯	周波数
長波	～135 kHz
短波	13.56 MHz
UHF	433 MHz
UHF	860-960 MHz
マイクロ波	2.45 GHz、5.8 GHz

図5−13　無線タグの使用周波数

(2) 動物識別への応用

　牛の耳に個体識別用のタグが付いているのを見たことがある人も多いと思います。このタグには番号やバーコードが書かれているだけのものもありますが、無線タグ機能を有している場合には、日常の所在確認のほか飼育歴などをデータベースで集中管

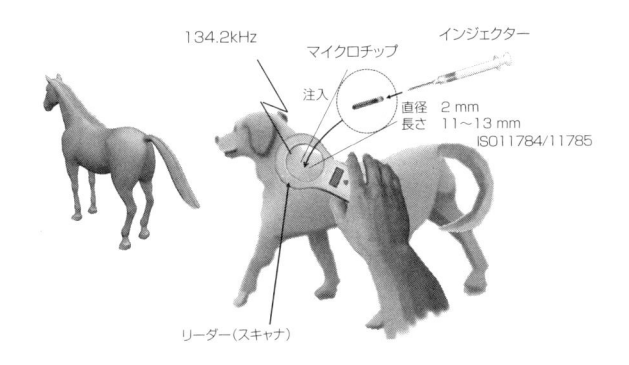

第5章　他の電子機器におけるデジタル・フォレンジック　　175

　　　　　　　　　　　　　　　134.2kHz　　インジェクター
　　　　　　　　　　　　　　　　　マイクロチップ
　　　　　　　　　　　　　　　注入
　　　　　　　　　　　　　　　　　　　　直径　2 mm
　　　　　　　　　　　　　　　　　　　　長さ　11～13 mm
　　　　　　　　　　　　　　　　　　　　　　ISO11784/11785

　　　　　　　　　　　　　　リーダー（スキャナ）

理しやすくなることなどの利点があります。

　動物識別用のタグには、このような耳に取り付けるタイプのほか、体内にインジェクターで注入するマイクロチップ型のものがあります。

　この体内に埋め込むタイプは、主としてペット動物の管理に活用されており、水分の多い体内組織においても安定した通信が可能となるように長波帯の無線を利用するものが多くなっています。また、マイクロチップに記録されている情報は、専用のゲート型やハンディ型のリーダー（スキャナ）を用いて読み取ることが可能です。

　この情報は、国際規格（ISO 11784/11785:動物用RFIDのコード体系／技術要件）で規定された15桁の数字で、最初の3桁はISO 3166で規定されている国・地域別コードを表します。日本の場合は、392です（中華人民共和国は156、台湾は158、香港は344、大韓民国は410、アメリカは840、ロシアは643等と規定されています。）。

　さらに、その後に続く12桁は、図5-14のように使われており、マイクロチップごとに一意の番号が割り振られています。

　日本の場合、海外から輸入されたペットや特定外来生物に指定されている動物などには平成17年までにマイクロチップの埋め込みが義務化されました。また、現時点では義務化されていない犬やねこ等のペットにも普及が進んでおり、飼い主から届出があれば、埋め込んだマイクロチップのIDとともに日本獣医師会のデータベースに登録されます。

　また、このデータベースは、これらの動物を保護した行政機関や動物病院での飼い主探し等に使用されています。

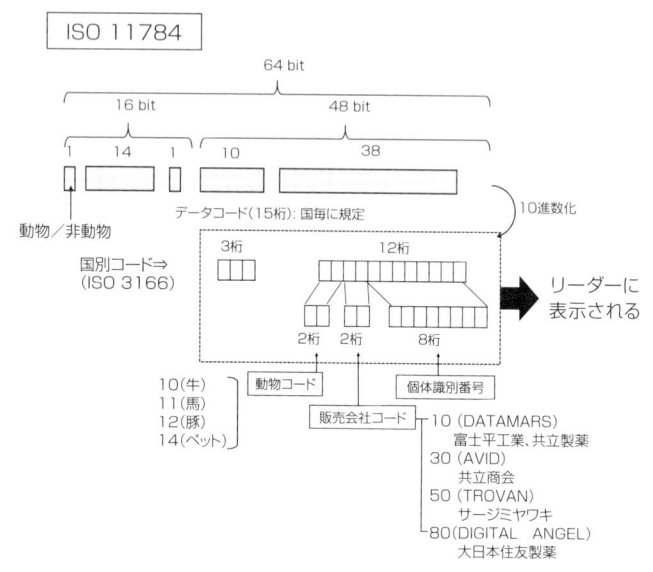

176　第1部　デジタル・フォレンジックの基礎

図5-14　動物用RFIDのコード体系

第1部のおわりに

　ここまで第1部では、デジタル情報の特性から始まり、電磁的記録の特徴について解説を進め、デジタル情報の証拠価値を失うことなく取り扱う方法や手続に関する「デジタル・フォレンジック（digital forensics）」の概念を説明してきました。

　電磁的記録を取り扱う上で、デジタル・フォレンジックを実践することの重要性について理解を深めていただくために、デジタル情報が利活用されている各種電子機器について、その特徴と取り扱う上での留意事項を具体的に挙げながら説明するとともに、ネットワーク技術とデジタル・フォレンジックの関係についても解説をしてきたところです。

　デジタル・フォレンジックでは、各種電子機器等に記録されているデジタル情報について、当該電磁的記録が意味している内容をあるがままに、さらに記録事実の示す範疇について過不足なく、かつ、何らの恣意的な行為や解釈を挟むことなく、明らかにするということが求められるものでした。

　その一方で、電磁的記録は、「複写」、「消去」、「改変」が容易であることから、デジタル・フォレンジックを実践する上では、「手続の正当性」、「解析の正確性」、「第三者検証性」が必要となることも、ご理解いただけたのではないかと思います。

　今後、電子機器やネットワーク機器、サイバー空間で展開される事象について、読者が取り扱う立場になったときに、本書で説明や解説をしてきた事柄が参考になれば幸いです。

第2部
デジタル・フォレンジックの実務

第2部のはじめに

　第2部は、デジタル・フォレンジックの実務面の留意事項を中心に記述するものです。

　第1部で説明しましたが、パソコンの中から証拠となるデータを抽出し、これを可視化・可読化することだけが「デジタル・フォレンジック」なのではありません。

　パソコンのハードディスクの中に残されているデータだけでは、犯罪や不正行為を立証し、あるいは事案・インシデントを解明するのに十分ではないことも多いのです。

　また、意図的に破壊されたパソコンを修復したり、消去されたファイルを復元する、パスワード保護がかけられているファイルを可視化する、ということが必要な場合もあり、コンピュータ・フォレンジックと呼ばれていますが、それらを加えても、まだデジタル・フォレンジックの全てというわけではありません。

　不正アクセス等、外部からのサイバー攻撃に対しては、システムの稼働状況やネットワーク接続状況等の情報をいち早く収集することにより的確に対処することが求められますが、ハードディスクの中には記録されない「揮発性情報」を収集するため、ライブ・フォレンジック、ネットワーク・フォレンジックと呼ばれるような手法による対処も必要となっています。

　また、パソコンだけでなく、タブレットやスマートフォン等のモバイル機器の解析（モバイル・フォレンジック）は、サイバー犯罪だけではなく、今やあらゆる犯罪や不正行為の解明に当たって必要不可欠の作業となってきています。

　しかも、それぞれのプラットフォームやファイルシステム等が異なるにもかかわらず、それぞれ膨大なアプリケーションプログラムの動作状況の解析等についても求められるようになってきています。

さらに、これらの機器をターゲットとしたマルウェアも増加しているため、その動作を解析・検証する必要も増加していますが、その際には、各種のプログラムを作成する能力等、高度な技術力も必要ですし、多くの時間・労力も必要です。
　また、「アンチ・フォレンジック」とも称される、解析作業を阻害するような暗号化・難読化等が施されているマルウェアが増加し、かつその手法も日々高度化されていることから、機械的な処理ではなく手作業での戦いが求められてもいます。

　このように、デジタル・フォレンジックを具現化する各プロセスにおいては、適宜適切な判断に基づく迅速な対処が必要とされていますが、そのためには、平素の周到な準備、あるいは証拠データの適切な保全・保管等を行うなど、手続や処理の正確性・透明性を担保することが重要です。

　日々、高度化・多様化するＩＴ技術やサービスに対応するため、デジタル・フォレンジックに関して確立された手法は存在していません。
　国際的な標準化も推進はされていますが、新たなサイバー攻撃やマルウェアが出現する都度、手法やツールにも改良・改善が加えられていますので、この第２部の記述がすぐに旧弊化することは避けられません。
　基本的な考え方、対処の一例として捉えていただき、さらなる創意工夫を御検討いただければ幸いです。

第6章

事前準備

　犯罪の現場も「デジタル化」が進んでいます。
　コンピュータやタブレット、スマートフォンが不正行為の道具として利用され、あるいは攻撃の標的となっています。
　デジタル化されたデータは容易に消去されたり、改竄(かいざん)を受けるおそれもあることから、適切な取扱いをしなければ、証拠としての真正性を損なうことになります。
　警察庁では、約20年前から、都道府県警察の第一線の捜査官も含めて、「デジタル証拠」の捜索・差押え等の実習を行っています。しかし、ふだんコンピュータの取扱いに習熟している捜査官であっても、多数のデジタル機器を前にすると、何を「捜索」し、何を「差押え」るべきか、さらにはどのようなことを「検証」すべきか、ということを的確に判断することは非常に困難なものです。
　同様に、民間企業の場合にあっても、情報漏洩(ろうえい)が発生したりサイバー攻撃を受けている場合には、証拠保全以外にも、業務継続計画（BCP：Business Continuity Plan）や災害復旧（DR：Disaster Recovery）等を考慮しつつ、インシデント対応（IR：Incident Response）を的確に実施する必要がありますが、その判断を行うために必要な情報がなかったり、データが消去・改竄を受けているなど、大変悩ましい局面での判断を迫られることも少なくありません。
　このような状況に陥ることがないよう、平素の情報セキュリティ対策の推進は不可欠ですが、実際に事案が発生した際に執るべき措置については、システムの整備・運用に従事する担当者のみならず、幹部・職員が事前に知識として理解しておくとともに、防火・防災訓練等と同様、実践的に体験することも重要です。
　本章では、警察活動におけるサイバー犯罪捜査やサイバー攻撃対策、企業

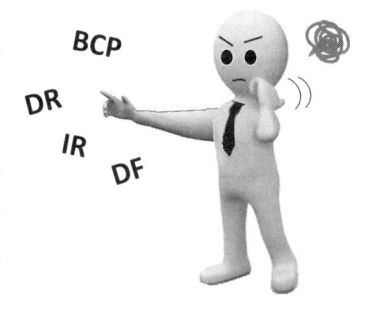

等におけるセキュリティインシデント対応等のいずれにも参考となるよう、様々な要素を織り込みながら、事案の推移とデジタル・フォレンジックの関係について説明します。

1 インシデントの発生

(1) 対処要領の事前策定

　まず、ここでは、企業の幹部やIT担当の方々ならいつかは経験するかもしれない事例、例えば「自社のシステムから顧客情報が流出したらしい」という連絡を受けた場合を想定してみましょう。

　もしもこの件が内部監査で発覚したとか、噂の段階であれば、まだ、この後の対処方法を関係者が集まって考える時間的余裕を少しは持つことができます。しかし、残念ながら、ほとんどの場合は、ある日突然顧客からのクレームが殺到したり、報道機関から記事にすることを前提にしたアタリがあったりして、初めて気付くことになります。そして、この時、もはや「時間」は味方にはなってくれません。

　しかも、第一報があったときに、それがシステムの障害によるものか、人為的なプログラムの設定ミスなのか、不正アクセス等の犯罪行為によるものなのか、あるいは誤報なのか、その原因を即座に判断することは容易ではありません。

　したがって、特に経営幹部の方々にあっては、このような場合の一次対応、初期の危機管理の在り方について、「発生してから考える」のではなく、あらかじめマニュアル化しておくことが必要です。

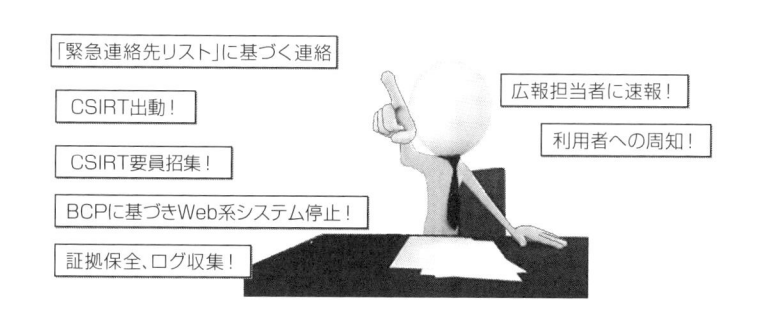

なお、近年、多くの会社で策定されるようになってきている「業務継続計画」（BCP）には、このような場合の対処マニュアルが規定されているはずですが、業務継続計画が未策定の場合には、最低限、緊急時の連絡先と「事案対処チーム」（CSIRT（シーサート：Computer Security Incident Response Team)、CIRT（サート：Cyber（Critical, Computer, etc.) Incident Response Team）等の呼称・略称があります。）の構成メンバーとその任務分担について、組織として決定した上で関係者に周知しておくようにします。

(2) 技術部門の対応

さて、システムエンジニア（SE）や情報担当役員（CIO：Chief Information Officer)、技術部門責任者（CTO：Chief Technology Officer）等の、何らかの形でこの事態に巻き込まれるかもしれない人々は、どのような心構えでいればよいでしょうか。

前述の例で、第一報を聞いて、まず脳裏をよぎるのは、自分の担当以外のところに原因があってほしい、というところでしょうか。ですが、事が起きてしまった以上、たとえ深夜、休日であろうと、誰もがまずは取るものもとりあえず、職場に駆けつけることでしょう。しかし、次に何をするかは、日頃の準備と、いざというときの心構えの差が大きな差になって現れます。

現場の責任者が、自らシステムの"バイタルデータ"をかき集め、機器メーカーやシステムインテグレータに電話をかけまくるなど、意味のない作業に没頭していたり、部下が急ぎの指揮伺いをたてても、茫然自失となったまま固まってしまっている場合が往々にしてあります。

しかし、インシデント発生時には、秒単位の判断や対処が求められることも多いのです。

外からの攻撃が続いているのであれば遮断措置を、特段の変化がなければ、この後の調査に必要となるであろう各種のログが正常に取れているかどうかを確認します。

なお、内閣官房情報セキュリティセンター（現、内閣サイバーセキュリティセンター）が取りまとめた「平成23年度政府機関における情報システムのログ取得・管理の在り方の検討に係る調査報告書」では、政府機関の情報システムについては、あらかじめ次に掲げる対策を執ることが推奨されています。これらは、政府機関以外の情報システムについても参考になるものと思われます。

○「平成23年度政府機関における情報システムのログ取得・管理の在り方の検討に係る調査報告書」（抜粋）

2.2　すぐに実施可能な推奨対策
① 　機器によらない全般的な対策
　・　各ログ取得機器のシステム時刻を、タイムサーバを用いて同期する。
　・　ログは1年間以上保存する。
　・　複数のログ取得機器のログを、ログサーバを用いて一括取得する。
　・　攻撃等の事象発生が確認された場合の対処手順を整備する。
② 　機器別の対策
　・　ファイアウォール
　　　「外⇒内で許可した通信」と「内⇒外で許可・不許可両方の通信」のログを取得する。
　・　Webプロキシサーバ
　　　接続を要求した端末を識別できるログを取得する。
　・　他のシステムや機器の権限を管理するサーバ（LDAP、Radius等）
　　　管理者権限による操作ログを取得する。
　・　メールサーバ
　　　「メールの送受信アドレス」及び「メッセージID」のログを取得する。また、出来る限り「添付ファイル名」のログを取得する。
　・　クライアントPC
　　　マルウェア対策ソフトウェアの検知・スキャンログ・パターンファイルのアップデートログを取得する。
　・　DBサーバ・ファイルサーバ
　　　特別なログ設定は不要だが、確実にログを取得する。

---

(3) 初動（一次）対応の在り方

　情報流出事案の場合で、まだ情報流出が続いている可能性があったり、外部からのアクセスが増加したままといった状況にある場合には、インター

ネットへの接続を遮断するか否か、あるいは情報システム全体若しくは一部をシャットダウンするか否か、といった判断が求められます。

また、いくつかのサービスを止めるのであれば、そのことについての部内周知や対外広報をどのようにするかといった問題への対応も生じます。

これらの想定される一連の事態に当たっては、あらかじめ対処要領やその判断基準が「情報セキュリティポリシー」や「業務継続計画」に定められていれば、それらに従った対応を進めることになります。

しかし、これらが策定されていない場合には、初めて経験する異常な事態で殺伐とした空気の中、てきぱきと正しい選択の連続で危機を乗り越える、というのはかなり難しいことです。また、責任の所在が判然としないまま「船頭多くして船山に上る」状態になっても、収拾がつきません。

したがって、前述のとおり、平穏無事なうちに「業務継続計画」を作っておくというのがベスト・プラクティスですが、次善の策として、会社の一大事ともいうべきこのようなときには、経営幹部が現場に来て、「システムを止めるのも仕方ない」、「業務運営に多少支障を来してもやむを得ない」といった意思決定を迅速にしてくれるだけでも、修羅場にいる第一線の技術者にとっては、随分心強いことであると思われます。

2 事案概要の把握

(1) 現状の保存

さて、引き続き、事案対処の推移を見ていくことにしましょう。

先の例では情報システムの管理規程が整備されており、インシデント発生の後、業務継続計画に基づいて被害の拡大防止が図られたとします。

通常であれば、情報システムの維持管理担当者は、「システムを止めない」、「業務運営に支障を来さない」ということを最優先にしているはずです。したがって、「このシステムのことは自分が一番よく分かっている」という自信と責任感があればなおのこと、インシデントが発生したときに、原因を追究することなくシステム運用を継続したり、逆に何もしないで停止させたまま放置したりすることなどはないでしょう。あくまで冷静に、事後の対応を見据えて、「現状の保存」に必要な措置を講じます。

もっとも、復旧過程においては業務の継続を図るため、システムの再立ち

上げが行われていることも少なくありません。このような場合には、一旦電源が切られたときに失われた情報についてはやむを得ないものとしても、それ以上のデータ（ログ）の消失を防ぐべきです。

また、前項ではシャットダウンも選択肢であるとしましたが、復旧過程を含め、闇雲にシステムを止めさえすればよいというものではもちろんありません。システムが何のアラートも出さず、見かけ上正常に動作しているのであれば、回線の遮断はともかく電源断まで行ってしまうと、意図的にデータの消失を図ったのではないのか、と疑われかねません。

そのほか、それぞれの機器に保存されているログ等のデータは、原則としてデジタル・フォレンジックによる調査が始まるまでは手を付けないようにします。もし、例外的に電源を落とす場合は、その前に揮発性情報や保存期間の短いもの等から順に、可能な限りコピーを取っておくことが推奨されています（IETF（Internet Engineering Task Force）のRFC3227（証拠収集とアーカイビングのためのガイドライン）では、①registers, cache、②routing table, arp cache, process table, kernel statistics, memory、③temporary file systems、④disk、⑤remote logging and monitoring data that is relevant to the system in question、⑥physical configuration, network topology、⑦archival mediaの順とすることが提案されています。）。

(2) 現地調査の準備

このようなセキュリティインシデントにおいて、「事案対処チーム」（CSIRT）の活動により事態が沈静化し、全てのシステムが復旧したとしても、それで「一件落着」となることはまずありません。

近年は、状況が一段落した後、「いつ」「どこから」「誰が」「何を」「なぜ」「どのようにして（流出させたのか）」という「六何（ろっか）の原則」に基づき、事案の顛末を明らかにするための取組を行う企業も増えてきています。

これは、刑事事件として立件されるような事態でない場合であっても、企

業のダメージ・コントロールとして、あるいはeディスカバリや企業統治の観点、場合によっては損害賠償請求訴訟を起こされるリスクをも想定した対応が求められているからです。

さて、発生したインシデントに対して、その詳細を解明するため、デジタル・フォレンジックに基づく調査を行おうとする場合には、更に具体的な内容について詰めていきます。

例えば、サービスが中断できない常時運用の情報システムの場合、絶対に全てのサービスを止めてはいけないのか、時間帯によっては止めてもよいのか、あるいはハードディスクの物理コピーをとるのかなどの条件によって、投入すべき人員、可能な解析の内容（精度）、解析作業に費やすことのできる時間等が異なってきます。

これらのことを総合的に検討した上で、現実的な対処案（日程、人員と資機材の確保、所要経費の見積り）を「事案対処チーム」において策定することになります。

３　対処メンバーの選定

(1) デジタルフォレンジックチームの編成

ここまで述べてきたように、デジタル・フォレンジックとは、抽出・収集するデータを選択し、その膨大な量のデータを分析して報告をまとめるまでの一連の作業について、原本同一性や手続の透明性を確保しながら人手をかけて行うものです。オール・イン・ワンの専用ツールさえあれば誰にでも簡単にできる、というようなものではありません。

したがって、デジタル・フォレンジックによる調査を視野に入れたときは、事案発生直後の一次的なデータの保存・収集は「事案対処チーム」が担うとしても、その後の対応には、相応の知見を持つ技術者だけではなく、作業内容の記録員や渉外担当者等の後方支援要員を含めて、あらかじめ後詰めとしてリストアップされていた中か

らメンバーを招集し、「事案対処チーム」が円滑に「デジタルフォレンジックチーム」に移行できるようにしておくことが最も望ましい形であるといえます。

しかし、このような人材が組織内で確保できない場合には、できるだけ早い段階でセキュリティ会社等の専門家の応援を要請することも視野に入れた方がよいものと思われます。

(2) 維持管理担当者の参加

デジタルフォレンジックチームを編成する際に、当該システムの維持管理担当者が1人しかいない場合、その人をチームに入れるかどうかは、事案の態様や対外的な影響の大きさ等を考慮して経営幹部が判断します。

一般論としては、当該システムの担当者は、そのシステムの運用に関して最も知識を有しているかもしれませんが、たとえ事案発生時にその場にいなかったとしても、故意、過失の別はともかく当事者である可能性は残されます。仮にシステム管理者が2人以上いて、牽制機能が十分に働いているのが明らかであればあまり問題はないともいえますが、1人しかいない場合、そのような立場にある者が自ら参画してしまうと、「客観的な証拠」としての信用性に疑念を抱かれることになりかねません。

また、例えば企業システムにおけるインシデントのうち、情報流出事案に関しては、認知された事案のうちの80％以上が、紙媒体又はUSBメモリを介しての流出であり、これらについては内部の者が関与していることを強くうかがわせるデータもあります（JNSA 2012年「情報セキュリティインシデントに関する調査報告書　～個人情報漏えい編～」）。

したがって、特に社会的な反響が大きい事案や、何らかの犯罪行為に関係するものとして後々公判廷に証拠として提出するものがある事案の場合等では、その維持管理担当者の身の潔白を明らかにするためにも、デジタル・フォレンジックに関係する調査等を直接行うメンバーには入れずに、技術的助言を行うなどの関与程度に留めた方がよいでしょう。

4 作業内容の確認

(1) システム担当者等との事前打合せ
ア 企業等の情報システムの場合

　企業活動に現に使用されている情報システムに部外者が立入調査等を行うときには、あらかじめ十分な打合せの機会を設けて、当日の作業が円滑に行われるように配意します。

　まず、最初の手続としては、企業側から秘密保持契約（NDA：Non-disclosure agreement）の締結を求められることが通例です。また、対象とする情報システムによっては、運用停止時間が数分だったとしても、「営業活動に差し支えるからやめてほしい」、「サーバを止めるなど論外」、「たとえパソコン1台であってもどこかに持って行かれてしまっては困る」、「時間がかかる『調査』には協力できない」等々と、この段階で言われる場合もあります。できるだけ相手方の負担の少ない時間帯や方法を提案するなどし、丁寧に作業内容の説明をする等の配慮が必要です。

　その他、短い時間に効率的に作業を進めるためには、フォレンジックツール等を持ち込んでから対応を考えるのではなく、最初の打合せの段階で調査対象機器を絞り込み、対象となるサーバ等のログの保存状態を確認しておくようにします。

　いずれにしても、この時点では時間との勝負です。会社としてデジタル・フォレンジックに基づいた事案の原因究明を行うという方針が既に出ているのであれば、手続や質疑応答に時間を費やして、薄れゆく記憶と記録を手をこまねいて眺めているだけというのは決して得策ではありません。

イ パソコン単体、携帯電話機等の場合

　一方、個人所有のスマートフォンやパソコンなどの場合は、その所有者（押収したものの場合は捜査担当部署）と打ち合わせて、作業内容、実施日等を調整します。

　また、対象が何らかの犯罪に関係するものであるときは、作業を効率的に進めるために、事件の概要や抽出したい情報について捜査担当部署からのヒアリングを行う場合があります。これは、求められる事項や背景等を確認し、

限られた時間の中で実施する作業を効率的に実施するためのものであり、予断を持って作業に臨むということを意味するものではありません。

例えば、「○月○日に大量殺人の予告メールを複数の報道機関宛てに送ったと思われるパソコン」や、「△月△日に起きた傷害事件で仲間の犯行の様子を動画で撮ったスマートフォン」などの場合を考えてみてください。

どの情報を抽出してどのように資料化するかについて、解析作業担当者が何の情報も与えられないまま、全てのデータの抽出・分析作業を行う場合と、あらかじめどのような事件の立証資料とするのかを見据えて作業をするのとでは、報告書がまとまるまでの時間や報告内容の的確さ、作業量等に大きな差が生じることは明らかです。

デジタル・フォレンジックの最終段階、アウトプットである「報告」を考えたとき、その受け手である警察官、検察官や裁判官は、全てのデータを印字し、その膨大なデータの「解説集」が欲しいわけではないことに留意すべきです。

事件の立証に必要な要素が全て押さえられていて、しかも簡潔なもの、極論すれば「この事件の『六何の原則』はデータのこの部分から読み取ることができる」、あるいは「△月△日に撮影された動画は添付のとおり」など、簡潔明瞭にしかも早く報告してもらう方がよりありがたいはずです。仮に補充捜査が必要となった場合には、データが正規に保管・管理されていれば、これを用いて追加的な解析を行うことができます。

基本的に、デジタルデータは数年程度であれば劣化を心配せず保存することが可能ですが、追加調査の必要性も考慮し、適切な保管管理を行うことが必要です。

(2) 受入れ側の準備と心構え

さて、企業等の情報システムにおけるデジタル・フォレンジックの利用に想定を戻します。

多くの調査員がそれぞれに配置され、一斉に作業を展開する場合には、作業現場がかなり混乱することがあります。このようなとき、登録されていな

い者が機械室等に入室したり、アクセス権の権限外使用等が行われたりしないように、あらかじめ必要な限度において「機械室立入り許可者の臨時登録」、「機器の操作権限の付与」、「アクセス権者リストやアクセスログの閲覧（又は持ち出し）許可」等を、定められている手続にのっとって手配・準備しておくようにします。

つまり、施設管理者やシステム管理者は、デジタル・フォレンジックによる調査等の作業があるからといって、それを理由に資格のない者を入室させたり、リモートアクセスを臨時で認めたり、権限のない者に機器の操作をさせたり、ログ等の資料を紙媒体、電磁的記録を問わず無許可で持ち出させたりしないことが肝要です。

これは、もし例外的な対処を一旦認めてしまえば、調査過程に不透明な部分が生じ、ログ等の改竄が行われる可能性があるなど、これまでに培ってきた信用を一瞬にして失うこととなるおそれがあるからです。

したがって、当日は、必要に応じて社内から応援を求めるなどして入退室管理を適切に実施するとともに、作業中はシステム管理者等の技術的なアドバイスができる人のほか、個別のログの抽出、複写、持ち出し等について判断ができる責任者が必ず立ち会うように手配します。また、あらかじめ関係者の日程を調整しておくことが望まれます。

(3) 損傷している機器等の取扱い

調査対象機器の中には、電源コードが引きちぎられたパソコンやSIMカードが抜かれたスマートフォン、破損した携帯電話機等、デジタル・フォレンジックによる調査以前の問題として、まず修理をしないとデータの抽出すらできないようなものがあります。

このような機器からデータを抽出する場合、例えば電源コードだけを換えれば当座の作業に支障がないようなものであれば、電源コードだけを別のパソコン等から一時的に借用して対応します。しかし、例えばSIMカードが抜かれている場合等では、機種によっては、別のSIMカードを挿すと、元のSIMカードを挿して利用していたときに作成された住所録データ等が消去される場合があることから、安易に対象機器に代替品を接続することのないように注意します。

また、本体が壊れた携帯電話機は、メモリに物理的な損傷がなければ、その内容を抽出できる場合があります（⇨第8章3(1)イ「破損・水没機器からのデータ抽出」）。

ただし、この場合は相応の時間と費用を要するため、どこまで作業を進めるのかについては関係者と相談するなどして総合的に判断します。

5 資機材等の準備

(1) デジタル・フォレンジック用資機材等に求められる基本要件

電磁的記録を解析する際には、様々な機器やプログラムが利用されています。もともとOS等に備わっている機能を利用する場合もあれば、市販されていて誰もが利用可能なものを使用することもあり、警察等の法執行機関のみに向けて提供される「プロ専用」の機器やプログラムを使う場合もあります。

いずれにしても、デジタル・フォレンジック用のツールとしては、データを可視化したり抽出する過程で、必要なデータを取りこぼしたり、存在しない情報を作り上げてしまうようなものであってはならない、ということは当然です。

これらの機器やプログラムを使用するに当たって、求められる要件と使用者が留意すべき事項を以下にまとめます。

○ 適切な権限を有した者が必要な解析対象に適用するものであること
　解析対象となる電磁的記録媒体に対して、捜査（調査）を行う権限を有する者が適切な操作を行う、ということが必要です。
　　「捜査や調査に必要」と称して、事案やインシデントに全く関係のないサーバにログインしたり、許可なくプログラムをインストールしたり、個人情報やトレード・シークレットに関する情報にアクセスしたり、データを複写して持ち出したりすることがないよう、必ず捜査主任等、責任者の指揮監督の下で作業を実施するようにします。

○　正常な動作が行われていることを検証することができること
　　一般的に測定器などを長期間利用していると、機能や精度に微妙な誤差が出てくる可能性がありますが、測定値の正確性は、定期的な「較正（Calibration）」を行うこと等により維持されています。
　　これと同様、デジタル・フォレンジックで使用されるツールにおいても、結果の正確性を担保するため、使用資機材が正確かつ正常に動作していることを客観的に検証できる仕組みを備えていることが求められます。

○　必要とする機能を正しく使用でき、その結果を説明できること
　　デジタル・フォレンジックに使用されるツールの中には、開発ベンダー等の訓練・研修を修了しなければ使いこなせないような複雑な機能を有しているものもあります。
　　このようなツールを予備知識なしに使用した場合、その局面での操作が正しいものだったのか、その操作の結果が意味するものは何か、その結果は再現性があるものなのか等を取扱者がきちんと説明することができません。調査手法やその結果の妥当性を正確に説明できる者が、作業を実施することが必要です。

(2)　デジタル・フォレンジック用ツールの選択

　デジタル・フォレンジックの各過程では、種々のツールが利用されます。ツールについて動作の差異や特徴に関する知識を持ち、何を行うことが可能なのか、あるいはどのような状況のときにどのツールが使えるのか、というようなことを的確に判断することが必要です。
　「フォレンジックツール」と呼ばれるツールは、近年、eディスカバリの普及等に伴って数多く商品化されているほか、フリーウェア（オープンソースやGPL（General Public License）等も含む。）のものや、法執行機関や調査会社が自らの組織で用いるために開発したものなどもあります。
　なお、「フォレンジックツール」とは、一連のデジタル・フォレンジックのプロセスのうち、
　①　対象機器から目的とするデータを複写・抽出し、
　②　暗号化データや難読化データの復号、圧縮データの展開等を行って可読化し、

③ 多量のデータの中から必要な情報を抽出・整理（フィルタリング）して、効率的な分析ができるようにする

といった過程の一部又は全部の作業を支援するツールを一般的には指すことが多いようです。

このほかにも、
- 消去・破損ファイルの復元やバックアップの作成
- データをExcel等の形式に整形・出力したり、定型的な報告書の自動作成

等の機能を持つツールを含める場合もあります。

また、これらのもの以外に、ネットワーク・フォレンジックやマルウェア解析のためのツールなども状況に応じて使用されています。

(3) データの複写

調査現場においては、対象機器に残されているデータの確認や、電磁的記録媒体の複写等の作業を行います。

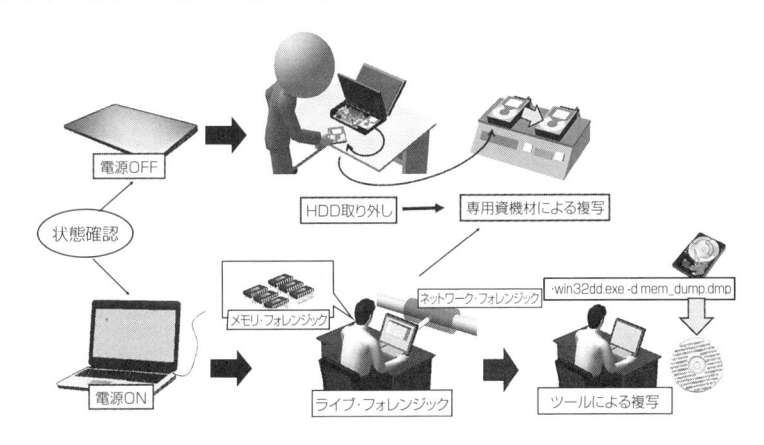

例えば、電源がONの状態のパソコンの場合には、そのままでメモリの中に残されたデータやネットワークの接続状況等をできるだけ詳細に確認しておく必要があるでしょうし、サーバ用途の機器では稼働を停止できないことから、ツールを用いて取得可能なデータだけを複写することになるかもしれません。

パソコンやサーバの内蔵ハードディスクのデータを複写する作業の場合、

最近のハードディスクは大容量化が進んでいて、専用機材を用いても物理コピーでは相当な時間を要することから、状況が許せば、現場から対象機器を持ち帰り複写作業を行うことを検討します。

また、ツール類の電源に関しては、バッテリーで給電可能であっても電源（AC）アダプタは必ず用意するようにします。

そのほか、種々の作業を想定したとき、HDDの複写装置やデータ複写用のHDD、各種のソフトウェア（起動用のシステムディスク、ファイル復元ソフトウェア等）や搬送用の梱包材、パソコンの設置・配線状況を記録するためのカメラ、精密工具等も必要不可欠なアイテムです。

USBメモリやmicroSDカード等の小物を整理収納するためのケースや透明な袋、タグ（荷札）、鉄線入りビニールひも、ペンライト、テーブルタップ、帯電防止手袋、作業記録用ノート等も準備します。

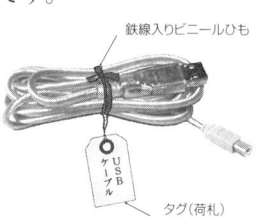

ア　複写用資機材・ツール利用上の注意

デジタル・フォレンジックで用いられる複写用資機材の多くが、データの原本同一性を担保できるように、次のような機能を備えています。

- 書き込み防止機能
  調査対象の電磁的記録内容を一切変化させることのないよう、複写装置側から書き込み動作がなされない、又は調査対象に送出される書き込み命令をブロックする（書き込み成功のダミー信号を返すか、又は書き込み不能のエラー応答を返す）機能
- 完全複製機能
  未使用領域（削除済み領域を含む。）、ファイルスラック領域等を含めた全ての領域を正確に複写する機能
- 同一性検証機能
  オリジナルデータ（原本）と複写データの同一性が、データ・ベリファイ（確認）やハッシュ値の比較により検証することが可能な機能

なお、これらの機能は人為的な操作ミス等を防ぐことまではできません。例えば、複写元のHDDと複写先のHDDを逆にセットしてしまうと、原本に

複写先のデータが書き込まれ、元データを破壊してしまうことになります。

イ　物理コピーと論理コピーの違い
　「ファイルをコピーして別の記録媒体に保存する」という操作は、「ファイラ（ファイルマネージャ）」上のファイル名をドラッグ＆ドロップすることにより簡単に行えますが、このような方法により複写・保存することができるファイルは、ファイラで見える範囲に限定されています。
　すなわち、デフォルトで「不可視設定」されているファイル等はファイラには表示されないので、選択してコピーすることもできません。
　このようにしてファイル単位でコピーする方法は「**論理コピー**」と呼ばれており、セクタごとのデータをそのまま全て物理的に別媒体に複写する「**物理コピー**」とは異なるものです（⇨**第2章**⑧「ファイル等の複写」）。
　論理コピーの場合、前述のように不可視設定されているファイルや削除済みのファイルが利用していた領域のデータを複写することはできませんが、複写にかかる時間や手間が少ないため、稼働中のサーバからのアクセスログの取得などにはよく使われます。

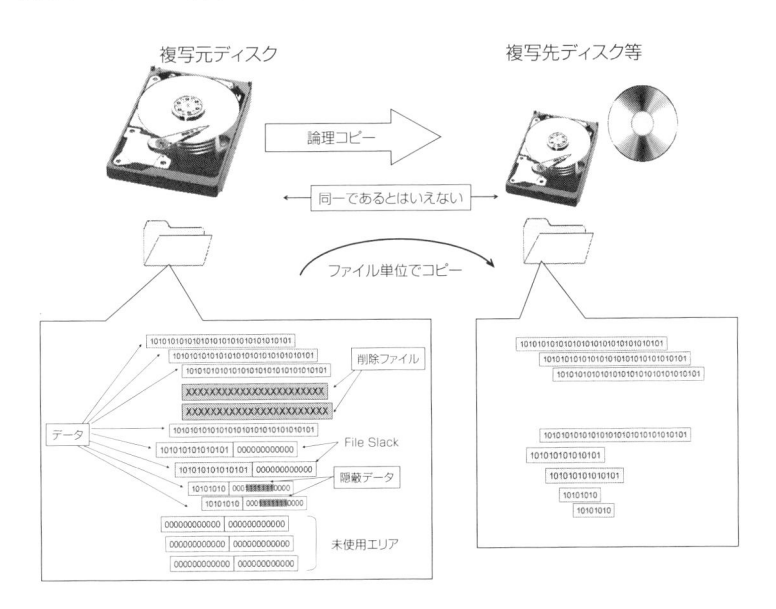

図6－1　論理コピー（ファイルコピー）による同一性の消失

一方、何者かが意図的にファイルを削除したり、ファイルスラック領域と呼ばれるファイルの隙間にデータを隠蔽している（このような意図で作成されたソフトウェアも存在しています。）可能性がある場合には、物理コピーでなければこれらの削除・隠蔽データの存在の有無が分かりませんし、その復元を行うこともできません（⇨第2章⑩「削除されたファイルの復元」）。

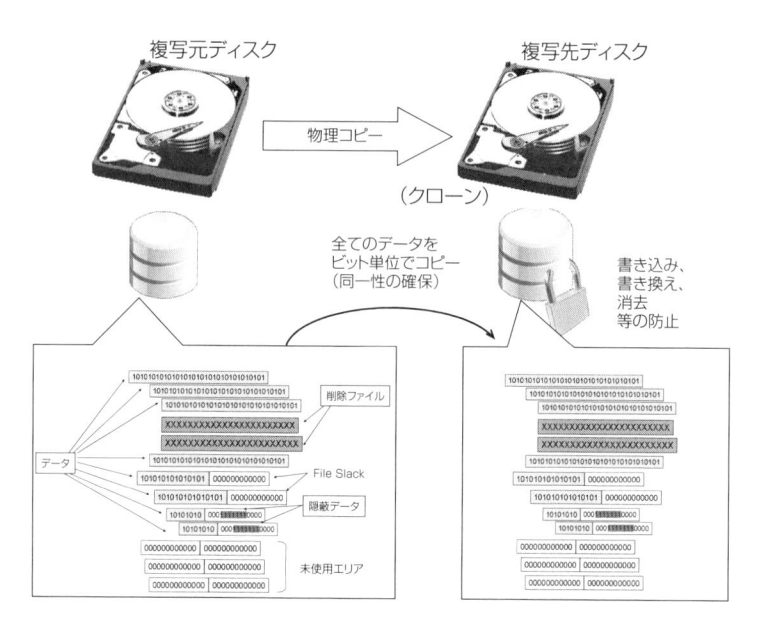

図6−2　「物理コピー」による同一性の確保

そのほか、物理コピーを行う際には、解析対象のハードディスクの中には、データを記録するプラッタ（円盤）の磁性体の劣化や小さな傷に起因する、読み取りや書き込みを行うことができない「**不良セクタ（Bad Sector）**」が存在している場合があることにも留意します。

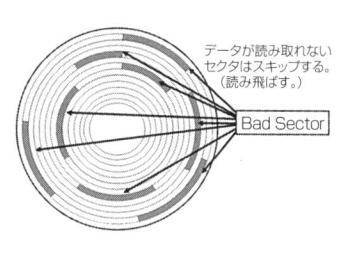

このような場合、複写装置は、「不良セクタ」はスキップ（読み飛ば）して、読み取り可能なセクタのデータをコピーします。また、複写装置によって一つの不良セクタを発見した際に読み飛ばすセクタの数には差があり、欠損するセクタ・データに違いがあることなどから、「物理コピー」といっても完全に同一の状態とはならないことがあります。

しかし、このような場合でも、物理コピーによって複写が行えたセクタの中から、削除・隠蔽されたデータ等を復元でき、捜査や調査に有益なデータが得られたことも少なくありません。

複写の際に「不良セクタ」が見つかった場合には、その事実を確実に記録しておくようにします。

ウ　ライブ・フォレンジック

パソコンの電源がONのとき、あるいはサーバ等の常時稼働状態にある機器からデータを複写するときは、ライブ・フォレンジック用のツールが用いられます。

例えば、不正アクセス被害にあったサーバやパソコンの解析に際しては、侵入の痕跡や不正アクセスの状況等を、各種のツールやコマンドを用いて関係するデータの抽出・収集をする必要がありますが、時間経過とともに失われる情報や電源を切断すると消滅してしまう情報等があることから、重要であり優先度が高いデータから順次収集するようにします。

このことを大規模災害時の救急・救命活動に例えて、「デジタル・トリアージ」と呼ぶ場合もあります。

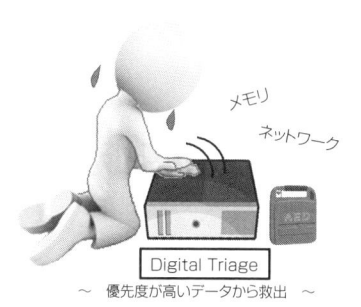

コラム　デジタル・トリアージ

捜索・差押えの現場における証拠収集活動や、セキュリティインシデントが発生した際の事案対処（インシデントレスポンス）活動においては、時間的制約の中で、揮発性情報を始めとする迅速かつ的確な電子証拠データの収集・保全が不可欠です。

このため、これらの作業を効率的に行うため、「デジタル・トリアージ」という概念を導入し、事案の内容に応じて、優先度順に適切な処理を行うための手順・手法の研究やツール開発が進められています。

解析対象のログのデータ量が増加の一途をたどっている中で、解析作業に投入できるリソースは限定されていることから、活動の一層の効率化を図るための取組が行われていることがその背景となっています。

(4) その他準備すべきツール等

ハードディスク等の電磁的記録媒体を解析する際には、対象媒体そのものを解析するのではなく、可能な限り物理コピー又は論理コピーにより作成した複写物の方を解析します。また、解析に先立って、複写元の媒体の「ヘルスチェック」を行います。

その際、例えば「不良セクタ」がいくつか存在する程度ならまだしも、全くハードディスクを認識しなかったり、認識してもファイルシステムを扱えない状態となっていることがあります。このような場合、そのハードディスクはそもそも物理的に壊れているか、当初から解析不能なものなのかもしれません。

また、日常的にP2Pファイル共有ソフトを利用して動画や音楽を違法ダウンロードしていたり、マルウェアを作成している疑いのあるパソコンが調査対象であれば、そのハードディスクにはマルウェアが存在している

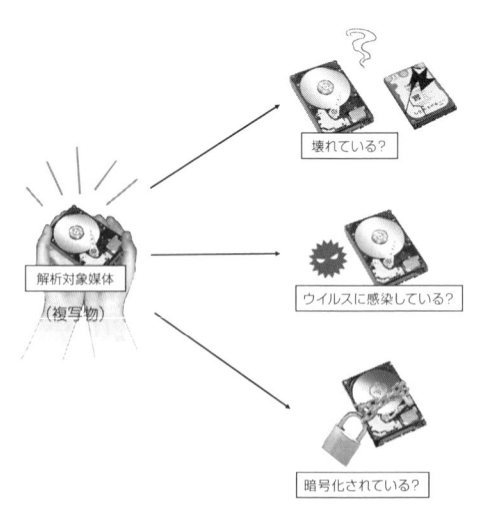

可能性が高いと思われます。

あるいは、他人に見られないようにファイルやディスクを暗号化したり、何らかの手法でデータを隠蔽しているかもしれません。

このような様々な状況を想定し、対応するツール類を準備しておきます。

ア　マルウェア対策

ハードディスクがマルウェアに感染していた場合には、解析環境（解析用パソコンやツール等）にも影響を与える可能性がありますので、通常は最初にウイルスチェックを実施します。

ハードディスク内にマルウェアがあることが判明していて、それが既知のマルウェアだったときには１種類のセキュリティソフトだけでも確認できますが、複数、新種のマルウェアに感染している可能性を想定し、「ふるまい検知」が可能な数種類のセキュリティソフトを用いてチェックすることが望ましいとされています。

なお、「マルウェアに感染していないことを確認してほしい」との依頼（「悪魔の証明」ともいわれます。）の場合は、複数の手法によりチェックしますが、ハードディスク等の大容量化に伴い、チェックには長時間を要しますし、仮に検出されなかった場合でも、未知のマルウェアの存在を否定できないことから「感染していない」と断定することはできず、「発見には至らなかった」としか回答することはできません。

イ　暗号・パスワード解析

TPM（Trusted Platform Module）チップを搭載したWindowsパソコンで、BitLockerと呼ばれるセキュリティ機能によってハードディスク全体が暗号化されていたり、ファイルシステムにEFS（Encrypting File System）を利用していたり、各種のファイル暗号化ソフトを用いて暗号化が行われているなどの場合があります。

BitLockerやEFSのようにWindowsの機能として提供されているものを別にすると、どのような暗号化手法が用いられているのかを特定するだけで

も、かなり大変な作業となります。さらに、暗号化の手法が特定されたからといって、必ずしも復元できるということにはつながりません。

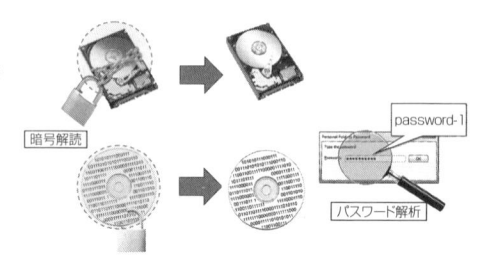

しかし、使用していたパソコンや他の機器等に解析の手掛かりが残されている場合がありますので、調査対象の電磁的記録媒体だけでなく、その周辺も調査するようにします。

ウ　データの可視化

調査の一環として、ファイルの内容を確認する際には、当該ファイルの内部形式に対応しているプログラムを使用します。

例えば、ワープロソフトで作成された文書の内容を確認するためには、基本的には、作成するときに使われたものと同じワープロソフトを使いますが、Microsoft Wordで作成された文書の内容を閲覧するだけであれば、一太郎、OpenOffice、LibreOffice等を代用することができます。

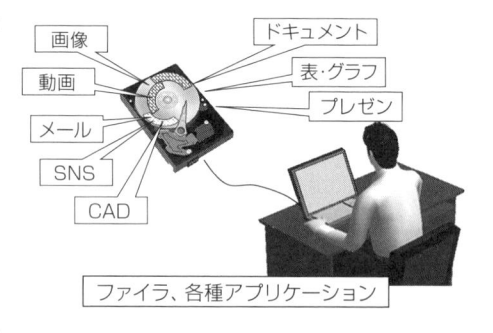

また、履歴（ログ）の抽出等を行うソフトウェアの中には、結果の出力をテキスト形式（.txt）やカンマ区切り形式（.csv）に変換して保存可能なものもあり、これらについてはMicrosoft Excelを用いて整理等をすることができます。

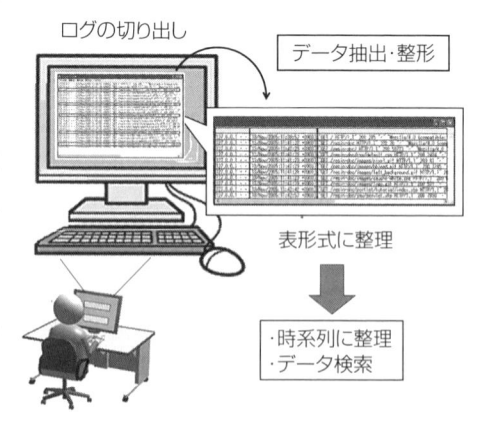

このように一般的なオフィス

系のソフトは、仮に同じソフトの手持ちがなくても類似のソフトで代用できることが多いのですが、CADソフト、財務会計ソフト、専門的な画像・動画編集ソフト等で作成したデータファイルの確認を行う場合には、そのファイルを作成したアプリケーションプログラムと同じものが必要となるため、データファイルが保存された媒体のみならず、当該プログラムのライセンスを有するパソコンを併せて用意しなければならない場合があります。

エ　ログ解析に資するアプリケーションソフト

対象者の行動を、メールのやり取りやネット上の書き込み状況から調査する場合に、ログの中から関係する部分を抽出し、これらのデータを突き合わせて時系列に並び替え、タイムラインや相関関係を整理して表示したい場合があります。

また、不正アクセスの被害等が発生した際、被害を受けたサーバやデータベースのログのみならず、ファイアウォールやIDS/IPS等のログも併せて比較・精査したい場合があります。

このような場合に抽出・収集するログは、例えば「ある日の午後3時から4時までの1時間」と限定したとしても、各機器にはそれぞれ膨大な量のデータが保存されているため、必要なデータだけを効率よく抽出して表示する機能のあるものや表計算ソフトで取り扱える形式で出力できるツール等を利用して対応します。

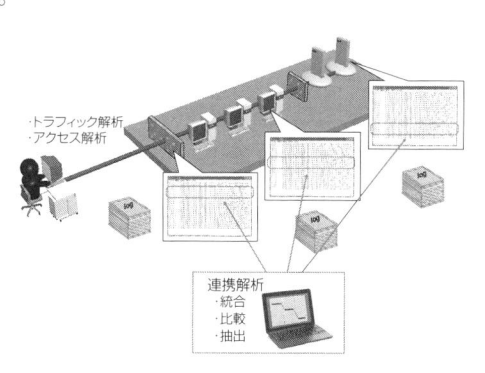

(5)　携帯電話・スマートフォンの解析準備

携帯電話やスマートフォンの解析は、その携帯電話機等のキャリア（携帯電話事業者）やメーカー、機種等によって、「何を」、「どこまでできるか」

に差がありますが、適切なツールを用いることで、削除されたデータの復元も含め多種多様な情報を抽出することができます（⇨第4章「モバイルにおけるデジタル・フォレンジック」）。

また、特にスマートフォンの場合は、新機種が次々と発売されているため、解析用資機材についてもバージョンアップや対応可能な機種の追加等をこまめに実施し、常に最新の状態にしておくことが必要です。

6 関連情報の収集

一般に情報セキュリティに関する脆弱性やインシデント情報は、公的機関に届け出ることによって広く情報の共有が図られます。

米国の非営利団体であるMITREでは、個別の製品における脆弱性に「共通脆弱性識別子（CVE：Common Vulnerabilities and Exposures）」という一意の識別番号を付したデータベースを作成しており、Webサイト（http://cve.mitre.org/cve/index.html）で公開しています。

我が国においては、JPCERT/CCと情報処理推進機構（IPA）が共同で、JVN（Japan Vulnerability Notes（https://jvn.jp/report/））という形で取りまとめています。

また、Windows、Acrobat等の広く使われているOSやアプリケーションプログラムについては、Microsoft社やAdobe社といったベンダーのWebサイトで個別に脆弱性情報が公開されているほか、脆弱性対策等のアップデートが自動的に行われる仕組みも提供されています。

その他、インシデント報告については、JPCERT/CC（https://form.jpcert.or.jp/）が受付を行い、IPAでもコンピュータウイルスや不正アクセス、脆弱性情報の届出の受理を行っています。

ただし、これらの機関は、届出の受理や統計の取りまとめなどを行っていますが、個々の事件捜査を行うことはないので、犯罪の被害に遭ったときやそのおそれがある場合には、警察への相談・届出を優先して行うことが望まれます。

また、警察庁セキュリティポータルサイト（@Police）でも、参考情報等を掲載しています。

第7章
現場における対応

　デジタルフォレンジックチームが現場で調査・収集すべき情報やその手法等は、事案ごとに異なり、画一的なものはありません。

　例えば、犯罪や不正行為に関係する電磁的記録の調査といっても、その電磁的記録自体が不正作出、改竄（かいざん）等の証拠になっていたり不正アクセスの被害の痕跡等である場合と、単にパソコンに残されたメールの文言やDVDに記録されたわいせつ画像ファイルを確認する、という場合とでは、調査対象や実施項目・内容に大きな差異があります。

　サーバやパソコンの電源は投入されている状態なのか、ハードディスク等の記録装置以外にもUSBメモリやSDカードが挿入されていないか、インターネットに接続された状態なのかなど、機器の状態によっても対処の方法や調査の順序が変わる可能性があります。

　また、調査対象のパソコン近くで事実関係等の聴取を行うこともありますが、被疑者やその家族等が対象である場合には、証拠データの隠滅・隠匿等に留意する必要もあるでしょう。

　一方、デジタルフォレンジックチームを受け入れる側も、現に不正アクセス等のサイバー攻撃を受けている場合には、証拠保全と並行して障害復旧や業務継続を図らなければなりません。冷静にあらかじめ用意された事案対処マニュアルに従った行動を取ることが必要です。

　また、このような対応が緊急時に整然と実施されるためには、組織に適した情報セキュリティポリシーの策定やその周知徹底、CSIRTの設置、平素から従業員を参画させた訓練を実施しておくことなども重要です。

1　関係者からの状況聴取

　企業等の組織でセキュリティインシデントが発生したときに、速やかに関係者からのヒアリングを行うことが望ましいのですが、システム管理者や担当者は、常に調査のために時間を割いて待っていてくれるとは限りません。また、事案発生後、時間の経過とともに、当時の状況を正確に思い出すことはだんだん難しくなっていきます。

　情報システムの運用や保守作業を外部委託している場合など、当該担当者等からのヒアリングも実施したいところですが、委託元企業との秘密保持契約（NDA）や情報セキュリティポリシー等の制約から、聴取し得る事項が限定されてしまう可能性があります。

　さらに、対象者が当時の状況を全て正直に話してくれるとは限りません（相手がセキュリティインシデントを引き起こした当事者であればなおさらです。）。

　このように、「インシデント発生時の状況を聴取する」ことに限っても、その円滑な実施を阻害する要因がいろいろと想定されることから、関係するシステム管理担当部署等とは日頃から良好な人間関係を構築し、意思疎通を図っておき、インシデント発生時にはスムーズに実施できるようにしておきます。

　なお、調査に関連して関係者からのヒアリングを行う際には、当該システムが不正アクセス等の被害を受けた立場にあるのか、あるいは加害側の立場にあるのか、法執行機関による捜査を受ける立場なのか、民事的な訴訟を受ける立場なのかなど、立

場によっても異なりますが、おおむね次に掲げる項目の聴取を行います。
① 発生した事案の概要（被害側の場合と原因側の場合の両方がある。）
 ・ 情報流出その他情報資産の持ち出し、データの消失
 ・ プログラムの改変、不正作出
 ・ 不正アクセス
 ・ ネットワーク利用犯罪（業務妨害、ネット詐欺、誹謗中傷等）
 ・ コンプライアンス、その他の内部規程違反
 ・ 原因不明の不具合（システムダウン、ネットワーク障害、制御権の喪失等）
 ・ その他（コンピュータウイルス感染、プログラムのバグ、操作ミス等に起因する影響調査等）
② 発覚（認知）の経緯
 ・ ファイアウォール等のアラート
 ・ 定時点検、ログのレビュー
 ・ 外部からの通報
 ・ サイバーパトロール
 ・ 内部告発、内部監査
 ・ 自己申告
 ・ その他（予兆の有無等）
③ 発生日時及び認知日時
 ・ 発生時刻を特定した経緯、根拠
 ・ 発生時刻が特定できたログが保存されている機器とその時刻の標準時との差（秒）及びその確認方法
 ・ 関係する機器のシステム時計の正確性及び標準時との差の確認
④ 現在までの対応状況
 ・ 事案発生を知る人物及びその人数

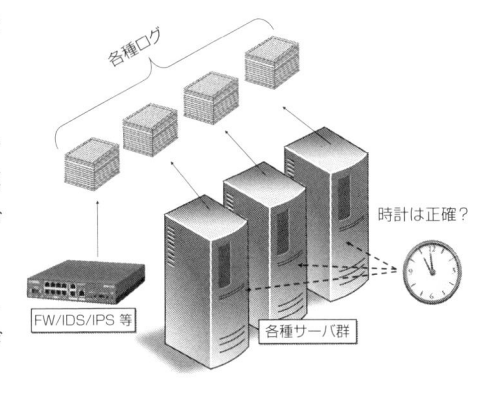

- 事案発生を受けた社内の体制（今後の予定を含む。）
- 事案に関係すると考えられるシステムの運用状況
- 保全したログ、データ等の有無、ある場合はその内容

⑤ その他
- システム構成、ネットワーク構成
- アクセス権（システム管理者権限、利用者権限等）の付与・更新・抹消状況
- プログラムの導入、更新、削除等履歴
- マニュアル、ドキュメントの備付け状況
- セキュリティエリアの有無、入退室管理の方法

　なお、冗談のような話ですが、ヒアリングの段階になって、職員全員がシステム管理者と同じID・パスワードでログインすることが常態化していたとか、業者による遠隔保守がインターネット経由で行われていたことを情報システム担当者が知らなかった、などの事実が判明することがあります。
　これらのことは一見ささいなことのように思われるかもしれませんが、以降の調査を行う上で参考となる事項であるため、聴取した事項については漏れのないように記録を残しておくことが大切です。

2 調査対象機器等の確認

(1) 企業等の情報システム

　会社のパソコンがマルウェアに感染したというような「受動型」のインシデントの場合には、そのパソコンとLANで接続されている他の多くの端末にも被害が拡大しているおそれがあります。

　このような状況のときは、被害の全容が直ちには分からないため、全ての端末のセキュリティチェックを行い、感染端末を駆逐するまで「検疫」作業を続けなければなりません。

　一方、情報流出事案等の「発信型」のインシデントの場合には、事前のヒアリングやログ、ネットワークトラフィック等の調査により、ある程度原因となった端末を特定することが可能です。

　ちなみに端末の特定という点では、昨今の企業の内部統制（コンプライアンス）強化に関連して、職場の端末でオンラインゲームに興じている端末・社員をログの精査によって特定し、処分するための証拠収集にデジタル・フォレンジックが利用されている例もあります。

　いずれにしても、このような事例の場合には、端末に残された記録や、関係するサーバのアクセス記録を収集することとなります。また、職場からの情報流出が疑われる場合は、インターネット等の外部接続に関係する記録も併せて収集します。

　なお、ログの収集等に当たって、RAID構成のストレージに保存されているもの等は、個々のHDDの物理コピーを行っても結局再構成できない場合がありますが、隠しファイルやデータの改竄等の可能性をあまり考慮する必要がなければ、物理コピーによる「同一性」にはこだわらず論理コピーで対応します。

パソコン端末については、1つの端末を複数の職員が共用していることや、アクセス権が複数レベル設定されていることもあるため、必要に応じて立会職員等の協力を得つつ調査を進めます。

> **コラム　データの差押えに関する刑事訴訟法の規定**
>
> 　例えば犯罪捜査の場合には、刑事訴訟法の規定に基づいて電子計算機等の差押えを行うことがありますが、差し押さえられる側からすると、関係する帳簿やパソコン、サーバ、記録媒体等を軒並み差し押さえられては、以後の企業活動に重大な支障が生じかねません。
> 　このため、パソコンやサーバそのものを差し押さえるのではなく、犯罪に関係するデータのみをCD-ROMやDVD等、別の電磁的記録媒体に複写した上でその媒体の差押えを行うことや、その際に捜査官自身が複写作業を行うのではなく、企業のシステム管理者などに複写等をさせること（記録命令付差押え（第99条の2等））が認められています。
>
> 　第110条の2　差し押さえるべき物が電磁的記録に係る記録媒体であるときは、差押状の執行をする者は、その差押えに代えて次に掲げる処分をすることができる。公判廷で差押えをする場合も、同様である。
> 　　一　差し押さえるべき記録媒体に記録された電磁的記録を他の記録媒体に複写し、印刷し、又は移転した上、当該他の記録媒体を差し押さえること。
> 　　二　差押えを受ける者に差し押さえるべき記録媒体に記録された電磁的記録を他の記録媒体に複写させ、印刷させ、又は移転させた上、当該他の記録媒体を差し押さえること。

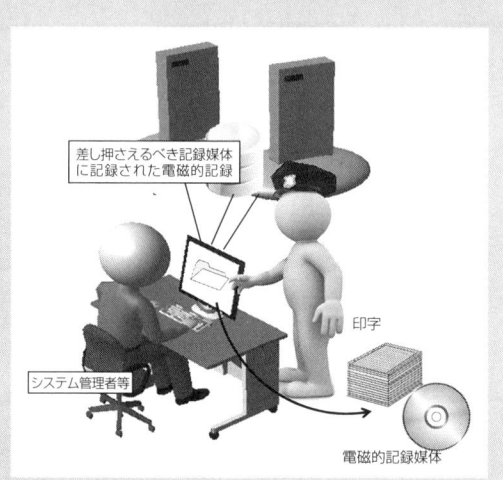

　また、企業内のサーバだけでなく、データセンターやクラウドサービスの利用も増加していることから、不正行為に関係するデータ等が、外部のサーバやデータベースに保存されている可能性もあります。
　このような「リモートアクセス」が行われている場合、具体的には調査対象パ

ソコンが別のコンピュータ（接続先電子計算機）と接続されていて、調査対象パソコンからリモートでファイルやメールの保存や変更を行っている場合については、その接続先電子計算機のデータを当該パソコンや別の電磁的記録媒体等に複写し、その媒体を差し押さえることができる旨の規定も設けられています。

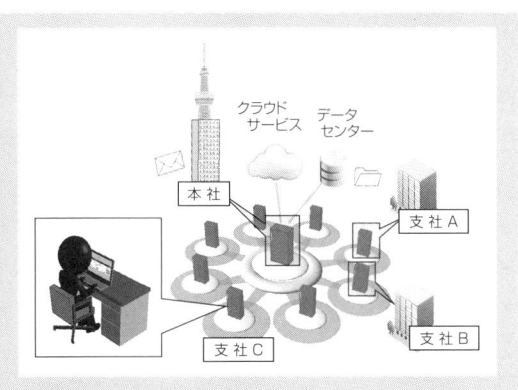

第218条
② 差し押さえるべき物が電子計算機であるときは、当該電子計算機に電気通信回線で接続している記録媒体であつて、当該電子計算機で作成若しくは変更をした電磁的記録又は当該電子計算機で変更若しくは消去をすることができることとされている電磁的記録を保管するために使用されていると認めるに足りる状況にあるものから、その電磁的記録を当該電子計算機又は他の記録媒体に複写した上、当該電子計算機又は当該他の記録媒体を差し押さえることができる。

この場合、必要に応じて、原本ファイルと複写したファイルが（論理的に）同じものであることを担保するため、ハッシュ値を求め、双方を比較することにより同一性を検証します。

なお、社内における定期的な経理監査等の場合には、このような厳密な手続をとる必要まではないと思われますが、不正行為のデータが、関係職員が使用しているパソコン以外に保存されている可能性も念頭に置いてデータの収集等を行う必要があります。

(2) 個人宅の証跡の収集

一般的な企業において、従業員の自宅に踏み込み、そのパソコンを取り上げる、という事態は想像できないと思います。

しかし、警察等の捜査機関においては、裁判所の許可を得て、被疑者宅のパソコンについて捜索・差押えや検証を行うことがあります。

昔話になりますが、かつて、マンションの一室で、パソコンを多数起動させてダイヤルQ2サーバとしてわいせつ画像等の違法コンテンツを提供している、という現場がありました（今でも海外からのアクセスを中継するためのプロキシサーバを多数設置している例がありますが……）。

このときは、部屋に踏み込むまでもなく、玄関先の電力量計が激しく回転しているのを見るだけで、サーバ群が林立していることが容易に想像できました。

パソコンの省電力化が進んだ現在でも、このような現場はまだあるのかもしれません。ただ、企業の情報システムのように事前ヒアリングをすることはできませんので、対象機器に関してあらかじめ得られる情報がほとんどない中で、調査、データ収集等を開始することとなります。

以下に個人宅の証拠データの収集に関する留意点を簡単にまとめておきます。

例えば、ファイル共有ソフトを利用して児童ポルノ動画を配信（公開）した、というような事件の場合には、ファイル共有ソフトが動作しているパソコンの電源がONになっていてインターネットにも接続中、という状況が現場で確認できることが望ましいのですが、一方で、この時、被疑者が勝手に電源を切断するなどの操作をしないよう注意する必要があります。

また、起動状態でのみ収集可能な揮発性情報については、第2章⑪「パソコンの電源の取扱い」に掲げる注意事項等を踏まえ、必要なデータを消失させないように、手順を確認しながら必要な情報を収集します。

さて、現場で調査対象とすべきパソコンが特定できた場合でも、データが記録されているものはそれ以外にもあるかもしれません。

　例えば、ファイルサーバ等の外付けハードディスク、NAS（Network Attached Storage）、USBメモリ、SDカード等のほか、ビデオデッキやビデオレコーダーに動画が蔵置されている可能性もあります。

　また、パソコンやファイルがパスワードで保護されている場合は、そのパスワードがメモや付箋紙に書かれてパソコンの周囲に貼られていることがあります。これらについても漏れのないよう調査し、後の解析に必要となりそうなものについては写真・メモ等で確実に記録を残します。

　さらに、ファイル共有ソフトとは別に、スマートフォン等から動画投稿サイトやSNS等に投稿している場合もあるので、インターネット回線に接続できる機器、例えばTVゲーム機、スマートフォン等にも目を向ける必要があります。

　また、P2Pネットワーク上で流通しているファイルは、マルウェアに感染しているものが少なくない上、P2Pを利用している機器もセキュリティ設定を緩めにしているものが多いことから、これらの機器にはマルウェアに感染したファイル等が存在する可能性が非常に高いと考えられます。場合によっては、当該機器がマルウェア等の発信源である可能性を踏まえた調査も必要になってくるでしょう。

　現代のサイバー犯罪やサイバー攻撃では、インターネットに接続したパソコン１台、極端な言い方をすれば、携帯電話やスマートフォン１台で、大事件を引き起こすことが可能です。

　したがって、先に記した一昔前のテレビドラマに出てきたような犯罪者の部屋～一日中カーテンを閉め切った薄暗い部屋の中でデスクトップパソコンやらノートブック型のものやらゲーム機やらがあちこちに置かれ、床には

カップラーメンの空き容器やら電源コードやらLANケーブルやらがぐちゃぐちゃになっていて足の踏み場もなく……といったような光景は、最近はあまり見られませんが、常に予断を持つことなく現場に臨むことが必要です。

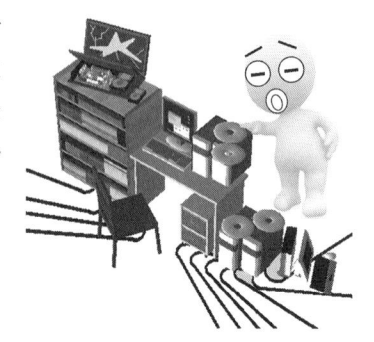

③ 現場におけるデータの収集

調査対象の機器が設置されている現場では、「その場でのみ存在する」データの収集を始めとした情報保全のための作業を行います。

また、詳細な調査や解析を行うために機器等を現場から搬出する際には、当該機器の電源や回線接続の状況等を詳細に確認・記録しておくとともに、不用意な操作で機器等のデータが書き換えられたりデータが消失したりしないように注意しつつ作業を行います。

(1) 対象物の状態の記録

まず、調査に着手する前の状況を記録します。部屋全体の状況を確認し、対象となる機器の設置場所の見取り図や配線図、機器の名称やシリアル番号等の一覧を作成します。その際、機器の外観に破損がないかどうかなどもチェックします。

デジタルカメラ等を用いて現場の撮影等をした際には、カメラ本体やデータが記録された電磁的記録媒体を亡失することのないよう留意します。

(2) 揮発性情報の収集

機器の電源がONの場合には、電源をOFFにする前に揮発性情報の収集の要否について検討します。揮発性情報の収集の必要性が判断できない場合、あるいはノートブック型パソコン等のバッテリーが附属している機器を押収する際には、電源が投入されたままの状態で外からの電波を遮断できるシールドボックス等に収納して持ち帰ることも選択肢の一つになります。ただし、いずれの場合も十分なバッテリー容量を必要とすることには留意しましょう。

揮発性情報に関しては、**第2章**4「メモリ・フォレンジック」の項でも記述していますが、例えば不正アクセス事案等では、その原因や外部からの侵入経路を特定するために有用な情報が揮発性メモリ上に残されている可能性があることから、できるだけ多くの情報を幅広く収集するように努めます。

なお、ハードディスクの中にはないものの、揮発性メモリには残されている可能性があるデータの例としては次のようなものがあります。

- **データを取得又は暗号化するために使われたプログラム**
- **パスワードハッシュ、暗号鍵**
- **使用ポート番号、相手先のIPアドレス及びこれらを使用中のプロセス**
- **実行中のプロセス・プログラム、実行したコマンド履歴等**

ただし、稼働中のシステムから揮発性情報を収集しようとする行為は、システムに何らかの状態変化を生じさせる場合がほとんどです。したがって、揮発性情報の収集に当たっては、状態変化が生じる可能性のある操作について、特に詳細な記録を取りながら実施するようにします。

揮発性情報は、時間経過やプロセスの進行に伴い内容が逐次変化しますので、外部からのアクセスに関係する情報から先に収集することが必要です。

米国国立標準技術研究所の指針（NIST SP800-86）では、揮発性情報を収集する場合は、以下に記した順番とすることが推奨されていますので、例えばサーバ等、外部からのアクセスや利用が行われる機器の情報を収集する際の参考にするとよいでしょう。

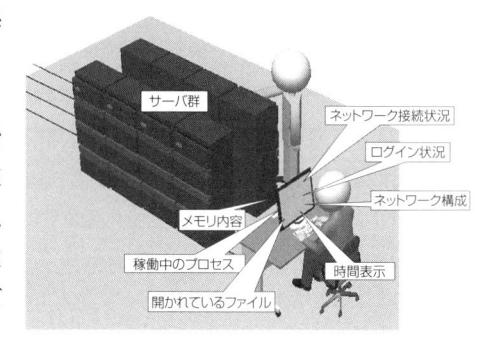

① ネットワーク接続

WindowsやUNIXベースのシステムでは、netstatコマンドを用いて、発信元と送信先のIPアドレスやポートごとのネットワーク接続リストを表示することが可能です。

arpキャッシュやルーティングテーブルの収集も必要になるかもしれません。

② ログインセッション
一部のOSでは、ログイン中のユーザの一覧を表示するためのコマンドが用意されています（UNIXシステムのwコマンド等）。
③ メモリの内容
RAM内には、パスワードハッシュ、直近で実行されたプロセス等が残っている可能性があります。
RAMの内容を抽出するユーティリティ（ツール）も存在していますが、ユーティリティの実行によりRAMの内容が変化するリスクがあることに留意する必要があります。
④ 実行中のプロセス
UNIX系のシステムでは、現在実行中のプロセスを表示するpsコマンドを備えています。
⑤ 開かれているファイル
UNIX系のシステムでは、開かれているファイルを表示するlsofコマンドを備えています。
⑥ ネットワーク構成
現在のネットワーク構成を表示するユーティリティ、UNIXのifconfig、Windowsのipconfig等を利用することにより、ホスト名、物理的及び論理的インターフェース、各インターフェースの構成情報（IPアドレス、MACアドレス）等を収集することが可能です。
⑦ オペレーティングシステム時間
UNIX系システムでは、現在のシステム時間、GMT（グリニッジ標準時）との差等の情報を表示するdateコマンドがあります。また、Windowsでは、date、time、nlsinfoコマンドが利用可能です。

(3) 不揮発性情報等の収集
ア ファームウェアの設定情報
必要に応じてパソコン等のファームウェアの設定状況を確認します。
パソコンの電源を投入すると、BIOS（Basic Input/Output System）やUEFI（Unified Extensible Firmware Interface）が起動し、構成機器の初期化や診断を行った後、OSの読み込みを行います。

最近はBIOSに代わり、UEFIが搭載されているパソコンも増加しつつありますが、構成機器、システムの日付・時刻、マザーボードの構成要素等の情報は、システム起動時にファンクションキー等を押すことにより表示される画面で確認することができます（多くのメーカでは**F2キー**を割り当てていますが、Esc、F9、F12、その他のキー等メーカにより異なります。）。

なお、この機能が割り当てられているキーが不明の場合は、パソコンの電源投入時に画面に表示される"**Press F2 to Enter Setup**"等のメッセージに従います（このメッセージが表示されない場合もあります。）が、表示が分かりにくい場合には、"Pause"（Pause/Break）キーを押すことにより画面の遷移を止めることもできます（停止の解除は"Ctrl"＋"Pause"キーです。）。

なお、設定画面にパスワード保護がかかっている場合には、所有者やシステム管理者からパスワードを聞いた上で対処します。

〈参考〉 フォレンジックに用いられるツールの中には、CD-ROMやUSBメモリに記録したLinux等の別OSを起動させて、ハードディスク内のデータをイメージ化[※1]したり、Linux等にWindowsのパーティションをマウントして必要なデータを読み出すものがありますが、これらの機能はそのまま「ブートキット攻撃[※2]」等に悪用される可能性があります。
なお、UEFIはブートキット攻撃への対策として「**セキュアブート機能**」を備えていることから、この機能がサポートされている場合（Windows8以降）には、このようなツール・手法による攻撃は無効化されます。
　※1　イメージ化：ハードディスクのファイルやフォルダ構造を保ったまま、まとめて１つのファイルに複製すること。ISOイメージ、ddイメージ、EnCaseイメージ、FTKイメージ等がある。
　※2　ブートキット攻撃：Windowsが起動するときに必ず初めに参照される領域（ブート領域）に隠したマルウェアを利用して行う攻撃手法。

218　第2部　デジタル・フォレンジックの実務

イ　解析用資機材等使用時の留意事項

　パソコンやサーバ等の電磁的記録媒体内のデータ（不揮発性情報）を収集する際に使用する資機材については、次の要件を満たしているものであることをあらかじめ確認しておきます。

- 物理コピー機能を有している
- 複写先として利用する電磁的記録媒体はその都度新たに用意する（他で利用された媒体等の使い回しの禁止）
- 書き込み防止機能を有している
- 同一性を検証する機能を有している
- 解析作業の履歴を表示する機能を有している
- マルウェア等に感染していない

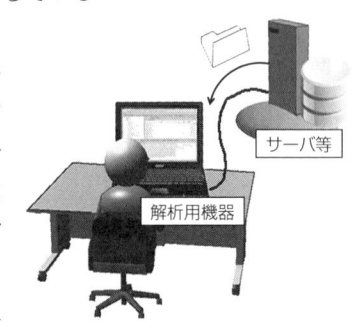

　例えば、児童ポルノ画像の単純所持事件の場合には、その画像自体と入手経路に結びつくようなログ等を複写するだけで十分な場合も多いのですが、パソコンあるいはその画像がマルウェアに感染しているなどの場合には、時間の経過とともに当該パソコンの状態が変化（レジストリの改変・追加、設定ファイルの変更等）している可能性にも留意します。

　また、マルウェア検体を抽出して、その解析作業を行う場合にも、基本的にはパソコンやハードディスクごと預かるか、ハードディスク全体を別のハードディスク等に複写（物理コピー）するようにします。

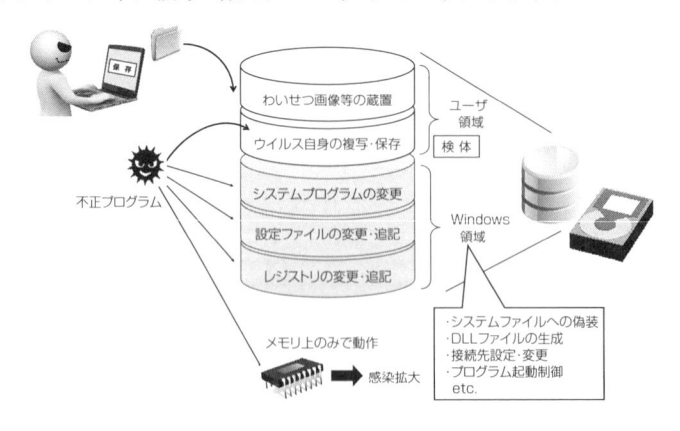

なお、マニュアル化されているようなシンプルな作業の場合には、それほど高度なテクニックを求められない反面、慣れや思い込み等による種々の事故が起こり得ます。

以下は想定される事故の例ですが、簡単な作業でも基本に忠実に確認を行い、作業の内容を記録しながら進めることが重要です。平素から複写・解析のための機器やツールを用いた訓練を行い、不適正操作等の絶無を期すことが求められます。

〈発生するおそれのある事故の例とその原因〉
① タワー型パソコンに内蔵された2個のHDDのうちのひとつを複写するに当たり、そのパソコンでLinuxのddコマンドを使用して、別途用意した新品の外付けHDDに複写しようとしていたところ、コマンド操作時に引数で選ぶべきマウントデバイスを間違え、内蔵HDDのもう片方を複写先に指定して上書きしてしまった。

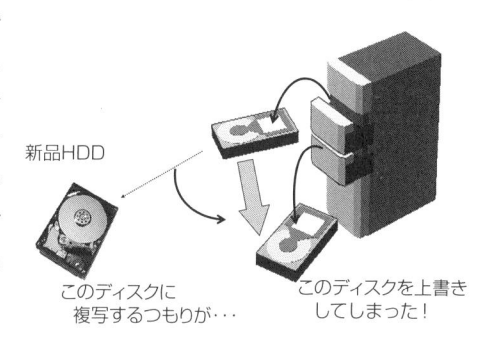

　新品HDD
　このディスクに複写するつもりが…
　このディスクを上書きしてしまった！

確認不足
書き込み防止（データ保護）措置を行っていない

② データを複写するためにパソコンの内蔵HDDを取り出してデュプリケータ（HDDの複写装置）にかけたところ、マスタ（複写元のHDD）とターゲット（複写先のHDD）を逆にセットしてしまったため、解析すべきデータが全て消失してしまった。

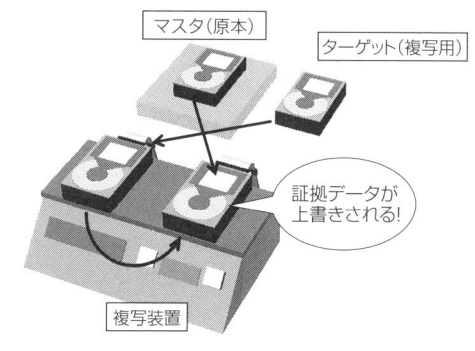

　マスタ(原本)　ターゲット(複写用)
　証拠データが上書きされる！
　複写装置

220　第2部　デジタル・フォレンジックの実務

> 確認不足
> 書き込み防止（データ保護）措置を行っていない

③　LANケーブル（RJ-45規格）の端子を形状の似ている電話回線用（RJ-11規格）のコネクタ（コンセント）に無理に押し込んで破損させてしまった。

・　USBメモリをパソコンのUSB端子ではなく、誤ってIEEE1394端子に差し込もうとして、IEEE1394端子を損傷してしまった。

> 確認不足

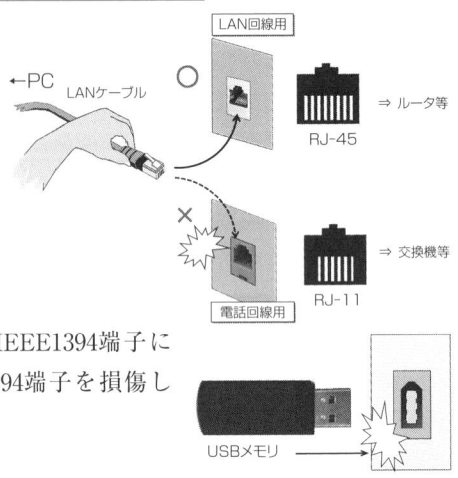

④　解析作業に長時間要することが予想されたため、携帯電話機の電源端子に外部から直接電源を供給するためクリップ接続を行ったところ、電池パック用の電源端子を破損した。

・　ハードディスクをパソコンから取り出してデータを複写した後、取り外したハードディスクを再びパソコンに取り付ける際に不注意で床に落として損壊してしまった。

・　ノートパソコンを分解してハードディスクを取り出し複写を行った。その後、パソコンに再びハードディスクを取り付けようとした際、最初のネジとは異なる長いネジを使ったため、ネジが貫通し表面のパームレスト部分に穴が空いてしまった。

・　携帯電話機から電子メールデータを抽出する際には、通常は、まずデータを複写するために用意した新品のmicroSDカードをその携帯電話機で初期化して、その後そのカードにデータを

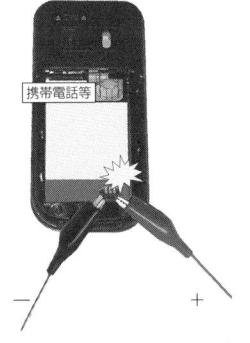

複写する、という手順で行っているが、既に挿入されていた携帯電話機の所有者のmicroSDカードを新品のmicroSDカード（複写用）と思い込み、初期化してしまった。

> いずれも確認不足

⑤ フォレンジックツールが入ったパソコンがコンピュータウイルスに感染していたため、そのパソコンから解析用媒体に感染が拡大してしまった。

> ウイルスチェックに対する認識不足

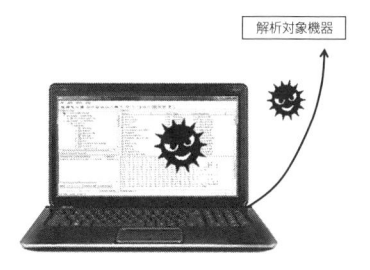

また、現場から持ち帰った機器等の解析を実施する際にも、以下のような事故が起こり得ますので、機器や媒体の不適正な取扱いによる損傷等の事故を発生させることがないよう、慎重な作業を心掛けなければなりません。

⑥ CD-Rを取り扱う際、セロハンテープが貼り付けられていたので、解析作業を行う際に剥がしたところ、記録層の薄膜も剥離し、データが読めなくなった。

・ スマートフォンの製造番号を確認するため、本体リアカバーを取り外そうとマイナスドライバーを使用したところ、カバーが割れてしまった。

・ スマートフォンに内蔵されていたSIMカードを、専用工具を使わずにゼムクリップで取り外そうとしたところ、ゼムクリップが誤ってSDカードスロットの端子に引っかかり、端子が損傷した。

・ 携帯電話機内に挿入されていたmicroSDカードの解析を実施した際に、フォレンジックツールがmicroSDカードを認識しなかったので、接触不良だと思ってスロットへの抜き

差しを繰り返したところ、microSDカードが中央付近で折れてしまった。
・ 携帯電話機の解析作業を終了した際、SIMカードを確実に取り付けず、さらに無理やり電池パックを取り付けようとしたため、SIMカードが折れてしまった。

> 機構上の強度に対する認識不足

コラム 「アンチ・フォレンジック」への対応

昨今は、個人用のパソコンでも、ログイン時やスクリーンセーバーが稼働している状態から復帰する際に、パスワード入力を必要とする設定としていることが多くなっています。またスマートフォンでも、パターンロック、PINロック等を利用する人が増えてきています。

このような保護設定がなされている機器については、所有者に解除してもらってから解析を始めます。

一方、サイバー犯罪に使われているパソコンやスマートフォンでは、証拠の隠匿や隠滅を図るため、意図的な仕掛けがなされている場合があります。

本人以外がパソコンを勝手に操作しようとすると、データを消滅させるようなコマンドが隠されている場合もあり、中には一度実行されてしまうと元どおりにデータを復元することが不可能になる「トラップ」が仕込まれていることもありますので、慎重に対応するなどの注意が必要です。

以下、いくつかの例を示します。

■ キー割当ての変更

パソコンの機種によっては、個々のキー又はキーストロークの組み合わせに対する機能の割当てを当初のものとは異なるようにすることができるものがあります。

通常のキーボード操作を装って「ハードディスクの初期化」を実行させるなどして、証拠隠滅を行うことが可能です。

■ ログの設定変更

パソコン等のログ機能を無効にしたり、ログの格納場所の容量を極めて小さく設定する、システム管理ログに偽のイベントを大量に書き込むなどの方法により、ログ解析行為を妨害することが可能です。

また、ログの拡張子を変更して、通常の格納場所とは違う場所に保存することにより隠匿を図る場合もあります。

■　リモートコントロール

　立会者が事件の関係者だった場合には、パソコンから隔離していても、Wi-FiやBluetooth、赤外線通信が可能なスイッチ、マウス、キーボード等による遠隔操作で証拠隠滅が行われるおそれがあります。

　また、携帯電話やスマートフォンを利用して、ネットワーク経由で「自爆」プログラムを作動させるように仕組むことも可能です。

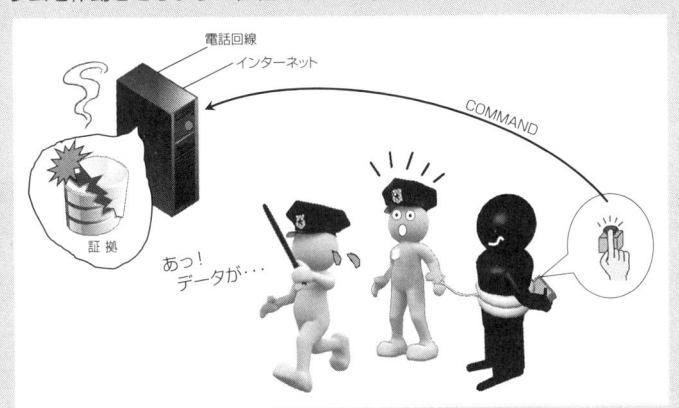

■　パスワードの「消滅」

　パスワードで保護されたスクリーンセーバーが稼働していたりシステムがロックされていると、揮発性情報を収集することができません。

　このような場合、所有者のパスワード情報を入手し、ロック状態を解除する必要がありますが、「分からない」、「記憶にない」などと拒否されたり、偽のパスワードを繰り返すことで、データが消失するように仕向けられることがあります。

4 データ及び機器の保管管理

　パソコンやスマートフォンなどの機器や電磁的記録媒体に関して、更に詳細な解析を行う必要がある場合には、デジタル・フォレンジックに必要な設備が整った施設に搬送します（警察の場合には、最終的には警察庁の「高度情報技術解析センター」が担当します。）。

　犯罪捜査の際には、証拠品として丁寧に扱うことは当然ですが、特にデジタル・フォレンジックにおいては、「精密機器」であるとの観点からの慎重な取扱いも求められます。

　20年近く前には、まだまだフロッピーディスク（FD）も全盛であり、コンピュータやFD等の指紋の採取時に、アルミニウム粉末や石松子等がFDやHDDの回転部分に入り込んで傷つけたり、回路を短絡させる危険性が高い、等の教養も実施していました。この時代に比べると、現在は機器や媒体の気密性も向上し、回転機構を傷つける危険性は減ってはいますが、電磁気的に脆弱であることに変わりはありませんし、搬送中のショック（衝撃・震動）でも、機器が損壊する可能性がありますので、梱包や持ち運びの際には特に注意します。

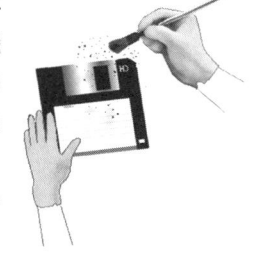

　また、保管中もデータが消失したり改変されたりしないように十分注意しなければなりません。

　例えば、電磁波（通話やメールの着信）、静電気、塵埃や高温・直射日光、湿気（結露による基板やハードディスク内でのカビの発生）等による機器障害やデータ消失を防ぐため、保管環境に配意します。

　さらに、当然のことながら、保管中の人為的な修正、編集、改竄等は一切許されませんので、その観点からも適切な管理を行う必要があります。

(1) 梱包及び搬送

　現場での作業が一通り終わった後、搬出する機器類の整理・梱包に当たっては、一般的な注意事項のほか次の点にも十分留意します。

・　パソコン本体だけではなく電源コードやケーブル、ドングル等、解析

作業に不可欠な附属品は確実に添付すること。
- 押収品や任意提出品の目録には、附属品も含めて物品名、数量等を詳細に記載すること。
- 近距離の移動であっても緩衝材等を使用して確実に梱包すること。
- 静電気、電磁気、紫外線（直射日光）等の影響を受けないように梱包し、搬送すること。
- 携帯電話機、スマートフォン等については、原則として電源を入れたままで搬送しないこと。もし電源を入れたまま搬送する場合には、電磁波を確実に遮断することが可能な容器（箱や袋）に封入すること。
- 運送業者を利用する場合は、精密機器（こわれもの）指定とし、実績があり、かつ取扱いの確実な業者・サービスを利用すること。

「現場対応」、「搬送」、「解析」の過程全般に当てはまることですが、パソコンやスマートフォンの電源が入れられたままになっていると、インターネットや電話回線経由でメール等が着信し、解析しようとしていたデータに上書きが発生したり、古いデータや履歴が消滅することがあります。

また、不正アクセスやマルウェアによる被害を調査している間に、当該脆弱性を塞ぐためのアップデートやパッチの適用（プログラムの更新）が自動的に行われる可能性もあり、そのことによってセキュリティホールや攻撃の痕跡が判別できなくなる事態を招くこともあります。

(2) 保管管理

保管、管理に当たっては、次の点に留意します。
- パソコン、ネットワーク機器等が一時に大量に持ち込まれた場合においても、附属品を含め一品ずつ確実に台帳に記録して管理する。また、保管場所についても、執務室等ではなく関係者以外が立ち入ることのできない鍵のかかる場所を前もって確保する。
- 解析作業のために機器等を持ち出すときは複数人で対応し、その日時、担当者名等をその都度確実に記録する。
- ハードディスクの複製の際、保管用と解析用の２つを作製した場合には、保管用のものについて封印が確実にされていることを、保管開始時以降、随時確認する。

・ 電磁波、静電気等のほか温度・湿度等にも注意して保管する。また、保管が長期間に及ぶときは記録媒体の劣化を踏まえたデータの移替えを検討する。

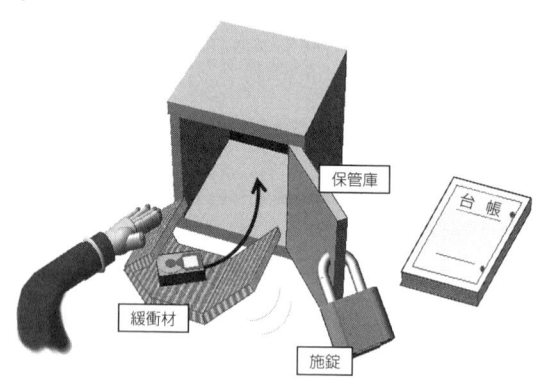

第8章
デジタル・フォレンジックによる解析と報告

　第2部の冒頭にも書きましたが「解析」といっても、目的や対象、手法は様々です。
　本章では、デジタル・フォレンジックのプロセスに関する指針と、警察の情報技術解析部門で実施される業務における対処・取扱いの一例を紹介します。
　解析作業を始める際には、基本的に、まず次の事項を確認します。

○　解析対象物の状態
　サーバ、パソコン、モバイル機器（タブレットやスマートフォン等）等の解析対象が、それぞれ完動品なのか、それとも破壊・損傷を受けているのかなどにより、対応要領が異なります。
　また、押収したパソコン等のハードディスクだけ外して持ち込まれた場合に、例えばBitLockerで暗号化されていたり、ハードウェアでRAIDを構成しているものであったときなどは、パソコン本体のほか、回復パスワードやRAIDカードがそろわないと対処できない場合もあります。

○　解析の目的と必要な成果物
　証拠となるファイルの内容を印字するだけでよいのか、あるいは多数のファイルの中から犯罪や不正行為に関連する情報について抽出・分析することを求められているのか、対象機器の稼働プロセスや動作時間等のタイムライン解析を求められているのか、削除・隠蔽されたデータのカービング（復元）を求められているのか、マルウェアに感染した痕跡の確認を求められているのか、マルウェア自体の動作状況の解析や当該マルウェアによる接続先等も含めた全容解明までを求められているのか

など、解析の目的と要求される成果物を確認します。

これらが明確になっていなくては、的確な対応ができませんし、闇雲に解析に着手しようものならゴールの見えない複雑な作業を展開することになり、無駄に時間を要してしまいます。

1 デジタル・フォレンジックのプロセス

(1) データの収集・保全に係る国際標準（ISO/IEC 27037）

前章の「現場における対応」のフローは、2012年に制定されたISO/IEC 27037（デジタル証拠の識別、収集、取得、保全に関するガイドライン）にのっとったものとなっています。

具体的には、デジタル証拠（Digital Evidence：デジタル・フォレンジックの対象となる情報）を**識別**（Identification）し、**収集**（Collection）し、**取得**（Acquisition）し、**保全**（Preservation）する、といった作業の流れを、企業の情報システムと個人宅のパソコンという2つのモデルケースを例にして、「現場における対応」について説明をしています。

しかし、このISO/IEC 27037の指針は、データを「保全」するところまでのものしかありません。

引き続き「デジタル・フォレンジック」として行うべき、解析等の作業に関する標準的な工程には、次項に掲げるもの等があります。

(2) NIST SP800-86

NIST（米国国立標準技術研究所）が2006年に策定したSP800-86（Guide to Integrating Forensic Techniques into Incident Response）では、デジタル・フォレンジックのプロセス全体を4つのフェーズに分けています。

国内でもデジタル・フォレンジックの過程を細かく説明する場合には、このような**収集**

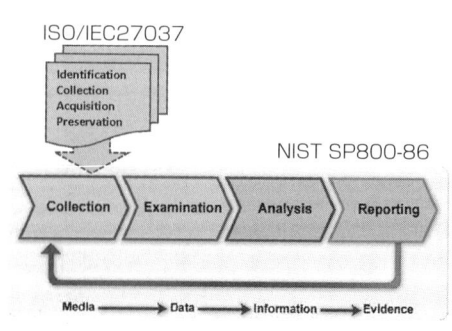

図8－1　ISO/IEC27037とNIST SP800-86

（Collection）、検査（Examination）、分析（Analysis）、報告（Reporting）の４つのフェーズに分けることが多いようです。

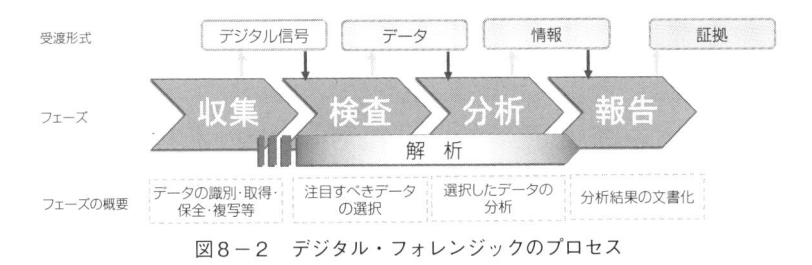

図８－２　デジタル・フォレンジックのプロセス

ア　収集（Collection）

これはISO/IEC 27037の規定における識別（Identification）、収集（Collection）、取得（Acquisition）、保全（Preservation）が含まれる、と考えましょう。

イ　検査（Examination）と分析（Analysis）

検査と**分析**の２つのフェーズは、まとめて**解析**という用語でくくられることが多いので、以下、本書では、この過程の作業を「解析」として説明します。

デジタル・フォレンジックにおける解析のフェーズは、**収集**フェーズの成果を引き継いで最終的な成果物である**報告書**にするまでの中継ぎ部分であり、「０」「１」のデジタル信号をデータとして可視化・可読化し、さらにそれを意味のある「情報」に帰着させるまでの過程として位置付けられています。

収集フェーズまでは、フォレンジックツールの選択等、一部に専門的見地からの判断が必要なものはあるものの、作業自体はどちらかといえば定型的、機械的なものが主であったのに対して、解析フェーズに入ると判断や作業は非定型的となり、担当者のスキルや経験に大きく依存するものとなります。

このため、ともすれば担当者による恣意的なデータの選択や分析が行われたり、「事実」と「推測」とが整理されずに「情報」や「証拠」が作り上げられてしまうおそれがあることから、**「手続の正当性」**、**「解析の正確性」**及

び「**第三者検証性**」が確保されたものとなっているかどうかを常に客観的に評価できるようにしておくほか、決裁過程においてもこれらのポイントについて確認することが必要です。

ウ　報告（Reporting）

　報告書は、デジタル・フォレンジックの成果物であることから、例えば、メモリやハードディスクからデータを複写した場合においては、データが元のデータと同一で、それを解析する過程においても、その原本と同じデータが使われていること（原本同一性）、さらに各作業段階において手続の内容に不透明なところがないこと（手続の透明性）等が、確実に担保されているものとなっていることが重要です。

2　解析の対象とその手法

　図8-3は、マルウェアが蔵置されたパソコンをデジタル・フォレンジックに基づいて解析を行う際に必要となる作業と、その作業に要求される技術スキル、作業の定型化の困難性、データのレイヤ等の位置付けについて、ひ

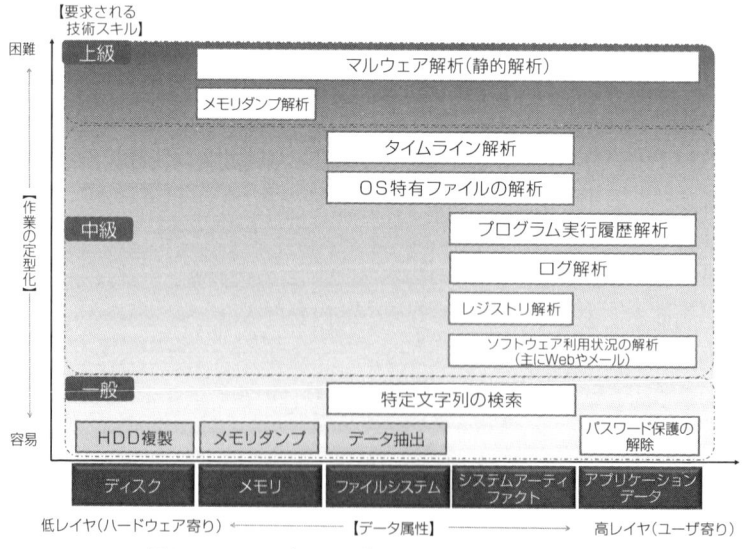

図8-3　マルウェアに侵されたパソコンの解析例

とつの例を示すものです。

なお、この図では「HDD複製」に要する技術スキルを「一般レベル」としていますが、後述するように、HDDの複製であっても、場合によっては非常に高度の技術が必要となる場合も多いので、あくまで一つの例として見てください。

最下段の3つの項目、ディスクからの「HDD複製」、メモリからの「メモリダンプ」及びファイルシステムからの「データ抽出」は、前段の収集フェーズにおける作業となります。

それ以外の項目の**解析（検査・分析）**フェーズでの作業内容は、おおむね次のとおりです。

なお、マルウェアを蔵置したのがそのパソコンの所有者（利用者）なのか、あるいは不正アクセス等により第三者が送り込んだものなのか、という違いによっても、解析の着眼点や作業手順は異なります。

① パスワード保護の解除

　会員制サイト等特定のサイトにログインするためのパスワードや、各種のアプリケーションソフトウェアに設定されたパスワードは、フリーウェア等のツールにより解読できる場合もありますが、高度な暗号を利用するパスワード等では、スパコン等を用いても解読までに天文学的な時間を要するかもしれません。

　しかし、このような場合であっても、暗号化方式が既知であれば解読作業自体は定型的であり、個々の技術者のスキルに依存する部分はあまりありません。

② 特定文字列の検索

　セキュリティソフトの中には、既知のマルウェア名やマルウェアに含まれる文字列との比較・同定等の作業をプログラムの機能として備えているものもありますが、マルウェアを解析する際には、必要に応じて、このような作業を手作業で行います。

③ ソフトウェア利用状況の解析（主にWebやメール）

　ブラウザの履歴情報やキャッシュ、「お気に入り」等からインターネッ

トの利用状況に関する情報を収集します。

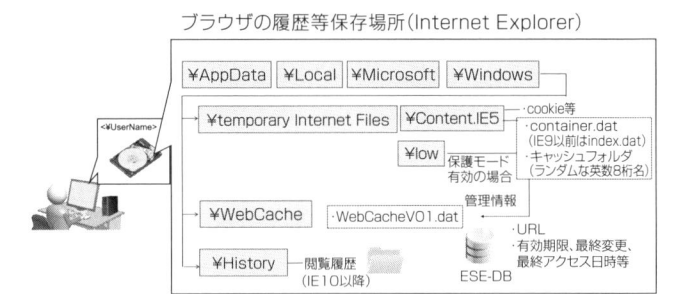

図8-4 ブラウザの履歴等保存場所（Internet Explorer）

図8-5 ブラウザの履歴等保存場所（Firefox）

　また、メールのアーカイブデータ等から抽出したアドレス帳、添付ファイル、メール使用履歴等も調査し、送受別や時系列順に整理するなどして、ネットワーク経由のマルウェアの侵入の有無やその痕跡について調査します。
④　レジストリ解析
　Windowsパソコンにおけるレジストリ構成ファイル（System、Software、Security、SAM、Ntuser.dat等）からマルウェアの挙動に関する情報を収集します。
　また、必要に応じて、マルウェアが侵入した痕跡やマルウェアにより書き換えられた痕跡の有無等についての調査・解析を実施します。
⑤　ログ解析

OSやアプリケーションの各種ログやネットワーク機器等の通信履歴からマルウェアの痕跡や挙動に関する情報を収集し解析します。
⑥　プログラム実行履歴解析
　　Windowsパソコンの場合、レジストリファイルやPrefechフォルダ配下のファイル、ハイバネーション（hiberfil.sys）や、ページファイル（pagefile.sys）等からマルウェアの挙動や痕跡に関する情報を収集し解析します。
⑦　OS特有ファイルの解析
　　OS特有のフォルダやファイル（WindowsのPrefechフォルダやTempフォルダ内のデータ、通常隠しファイルとなっている設定データ等）からマルウェアの挙動や痕跡に関する情報を収集し解析します。
⑧　タイムライン解析
　　パソコン内の各ファイルのタイムスタンプ（作成、変更、最終アクセス等の日時情報）、各種履歴から時系列を追ったマルウェアの挙動や痕跡を解析します。
⑨　メモリダンプ解析
　　収集したメモリダンプからマルウェアの挙動や痕跡を解析します。

3　高度な解析手法

　通常の解析作業の流れでは、まず携帯電話機やパソコン等の電子機器に残されているデータを抽出し、それらを対象に解析作業を行います。
　しかし、中にはデータが消去されていたり、電磁的記録媒体が傷ついているなどにより、一見すると抽出したり複写できそうなファイルが見当たらない、あるいはハードディスクが接続されているのにOSでは認識しない、そもそも起動しない、という対象を相手にしなければならない場合もあります。
　また、マルウェアの中には、例えばWindowsの場合であれば、システムDLL（Dynamic Link Library）等のシステムが利用する正規のプロセス（プ

ログラム）であるかのように偽装していたり、感染していることについて発覚を遅らせたり免れるための様々な偽装・隠蔽工作が行われているものがあるため、その解析に当たっては非常に高度な技術を要します。

以下、このようなものの解析手法の一端について紹介します。

(1) データの収集・抽出手法
ア　削除データの復元

　パソコン等に記録されたファイルは、ファイルを「ごみ箱」に入れたり、そのごみ箱を空にしたりした場合であっても、ハードディスクの元々の保存領域が別のファイルで上書きされていなければ、そのファイルを構成していたデータが残っていることがあります。

　このようなデータを復元するには、まず対象となるハードディスクの全領域のデータを取得（ダンプ）して、そのデータの中から目的のデータを見付け出す、という方法が一般的です。そのためには、ハードディスクの「物理コピー」を行い、全てのセクタのデータをビット単位で複写する必要があります。

　携帯電話機やスマートフォン等に内蔵されたメモリの全領域データを取得しようとしたときに、次項の例のように本体の障害や破損により電源を入れても起動しないときは、本体を分解してメモリチップを取り外し、そのメモリチップから直接データを読み出す方法を採ることもありますが、特別な事情がなければ、メモリダンプ機能を有するツールを使用することで、物理的に取り外すことなくメモリ中の全データを抽出し、そのデータを用いて削除されたデータの復元を試みます。

　なお、この際、ツールによっては対象機器のメモリの空き領域を一時的に使って、見かけ上削除されたデータを復元するものもありますが、このようなツールを使用する場合には元のデータの書き換えが起きてしまう、ということに留意する必要があります。

イ　破損・水没機器からのデータ抽出

　デジタル・フォレンジックの現場では、所有者が中のデータを見られたくないために故意に壊したと思われる「たたき折られた携帯電話機」とか「用水路に投げ込まれたパソコン」等からのデータ抽出を依頼されることがあり

ます。
　これらの機器から抽出された情報は、内容によっては事件等の重要な証拠となるかもしれないため、関係者から寄せられる期待も大きいものがありますが、情報を抽出するかどうかの判断や抽出の手法は、ケースバイケースです。
　場合によっては、費用や時間がかなりかかることがあるため、現実には「費用対効果」を踏まえた対応が必要です。技術者の見積り（概算修理費用、復旧までの所要時間、情報が抽出できる可能性）等を参考として、修理やデータ復元を実施するか否かの判断を行います。

　(ア)　メモリカード等
　メモリカードやフラッシュメモリ等の機械的駆動部分がない電磁的記録媒体は、水没したものであっても、内部にまで浸潤した水分で回路が短絡したり腐食断線したりしていなければ、洗浄して乾燥させるだけで情報が抽出できる可能性は残されています。また、媒体が折り曲げられているなど、回路が断線している場合には、断線箇所を特定した上で実体顕微鏡を見ながらはんだ付けを行うなどの修復作業を試みます。

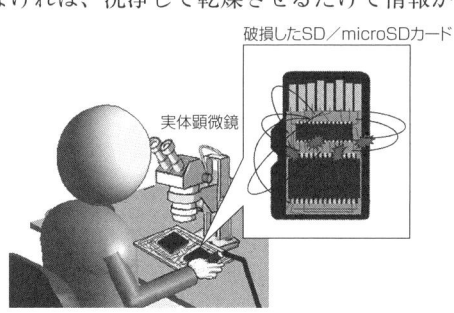

　(イ)　携帯電話機等
　短時間水没しただけの携帯電話機やスマートフォンの場合、状態が良いものであれば、十分洗浄し乾燥させることだけで機能回復を図ることができる場合があります。
　しかし、メモリチップ搭載基板が割れていたり、回路が腐食断線しているなど、対象の携帯電話機そのものの修理が不可能な場合には、壊れた携帯電話機と同一の機種を別に準備して、壊れた方からデータの記録されたメモリチップを外し、それを正常に動作する同型品に載せ換えて機能回復を試み、動作するようであれば、後は正常な携帯電話機と同様の解析を行

うことができます。
　基板上からメモリチップを外し、同型品に載せ換えるためには、専用の資機材と熟練した技術が必要ですが、一般的な手段でデータの抽出が行えない場合には、「**チップオフ・フォレンジック**」と呼ばれるこのような手法を用いることがあります。

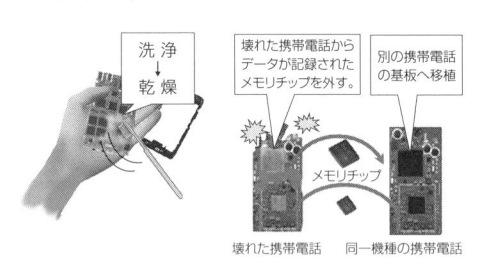

　なお、携帯電話機等の修理を携帯電話事業者やメーカーに依頼すると、「修理」という名目でも実質は「全部交換」や「基板交換」となる場合が少なくありませんが、このような場合において、修理後にデータ抽出を試みようとしても、修理以前に記録されていたデータは一切残存していないことに注意する必要があります。

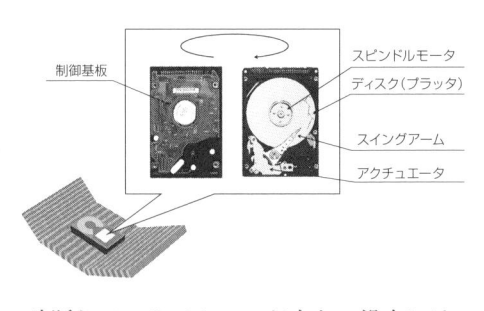

(ウ)　ハードディスク
　筐体が変形したり水没したハードディスクであっても内部の磁気記録媒体（プラッタ）に変形や傷がなく、かつ制御基板の動作が正常な場合には、記録されているデータを抽出できることがあります。
　制御基板に損傷があっても、破断しているパターンが少ない場合には、切れている部分をつなぐことにより復旧が可能な場合もあります。また、海水に浸かっていた場合等は、プラッタを洗浄後、制御基板上のメモリとともに同型のドライブに移植する（載せ換える）ことで機能回復・データの抽出ができることもあります。ただし、これらは、クリーンルーム内での作業や、その他にも洗浄装置や種々の設備が必要となるため、警察では、警察庁情報技術解析課の高度情報技術解析センターにおいて都道府県警察

からの要請に対応しています。

ウ　パスワードの解析

　パスワードは、アプリケーションソフトウェアのほか、ハードディスクやパソコンのOS、スマートフォン等の電子機器、USBメモリ等の電磁的記録媒体、Webメール等のインターネットサービスに至るまで、様々な場面で設定され、使用されています。

　パスワードは、本来、他人が情報をのぞき見ることを防止するために用いられているものですが、本人以外の者がパスワード保護が施されたファイル等の内容を知る必要が生じた場合には、教示を受けるなどしてパスワード保護を解除する必要があります。

　一方、パスワードを知っている人がいない場合や、パスワードを設定した本人がそれを教えようとしない場合には、以下のような手法を用いてパスワード保護を解除したり回避することを検討します。

- 　（パスワードが記録された）メモの捜索
- 　デフォルトのパスワードの入力
- 　パスワード解析ソフトウェアの利用
- 　パスワードファイルの解析
- 　内蔵ハードディスクの解析（ハードディスクを取り外し、解析用コンピュータに接続して認識させる。）
- 　パソコン本体のBIOSやUEFIの設定変更（マザーボードの設定を初期値に戻し、同一のマザーボードを準備して接続し直す。）

　なお、パスワードの設定が可能な電子機器や電磁的記録媒体の中には、パスワードによる認証を所定の回数連続して失敗すると、操作を受け付けなくなったり、データが初期化されてしまうものがあるので注意が必要です。

(2)　マルウェアの解析

　マルウェアには、自らの技術力を誇示するためだけに作られたようなものもありますが、最近では電子商取引やオンラインバンキング等を狙った金銭目的のものが増加し、社会問題化しています。

　また、技術的にも年々高度・複雑化しており、セキュリティソフトのチェックを巧みにすり抜けたり、感染ルートや感染後の発覚を遅らせたりす

るための様々な仕組みを備えたものが次々と出現しています。

このようなマルウェアの解析は、名称、サイズ等の情報を調べる「**表層解析**」のほか、コンピュータリソースに悪影響を与えることのない**サンドボックス**（解析環境）内で検体（マルウェアと思われる怪しいファイル）を実行させて、その動作を監視する「**動的解析**」、リバースエンジニアリングによりコードに込められた意図を明らかにする「**静的解析**」等の手法により行われます。

それぞれの手法の概要については、次のとおりです。

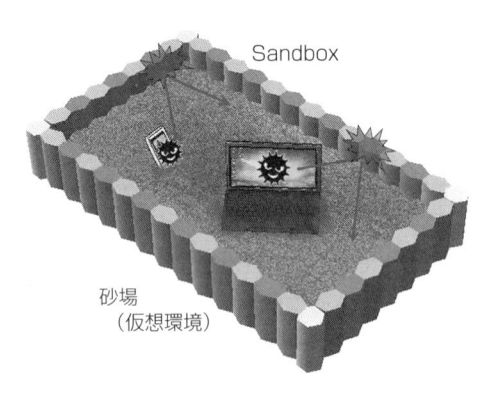

Sandbox

砂場
（仮想環境）

ア　表層解析（Surface Analysis）

簡易調査とも呼ばれ、ファイル名、サイズ、ハッシュ値、セキュリティソフトによる検出結果等から既知のマルウェアとの関係性について俯瞰的に調査します。

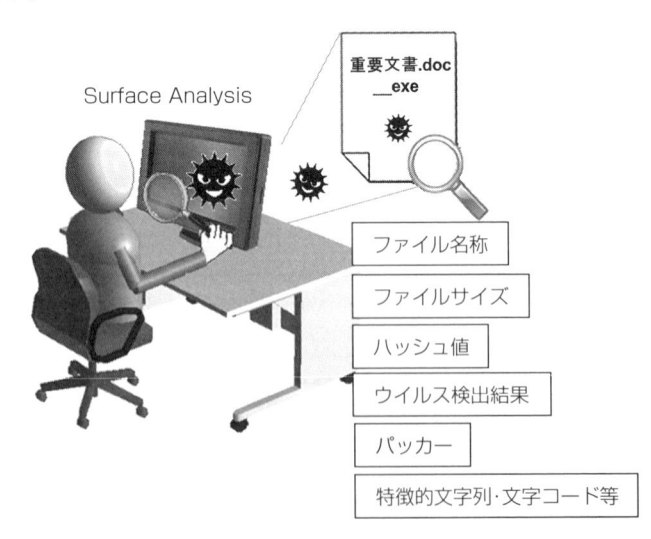

Surface Analysis

重要文書.doc＿＿exe

ファイル名称

ファイルサイズ

ハッシュ値

ウイルス検出結果

パッカー

特徴的文字列・文字コード等

あらかじめ疑わしいマルウェアの存在が分かっている場合には、この解析により既知のものと同一又は同種であることの確認ができる反面、未知のプログラムの場合にはその存在、挙動等を解明することはできません。

イ　動的解析（Dynamic Analysis）
サンドボックスと呼ばれる閉じた解析環境内で「検体」のプログラムを動作させ、その挙動を監視することにより、当該プログラムがマルウェアか否かの確認を行うものです。

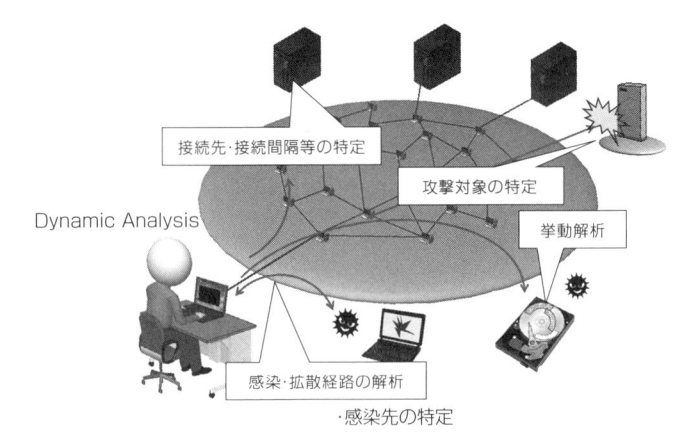

解析環境が構築されていれば、既知のマルウェアとの同定については、比較的短時間で行うことが可能ですが、新たに出現したマルウェア等の場合には、「不審な動作をする」という情報以上の詳細を得るのは難しく、特に昨今はボットネットやドライブバイダウンロード攻撃に用いられるマルウェアのように、複数のサイトに接続しないと一連の動作に必要なプログラムや設定情報ファイルが入手できないものであったり、指令サーバからの指令どおりに動作していないと次の接続ができなくなってしまうものなどがあり、仮想環境における動作解析が難しくなっています。

さらに、マルウェアの中にはタイマーによる遅延実行・定時実行機能や解析（仮想）環境であることを検出してダミーの動作をする機能等、複雑なアンチ・フォレンジック機能を組み込んだものも増えています。

ウ　静的解析（Static Analysis）
　リバースエンジニアリングにより、マルウェアのコードをアセンブリ言語やC、C++等のプログラム言語に翻訳して解析することで、当該プログラムに組み込まれた機能や動作を調べる解析手法です。

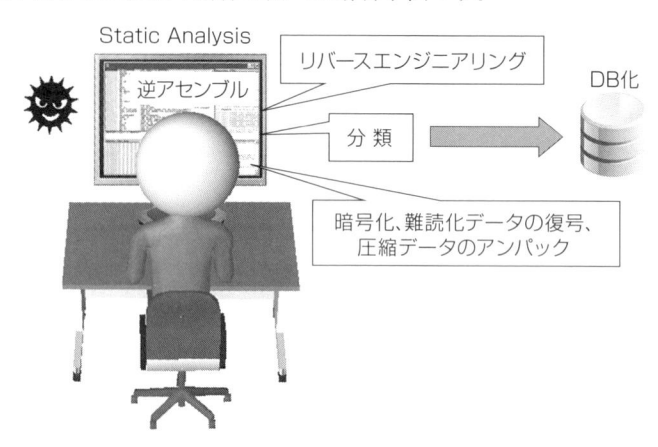

図中のラベル：Static Analysis／逆アセンブル／リバースエンジニアリング／分類／DB化／暗号化、難読化データの復号、圧縮データのアンパック

　静的解析は、マルウェアの機能や動作が詳細に解析できることが特長ですが、対象となるマルウェアには、多くの場合、各種パッカー（圧縮ツール）によりコードを露出しない手法や、解析に用いるデバッガを検知する機能、暗号化・難読化等の様々な隠蔽工作が仕掛けられており、それらを全てクリアしなければプログラム本体の解析や接続先の可読化にたどり着くことができません。
　さらに、そのマルウェアの接続先も、暗号化だけではなくDGA（Domain Generation Algorithm：ドメイン生成）機能を備えているものがあるなど、様々な方法でプログラムの動作を隠蔽しているため、その解析には高度な技術力と深く幅広い知識を持つスペシャリストが必要であり、その育成が急務となっています。

エ　マルウェア等の隠蔽手法
　マルウェアは、その多くが発見（検知）されるのを遅らせたり解析作業を困難にさせるための機能を持っており、様々なトラップを仕掛けたり隠蔽工作を行ったりしています。
　(ア)　プログラム本体の隠蔽

画像データの中に目的データを埋め込んで隠す技術を利用してマルウェアを隠蔽したり、正規プロセスの中に潜ませるものがあります。

(イ) 自動起動設定

マルウェア本体を見かけ上完全に削除しても、パソコン等の電源を再投入した際に自動的に復元されて再び起動できるようにレジストリ等の記述を追加・改変するものがあります。

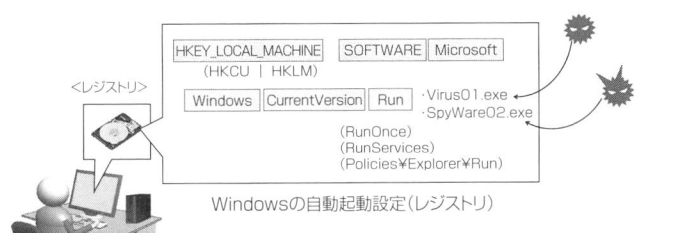

Windowsの自動起動設定（レジストリ）

(ウ) 不可視設定

エクスプローラ等のファイラやビューアでは表示されない「不可視設定」により、マルウェアの存在が発覚しにくいようにしています。

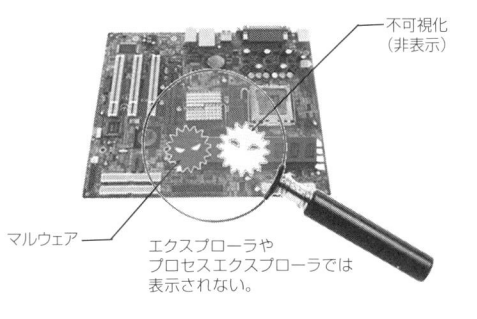

図8－6の例は、多重圧縮されたファイルが自動解凍されるとマルウェア本体が現れる、というものですが、その本体がコピーされた際にファイルの属性を変更することで、ファイラ等に表示されなくなるとともに、元のマルウェア本体も自動的に消滅して感染過程の痕跡を消すようになっています。

図8−6　多重圧縮されたマルウェアの挙動の例

(エ)　解析環境等の検出

　マルウェアの解析を実施する際には、仮想環境を用いて行うことが多いのですが、VMwareやVirtualBox等の仮想環境で起動されるとそれを検知したり、ネットワーク接続や命令の処理時間等をチェックするなどし、解析されていることを検知した場合には、動作をしない仕組みのものがあります。

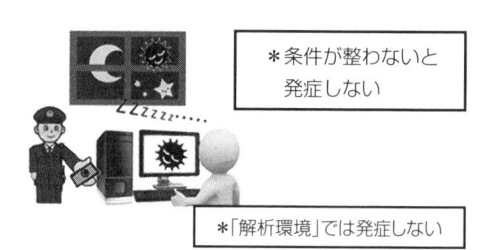

(オ)　接続先・送付内容の暗号化等

　不正な指令や更新情報をマルウェアが受け取るためには、これらの情報（データ）が置かれているサイトに接続する必要がありますが、そのサイトのアドレスが公知になると犯人の特定につながりかねないため、人が容易に解読できない形でレジストリに書き込んだり、設定ファイルを変更したりして、接続先のアドレスが見つからないようにしています。

　さらに、ドメイン生成（DGA）機能により多数の接続先アドレスをランダムに生成する（そのうちのいくつかが現に攻撃者に利用されている。）とともに、マルウェアが侵入したパソコンに指令を出したりそこから情報を受け取ったりするC&C（Command and Control）サーバと

接続することで、URLフィルタリング等を回避しながら確実に指令が受け取れるように工夫されているものもあります。

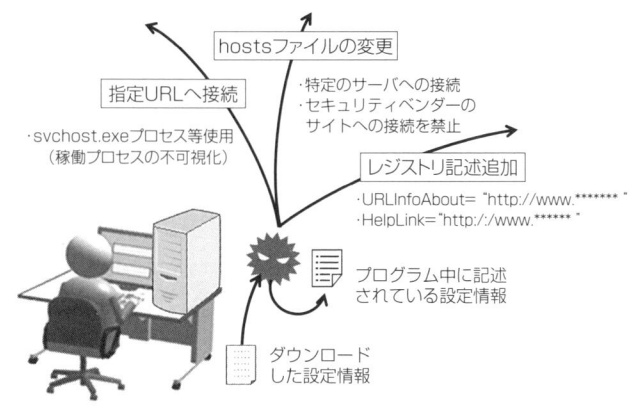

図8-7 マルウェアの動作の一例

また、感染端末の情報を攻撃元に送付する際には、情報の暗号化が行われていることも多くなってきています。

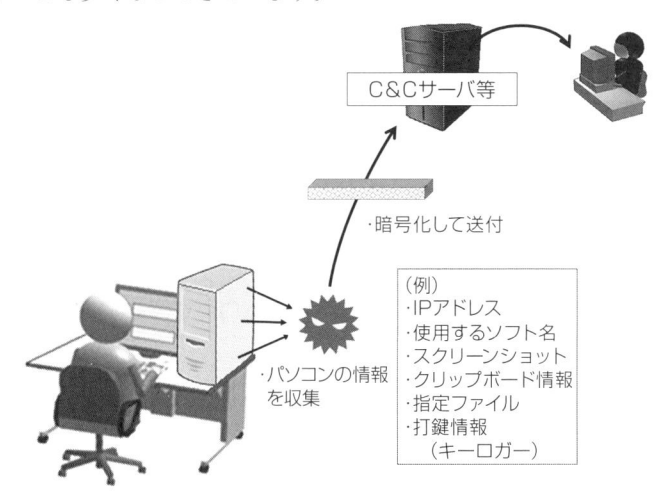

図8-8 マルウェアによる情報の窃取

4 解析報告書（レポート）の作成

　解析作業が終了した際には、その解析結果から「**何が出てきたのか、何が分かったのか**」ということを整理し、レポートに取りまとめます。

　その様式や書式については、官公庁や調査会社等それぞれの組織で定まったものがある場合には、当該様式等を用いるのがよいでしょう。ただし、その場合、「今回の作業に対する報告」を行う上で、記載すべき項目に漏れがないことをよく確認します。

　なお、一般にレポート・報告書というと「**事実をありのままに**」かつ「**簡潔明瞭に**」書くことが当然のこととされています。

　しかし、技術者の書く文章、特にデジタル・フォレンジックの報告書の場合には、どうしても日本語以外の言語（バイナリデータ、プログラム言語、英語等）の記述が多くなるなど、難解なものになってしまいがちです。

　また、例えば、「可能性はいろいろ考えられるが断定できることは何もない」という解析結果だった場合には、「**なにやらたくさん書いてはあるが、何が言いたいのかさっぱり分からない**」と言われてしまうことも少なくありません。

　解析報告書は、刑事、民事の裁判で使われる場合もあり、正確であることはもとより、判明した事項についての網羅的な記述が求められることもあります。しかし、例えば、「〇月〇日〇時〇分にこのパソコンの電源は入っていたか？」ということに対する回答を行うためだけのレポートであれば、論拠となるデータ以外のことまでこと細かく記載する必要はないでしょう。

　いずれにしても、専門家以外の人にも、記載内容を誤解なく読み取れるものであることが重要です。

　そのためには、固有名詞は別として、作業内容の説明等の場面で、一般的にはあまり使われていない難解な技術用語や外国語を多用することは避けるようにするとともに、定義が不明確な用語や専門的な略語・外来語等をどうしても使わざるを得ない場合には、注釈等で詳細な説明を加えるようにします。

　また、例えば、情報漏洩等の「事件」に関係する電磁的記録の解析を実施した際には、司法手続の中で証拠として取り扱われる可能性もありますの

で、解析報告書には、少なくとも次頁の「解析報告書に記載すべき事項」の各項目について、できる限り丁寧に記載する必要があります。

一方、それほど厳密さを要求されないレポートの場合には、解析目的や要請の内容に応じて、これらの項目の中から適宜選択し、「定型的記載事項」については簡潔に、「自由形式での記載事項」についても要点を絞った簡潔な記述を行います。

なお、組織的な対応を行った案件では、決裁過程を明確にして残しておくことも忘れないようにします。

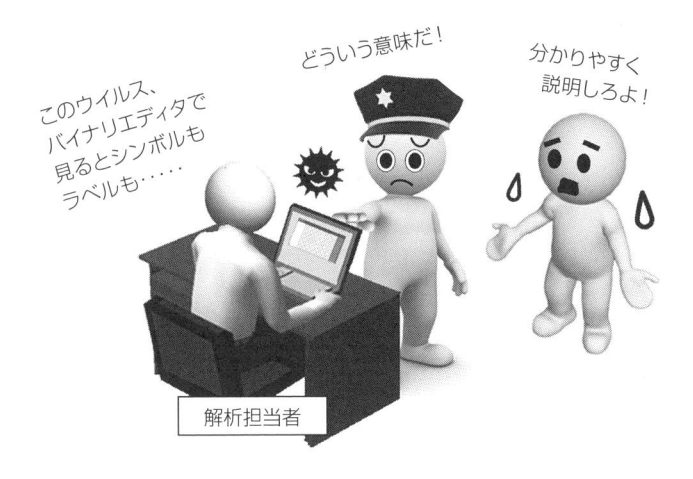

○　解析報告書に記載すべき事項
① **定型的記載事項**
　　件名、事件（解析を必要とする背景）の概要、解析要請担当者、解析要請日時、解析対象物受領日時、解析担当者、解析管理責任者、解析結果報告日時
② **自由形式での記載事項**
　・　解析目的
　　　解析を行った目的（要請元の要請理由（解析を通じて明らかにしたい事項、解析結果の利用用途等））
　・　解析要請内容
　　　対象機器からの画像データ抽出、メールの時系列処理、マルウェアの解析等要請された作業の内容
　・　解析対象物
　　　パソコン、携帯電話機等の種別と型名、製造番号等（対象物を個別に特定できるレベル）
　・　使用資機材
　　　解析に使用した資機材・ツール
　・　解析期間、解析場所
　　　解析を行った期間、作業場所
　・　解析経過、解析の手順
　　　複数の解析項目の実施順序、解析作業中の特異事項等
　・　解析の結果
　　　解析要請に対しての対応状況（何をしたのか）
　・　解析の結論
　　　解析目的を踏まえた解析結果の客観的な評価（何が明らかになったのか等）

第9章
デジタル・フォレンジックの今後

　BYOD（Bring Your Own Device）と呼ばれる、職場に私物の携帯機器を持ち込んで業務に利用する勤務形態が、スマートフォンやタブレットの普及により増加しつつあります。

　また、かつてはパソコン等を用いて自宅で仕事を行うことをSOHO（ソーホー：Small Office/Home Office）と呼んでいましたが、時代の変遷とともにその呼び名も変わり、今では「テレワーク（テレワーキング）」、家庭ではなく出先でも業務を行う「モバイルワーク」等の名称で、その利用者人口も増加しています。

　このように、ネットワーク技術やサービスの進化、各種センサー技術の高度化・普及などもあって、M2M（Machine-to-Machine）やIoT（Internet of Things）と呼ばれる、"モノ"同士が接続される社会が到来しています。出先と家庭や職場が結ばれて、様々な機器のコントロールが離れた場所からできるようになったり、様々なセンサーが収集するデータがクラウド環境に蓄積され、「ビッグデータ」としてビジネスに活用されるようにもなっています。

　しかし、このようなビジネスやサービスの進展は、利便性や即時性、経済性などの向上に資するものではありますが、情報セキュリティが確保されていなければ、個人情報や機密情報が流出してしまう危険性があります。

　既にクラウド・フォレンジックという用語等も使われ始めていますが、続々と登場するサイバー空間上の新しい技術の導入に際しては、適切なセキュリティ対策を講じるとともに、システムの設定やインシデントへの対応要領等を適宜見直すなどのきめ細かな対応が望まれています。

　本章では、デジタル・フォレ

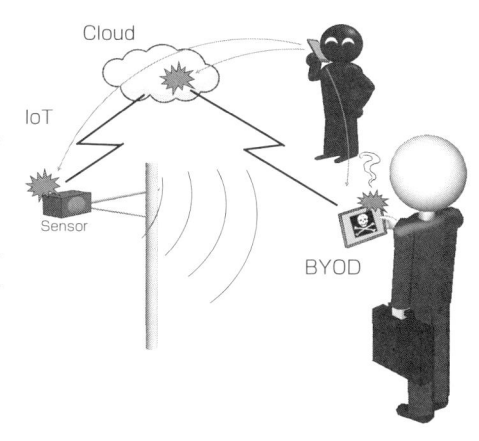

ンジックに関する、社会における現在の取組状況や今後の展望についてまとめています。

1 マルウェア（不正プログラム）対策

　マルウェア等を使用したサイバー攻撃やサイバー犯罪では、技術面での高度化・複雑化が一段と進んでいます。
　例えば、以前は不特定多数の対象を無差別に攻撃し、その社会的反響の大きさに満足するという、いわゆる"愉快犯型"が多かったのですが、近年ではターゲットを特定の個人や官公庁・企業に絞る"標的型"のマルウェアが増加しています。このような手法による情報の窃取等が行われた場合、被害に遭っても気付きにくく、気付いたときには既にその痕跡が偽装又は消去されているケースも増加しています。
　マルウェアによる犯罪等の実態解明を行い、新たな被害の抑止と同種事案の続発を防ぐためには、デジタル・フォレンジックによる詳細な解析やそれに基づくタイムリーな注意喚起が不可欠なものとなってきています。

(1) 感染・侵入の手口

　マルウェアの感染・侵入の手口としては、権限のある人がだまされて、あるいは無意識に、権限のない人に権限を与えてしまう「**ソーシャルエンジニアリング**」をきっかけとするものが多いとみられていますが、近年は、利用者に特段の落ち度のない事例も目立つようになってきています。

ア　ソーシャルエンジニアリング

- ウェブサイトに置いてあるマルウェア（正規のプログラムを装ったり、他のプログラムに添付されている場合もあります。）を自ら端末にダウンロードし、それを実行してしまう。
- 送りつけられたメールの添付ファイルを開いた際に、そのファイルに偽装されたマルウェアを実行してしまう。
- USBメモリ等の電磁的記録媒体に仕

込まれていたマルウェアが、その媒体をシステム端末等に接続した際に自動実行されてしまう。

　これらの例では、自動的に感染しているように見えても、実はいずれも侵入される側のパソコン利用者の無意識のひと押し（ワンクリック）や安易な外部記録媒体の利用がマルウェア侵入の決め手になっています。

　したがって、このような人手が介在する「ソーシャルエンジニアリング」の手法による犯罪に対しては、利用者に対する注意喚起や啓発活動により被害の防止を図ることが可能です。

イ　人為的要素のない感染

　「ウェブサイトを見ただけでパソコンがマルウェアに感染してしまった」、「ワンタイムパスワードを使っていたのにネットバンキングの口座から金銭を窃取された」などの事例では、被害者側でワンクリック等の操作を行わなくても、システムやネットワークの脆弱性を突いて自動的に感染してしまうものが少なくありません。

　このような事例については、まずはシステム管理者によるWebサイトの適切な管理が最も重要であり、利用者の情報セキュリティリテラシーの向上と併せて、セキュリティアップデートの確実な実施、IDS／IPS、UTM等の設定を一層強固なものにするなどの対策を講じる必要があります。

(2)　マルウェア等の送付（攻撃）手法の例

ア　ドライブバイダウンロード（DbD）攻撃

　ウェブサイト等にトラップを仕掛け、そのサイトにアクセスした利用者が気付かないうちに、マルウェアをダウンロードさせる攻撃手法です。

　特に、攻撃目標である企業や官公庁等の職員がよく閲覧するサイトを狙いトラップを仕掛けるDbD攻撃は、「水飲み場型攻撃」と呼ばれることもあります。

　また、以前は「標的型メール」を用いて不正プログラムを送りつける手法が多かったのですが、企業側のセキュリティ対策の推進・浸透とともに、近年ではこのようなサイトへのアクセスを待つ、受動的な攻撃手法も多く用いられるようになってきました。

　水飲み場型攻撃では、特定のIPアドレス（攻撃対象組織等が保有するもの）

以外の利用者からのアクセスに対しては悪意ある動作をしないようにして、トラップ設置の発覚を遅らせるようにしているものが多く認知されています。

イ　マンインザブラウザ（MITB：Man In The Browser）攻撃

　パソコンに侵入したマルウェアが、ブラウザが行う通信を常時監視し、ネットバンキングサイトへのアクセスを検知すると、パスワード等による認証が終わった後のタイミング等で、通信を乗っ取り、送金先や送金額を別の宛先等に差し替えるなどし、それによって被害者の口座から預金を盗み出す攻撃手法です。現在では、ネットバンキングを行っている多くの金融機関がマルウェアのターゲットリストに登載されていることが判明しています。

　また、この攻撃の場合、ネットバンキングの利用者や金融機関のいずれにも正当な手続を執っているように見せかけながら、裏で機械的に別の口座に不正な送金を行うため、手続の途中で利用者が異変に気付きにくく、またワンタイムパスワードの利用等の高度な認証方法を採用していても防御できないことが多く、対策を難しくしています。

ウ　クロスサイトリクエストフォージェリ（CSRF）攻撃

　この攻撃手法自体は1990年代から知られていたものですが、平成24年に発生した「インターネットを利用した犯行予告・ウイルス供用事件」において、警察の誤認逮捕の要因ともなり、改めて注目を集めたものです。

　この攻撃は、あらかじめウェブサイトにスクリプト（プログラム）を仕掛けておき、このサイトを閲覧したパソコンに当該スクリプトを実行させて、閲覧者が意図しない動作を強制的に行わせるものです。当該サイトを閲覧したパソコンから、別のサイトでネットショッピングを行わせたり、SNSや掲示板に書き込みを行わせるなどの動作をさせることが可能です。

　したがって、例えば、犯行予告の掲示板への書き込み事件があった際に、書き込まれたサイトのログ等から発信者のIPアドレスを特定した場合でも、そのサイトにCSRF攻撃に対する脆弱性があった場合には、真の書き込み者

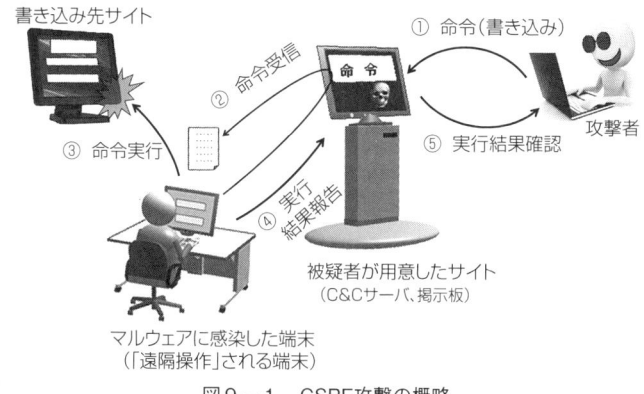

図9-1　CSRF攻撃の概略

　（Webサイトにスクリプト等を設置した者）が別にいる可能性も考慮する必要があります。

　なお、「**遠隔操作ウイルス**」というと、マルウェアが設置した裏口（バックドア）を通じて、攻撃者が自由奔放かつリアルタイムにコマンド操作を行えるようなイメージを持たれるかもしれませんが、実際には、攻撃者が別途用意したサイトを経由して間接的に命令が伝えられ、命令実行結果の成否も、この中継サイトに書き込ませることにより間接的に確認する、という手法が多く用いられています。

(3) マルウェア解析の効率化

　マルウェアは、作成用のツールキット等がネット上に出回り、亜種・変異種の作成や機能追加が比較的容易に行えることから、数も種類も増加の一途をたどっています。また、暗号化や隠蔽技術も加速度的に進化しています。

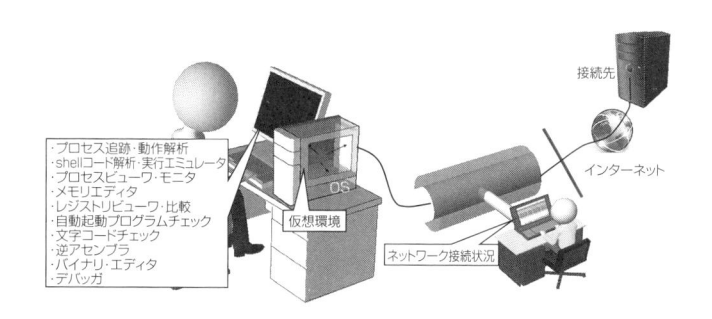

252　第2部　デジタル・フォレンジックの実務

　一方、マルウェアの解析は、多様なツールを駆使して行われますが、既知のものとは異なる暗号化や難読化が講じられているものも多く、一つひとつ手作業での解析を余儀なくされているのが実態です。

　また、特に最近のマルウェアにおいては、マルウェアの本体のみを入手しても、それだけで動作の全容を解明することはできません。

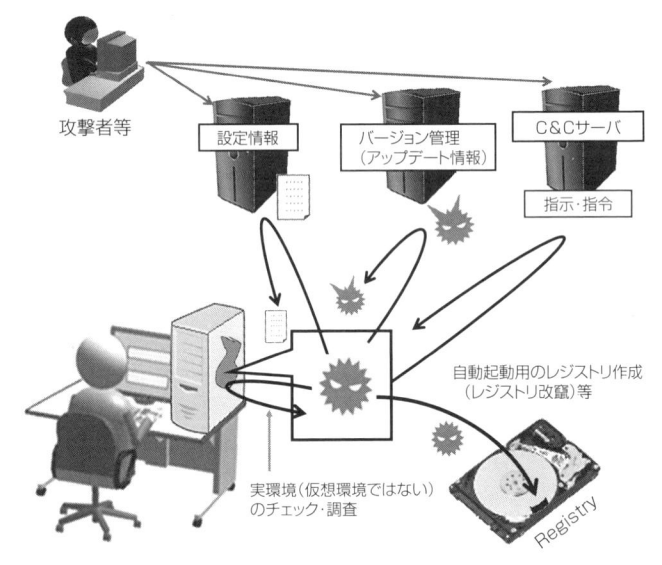

図9－2　アンチ・フォレンジック機能を有するマルウェアの動作例

　設定情報、アップデート情報や指令内容は、それぞれ別のサイトに接続してダウンロードするような仕組みを持つものも多いのですが、解析までに時間を要していると接続リンクが切れるなどし、その結果、接続先や攻撃先等に関する情報や攻撃命令の情報を入手できず全容の解明に至らない、という状況も発生しています。

　このような状況において、マルウェアに起因する犯罪被害を防ぎ、製造者や悪用者を突き止めるための活動を推進するため

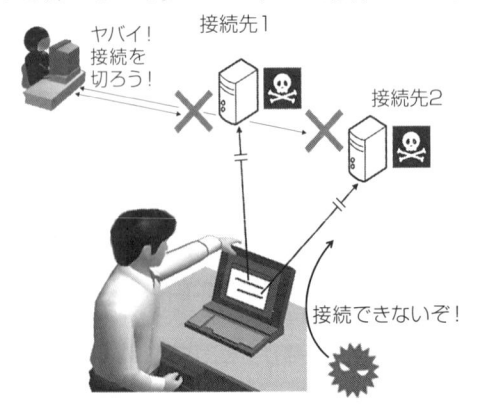

には、マルウェアの侵入やその前兆現象をより早く検出する仕組みの整備を始め、検体・関係プログラムの早期捕捉、解析時間の短縮等、解析活動の効率化とともに一層の官民連携が求められているところです。

(4) 総合的なマルウェア対策

　標的型メール攻撃に使われるような、特定の組織向けに作成したりアレンジされたマルウェアは、パターンファイルとのマッチングにより侵入阻止を図る「ウイルス対策ソフト」では、ほとんどの場合、対抗できません。

　しかも、近年では、OSやサーバソフトに対するものだけではなく、ネットワークや開発環境、各種アプリケーションの脆弱性等、あらゆる弱点を突いた攻撃が行われるようになってきていることから、単にサーバさえ防御すればよい、という対策でも不十分です。

　また、職員が利用する端末等、エンドポイントにおける対策が十分でなければ、情報流出の発生も懸念されます。

　このようなことから、近年、企業等においては、ウイルス対策ソフトやファイアウォールだけでなくIDSやIPSなどを組み合わせた「多層防御」又は「縦深防御」と呼ばれる対策やUTMの導入等が検討されるようになってきています（⇨第3章9(1)「IDS、IPS、WAF、UTMの機能等」）。

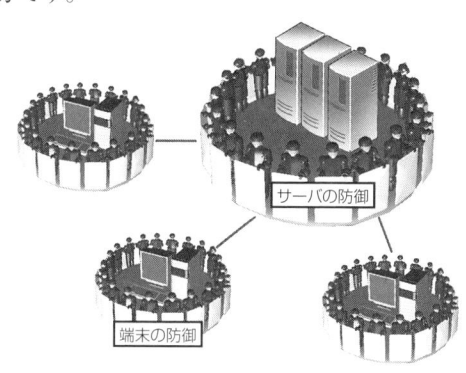

　これらの対策は、マルウェアの内部ネットワークへの侵入を防止することを第一目的としていますが、万一侵入された場合であっても内部の機密情報や個人情報にはたどり着くことができないようにし、更にたどり着いたとしても情報の流出を防止することができるような、多段にわたる対策となっています。

2　デジタル・フォレンジックに係る警察の取組

　2014年6月、「ゲームオーバーゼウス（Game Over Zeus）」の世界的な蔓

延を阻止するため、米国連邦捜査局（FBI）、欧州刑事警察機構（ユーロポール）、我が国警察を含む各国法執行機関等が連携し、このネットワークを崩壊させる「テイクダウン作戦」が実施されました。

「ゲームオーバーゼウス」は、金融機関関連情報を窃取することを目的とした、マンインザブラウザ（MITB）機能をもつマルウェアであるZeusの亜種として出現したもので、GOZと略されたり、感染手法からP2P-Zeusとも呼ばれています。

ちなみに、スマートフォン等に感染するZeusはZitMo（Zeus in the Mobile）と呼ばれています。

パソコンがGOZに感染すると、利用者がネットバンキングをしている間に口座番号やパスワード等の情報を窃取され、金融機関から別の口座に不正送金するなどの金銭的被害を受けるだけでなく、利用者の気付かない間に、犯罪者が管理するボットネットの一部に組み込まれて別の指令サーバ等と接続し、GOZの感染拡大や身代金要求型マルウェア（ランサムウェア）である「Cryptolocker」の配布等にも悪用されてしまいます。

しかし、このようなGOZの一連の動作が解明され、感染端末のIPアドレスの特定も進んだことから、サイバー関係では初めて各国の警察機関等が連携して、一斉にGOZが構成するネットワークの崩壊と実行犯の特定、検挙を図るオペレーションを実施することになったものです。

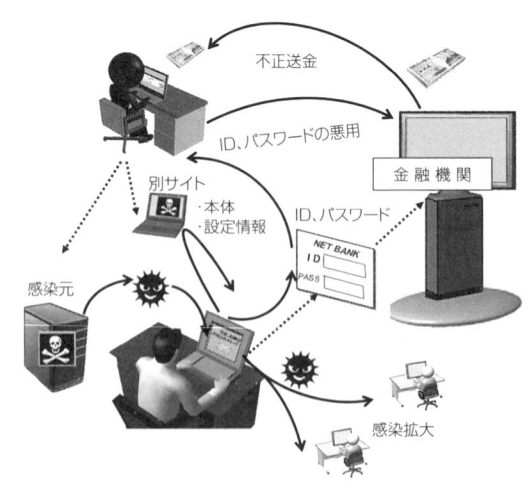

図9−3　「ゲームオーバーゼウス」による不正送金の流れ

日本においても、警察庁においてGOZの動作解明を行っていましたが、このときは都道府県警察を通じて各プロバイダ等に本作戦への協力を呼び掛け、これに応じたプロバイダやセキュリティベンダー等の協力を得て、感染端末の利用者に対してGOZの駆除を促しています。

また、このようなデジタル・フォレンジックやその成果を活用する取組は、サイバー犯罪の悪質化、複雑化等に対応して、国境を越えた法執行機関同士の連携のみならず、世界的規模で拡がる犯罪の未然防止や防犯意識の啓発を行う上でも、今後一層必要となることが見込まれています。

(1) サイバー攻撃対策

ア　サイバー攻撃情勢

近年、国内外において政府機関等に対するサイバー攻撃が続発しています。

このようなサイバー攻撃は、物理的な不正アクセス行為を伴うもののみならず「サイバーテロ」や「サイバーインテリジェンス」の一環として行われるもので、①攻撃の実行者の特定が困難である、②攻撃の被害が潜在化する傾向がある、③国境を容易に越えて実行可能である、などといった特徴があります。

国民生活や社会経済活動の基盤である重要インフラの基幹システムを機能不全に陥れ、社会の機能を麻痺させてしまう「サイバーテロ」や、企業等が保有する先端技術や国の機密情報の窃取を目的に行われる情報通信技術を用いた諜報活動である「サイバーインテリジェンス」の脅威は、国の治安、安全保障、危機管理等に影響を及ぼしかねない重大な問題であり、政府全体での対処能力の強化が求められています。

イ　サイバーテロの手口

サイバーテロを行う手口の例としては、攻撃対象のコンピュータやネットワークに対して、ボットネット等の多数のコンピュータから一斉に大量のデータを送信することにより極度に高い負荷を与え、そのシステムを停止させたりサービス提供を不可能にするDDoS（Distributed Denial of Service）攻撃があります。

また、システムの脆弱性を突いたシステムへの不正侵入や、マルウェアに

感染させること等により、管理者や利用者の意図しない動作をコンピュータに命令する手口もあります。

今後、IPv6の利用が進み、IoT（Internet of Things）と呼ばれるような状況になると、従来はインターネットに接続することが少なかった機器やセンサーが簡単に次々とインターネットに接続され、サイバー攻撃に加担させられる機器の数が加速度的に増大していくことが懸念されています。

既に攻撃が行われたり、システムの脆弱性を調べるための探索行為が認められているシステムの例としては、ビル管理システムや小売店等で売上管理等に用いられるPOS（Point of Sales）端末等が挙げられます。

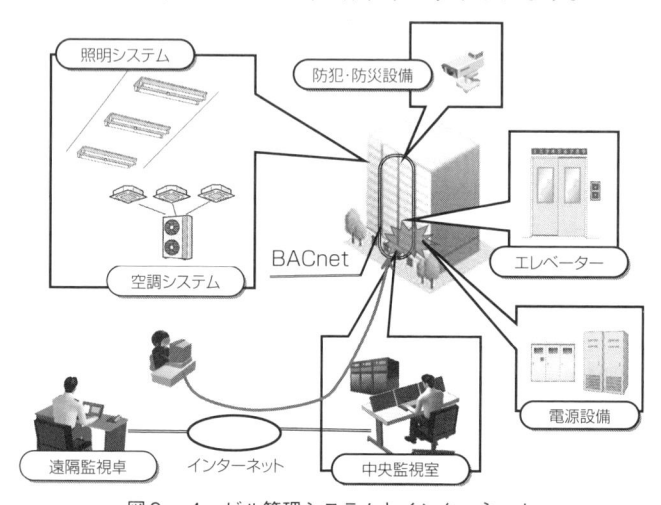

図9－4　ビル管理システムとインターネット

防犯センサーからの発信や気象観測システムが収集したデータの伝送についても、電話回線でセンターに伝送するシステムは以前からありましたが、最近ではインターネットを介して監視センター等と接続されるものに置き換わってきています。

ビル管理システムもインターネットを介して遠隔監視を行うものが増えてきましたが、ファイアウォールの設置や侵入検知（防御）等の適切な対策が施されていない場合には、攻撃者に侵入され、防犯・防災設備、エレベーター、電源設備等が勝手に操作される危険性がありますし、このような状況で放置されていると、思わぬところで突然「サイバー攻撃」を受けてしまう

場合があります。例えば、2012年に開催されたロンドンオリンピックの開会式に際して、会場の照明システムが標的として狙われていた、という報道もありました。

また、テレビやビデオ、エアコン等の家電製品もインターネットに接続されることが多くなっていますが、気が付かないうちにこのような大規模イベントに対するサイバー攻撃の踏み台の一つとして悪用され、「ボット」と化して攻撃の手助けをしてしまう、という可能性にも留意する必要があります。

既に、家庭用のブロードバンドルータ（無線LANルータ）のうち「オープンリゾルバ」状態であるものが、DNSアンプ（リフレクタ）攻撃に悪用された例等が知られています。

家電製品や計装制御システムの端末は、パソコンやタブレットなどとは異なり、基本ソフト（ファームウェア）を逐次アップデートするようにはなっていませんし、利用者がファームウェアの脆弱性に平素から注目することもあまりありません。しかし、このような機器・センサー等がすべからくインターネットに接続される時代になってきていることから、一人ひとりがサイバー空間における防犯意識を持つとともに、少なくとも自分が持っている機器がサイバー攻撃に加担することのないように管理することが、これからは必要になってきているといえるでしょう。

ウ　サイバーインテリジェンスの手口

サイバーインテリジェンスの手口の例としては、業務に関連した正当な電子メールを装いつつ、市販のウイルス対策ソフトでは検知できないマルウェアを添付した電子メールを攻撃対象の企業やその従業員に送信し、これを受信したコンピュータをマルウェアに感染させることにより情報の窃取を図るような標的型メール攻撃があります。

標的型メール攻撃の中で、「やりとり型」と呼ばれる手口は、最初からマルウェアを添付したメールを送信するのではなく、求職活動や業務上の連絡を装ったメールのやりとりを攻撃対象企業の担当者と何回か行った上で、マルウェアを添付したメールを送りつけるものです。

すなわち、最初のうちは通常のメールのやりとりを行うことによって、企業の担当者の警戒感を和らげ、添付ファイル付きのメールが送付されても不自然ではない状況を作り、違和感なく添付ファイルを開かせるように仕向け

る巧妙な手口です。

また、攻撃対象となる企業や業種の従業員が頻繁に閲覧するWebサイト等にマルウェアを置き、このサイトを閲覧したコンピュータにマルウェアを自動的に感染させる「水飲み場型攻撃」と呼ばれる手口では、このサイトを閲覧した全てのコンピュータにマルウェアを送出するわけではなく、閲覧者のIPアドレス等から攻撃対象企業かどうかを判別し、攻撃対象企業からのアクセスが行われた場合にのみ、マルウェアを送出し感染させるという手法が用いられています。

さらに、広く利用されている無償ソフトウェアの更新を悪用してマルウェアに感染させる手口も新たに確認されるなど、サイバーインテリジェンスの手口は多様化しています。

エ　警察によるサイバー攻撃対策

警察では、サイバー攻撃対策のための体制を整備しており、サイバー攻撃の実態解明や被害の未然防止・拡大防止等に係る総合的なサイバー攻撃対策を推進しています。

警察庁には、サイバー攻撃対策官を長とするサイバー攻撃分析センターを設置し、サイバー攻撃に係る情報の集約・分析機能を強化しています。また、都道府県警察には、サイバー攻撃対策プロジェクトを設置し、組織が一体となって対策を推進しているほか、政府機関や重要インフラ事業者、先端技術を有する事業者等が多く所在している13都道府県警察には、サイバー攻撃特別捜査隊を設置しています。

サイバー攻撃対策の技術的基盤としては、警察庁情報通信局、各管区警察局及び各都道府県（方面）情報通信部に、技術部隊であるサイバーフォースを設置し、都道府県警察に対する技術支援を行っています。

警察庁のサイバーフォースセンターは、全国のサイバーフォースの司令塔の役割を担っており、サイバー攻撃の予兆・実態把握を24時間体制で行うとともに、緊急対処等の技術的支援を行っています。

警察では、国の施策に基づき、関係機関と連携しつつ様々なサイバー攻撃対策を推進していますが、いずれの対策も警察のみでは実施不可能なものであることから、官民連携による取組の推進が重要なものとなっています。

そのため、警察においては、重要インフラ事業者等を対象に個別訪問を実

施し、サイバーテロの脅威や情報セキュリティに関する情報提供、事案発生時における警察への速報の要請等を行っています。重要インフラとは、政府の「情報セキュリティ政策会議」で決定された情報通信、金融、航空、鉄道、電力、ガス、政府・行政サービス（地方公共団体を含む。）、医療、水道、物流、クレジット、石油及び化学の13分野における社会基盤を指します。

また、警察と重要インフラ事業者等で構成する「**サイバーテロ対策協議会**」を全ての都道府県に設置し、官民相互の情報共有に努めているほか、重要インフラ事業者等とサイバー攻撃の発生を想定した共同訓練を実施し、緊急対処能力の向上に努めています。

一方、サイバーインテリジェンス対策としては、警察と情報窃取の標的となるおそれのある先端技術を有する事業者等との間で「**サイバーインテリジェンス情報共有ネットワーク**」を構築し、サイバー攻撃に関する情報共有や注意喚起を行っています。

また、警察とウイルス対策ソフト提供事業者等との間で「**不正プログラム対策協議会**」を設置し、マルウェア対策に係る情報共有を行っているほか、セキュリティ関連事業者との間で「**サイバーインテリジェンス対策のための不正通信防止協議会**」を設置し、我が国の事業者が不正な接続先に通信を行うことの防止を図るなど、民間事業者等と連携した諸対策を推進しています。

(2) サイバー犯罪対策
ア　サイバー犯罪の特徴と傾向

1990年代以降、インターネットの普及に伴い、サイバー空間においても現実社会と同様の犯罪が発生するようになってきました。

それでも初期の頃はインターネットの利用者がまだ少なく、仕事や営利目的というよりは趣味の仲間とともにインターネットの中の「住人」となっている人が圧倒的に多かったので、誹謗中傷等は別にすると、システムに不正侵入してWebページを書き換えるなどの、自分の技術力を自慢する自己顕示型の犯罪の方が目立っていました。

しかし、その後、多くの人がインターネットを日常生活の道具として使い始め、オンラインショッピング、ネットバンキング等の電子商取引が発達したことと前後して、ネット掲示板で犯行予告をするなどの業務妨害事件やネットオークション詐欺等の金銭目的のサイバー犯罪が増えてきたことはご承知のとおりです。

コンピュータの中やネットワーク上のデジタル情報は、変更や複写が容易で、その痕跡も残りにくく、インターネットの持つ広域性や匿名性の特徴を悪用すれば、地理的制約（国境等）に捉われずに犯罪を行うことも可能となります。また、相手の顔が見えないことによる罪悪感の低さや、「コピペ」、３Ｄプリンタ等による模倣容易性などにより、現実社会におけるよりも犯罪に至るまでの垣根が低くなったともいわれており、検挙される人員が年々増加の一途をたどるとともに、低年齢化も進んでいるのが現状です。

「サイバー犯罪」は、警察庁では、「コンピュータ技術や電気通信技術を悪用した犯罪」と定義付けています。具体的には、①**不正アクセス行為の禁止等に関する法律違反**、②電子計算機使用詐欺、電磁的記録不正作出・毀棄、コンピュータウイルス作成等の「**コンピュータ・電磁的記録対象犯罪及び不正電磁的記録に関する罪**」、③ネットワークを利用した詐欺、ネットワークを利用した著作権法違反、出会い系サイト規制法違反等の「**ネットワーク利用犯罪**」をいうとされています。

イ 「匿名性」とデジタル・フォレンジック

サイバー犯罪は、「**インターネットの『匿名性』を悪用した犯罪**」という一面があるとされています。

確かに、掲示板で他人を誹謗中傷したり、ネットオークション詐欺をするとき等には本名を名乗る必要はありません。しかし、それをもって「匿名」というのは少し違うようです。

例えば、通常は、家庭からインターネットを利用する場合には、パソコンやプロバイダに使用履歴が残り、スマートフォンや携帯電話でも通信事業者

に接続記録が残されます。

　SNSやオンラインゲームのサイトでも、会員本人であることを証明するためのID等で身元を確認し、利用履歴が残るようになっています。

　メールであれば、受け取ったメールのヘッダー部分に通信経路がしっかり記録されています。

　したがって、このように考えると、サイバー空間における「匿名性」は、厳密にいえばルールをちゃんと守っている限りは存在せず、僅かに「通信経路の追跡困難性」が発信元の秘匿につながるものといえそうです。

　例えば、紛争地帯から機微な情報を送信しようとしたり、電子メールで「匿名通報」を行おうとするようなとき等、やはり本来の意味での「匿名」であることが望ましい場合もあると思われますが、一方で暗号技術や匿名化に関する様々な研究の成果であるTor（The Onion Router）、I2P（Invisible Internet Project）等のツールや、匿名（プロキシ）サーバ等を悪用して犯罪に及ぶ者が少なからずいることも事実です。

　インターネットの活用は今後ますます盛んになっていくものと考えられますが、並行して「匿名性」を悪用する犯罪を打破するための研究や、デジタル・フォレンジックに関する技術のさらなる進展が期待されているところです。

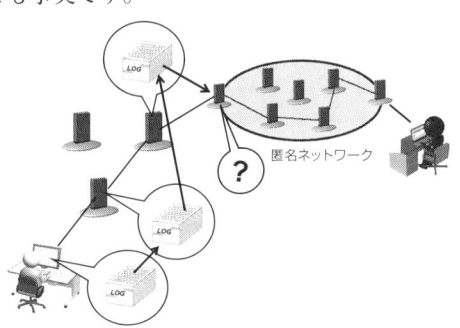

3 社会活動とデジタル・フォレンジック

(1) デジタル・フォレンジックの歴史とニーズ

　我が国の警察において、「デジタル・フォレンジック」的手法の必要性が初めて認識されたのは、複数のパソコンショップを傘下に置くなどして当時かなりの技術力と資金を持ち、その道場や信者の間においてパソコン通信により連絡を取り合っていた宗教団体による一連の事件であったといわれています。

　この時は、まだインターネットはほとんど普及しておらず、電磁的記録媒

262　第2部　デジタル・フォレンジックの実務

体の容量もせいぜいメガバイトのオーダーで、「デジタル・フォレンジック」という言葉もありませんでしたが、電磁的記録の解析や暗号化されていた資料の解読等、「科学的証拠の適正な収集と分析」に組織的な対応が求められたことがひとつの大きな転換点となりました。

　また、その後のインターネットやブロードバンド回線、携帯電話等の普及に伴い、それらを悪用した犯罪に対応する技術部門の必要性が高まったことから、平成8年度には警察庁にコンピュータ犯罪捜査支援プロジェクト（平成9年度に「ハイテク犯罪捜査支援プロジェクト」に改称）が設置され、これが平成11年の技術対策課への昇格、平成16年の情報技術解析課への改組につながっています。

　さらに、平成21年からは裁判員制度が始まったことで、法律や技術の専門家ではない裁判員の方々に対しても、提出された「証拠」が的確かつ適正な手法により得られたものであることをより分かりやすく説明することが求められるようになってきているなど、デジタル・フォレンジックに携わる技術者へのニーズは年々増えてきています。

　一方で、平成24年の遠隔操作ウイルスによる誤認逮捕事件等を踏まえ、犯罪行為に関与するとして特定されたパソコン等が、実際にはマルウェア感染等により遠隔操作されていたのか、あるいはされていなかったのかの事実についても、慎重に解析することが求められるようになってきています。

　このように様々な場面で解析に対する要求水準も上がってきており、ますますデジタル・フォレンジックが重要となってきています。

　デジタル・フォレンジックのルーツはアメリカにあり、古くは、海外腐敗行為防止法（FCPA：Foreign Corrupt Practices Act of 1977）に抵触するような公務員の贈収賄事件や不正経理に関する捜査の過程において利用されてきましたが、デジタル・フォレンジックの有用性が大きくクローズアップ

されたのは、2001〜2002年頃、アメリカで相次いで発生した、エンロン、ワールドコム、ゼロックス等による大規模な粉飾決算・不正経理事件が発端となっています。

2002年には、上場企業会計改革及び投資家保護法（Public Company Accounting Reform and Investor Protection Act of 2002 〜サーベンス・オクスリー法、SOX法等とも呼ばれます。）が制定され、ITを活用した内部統制システムの構築や企業の説明責任について規定されました。

さらには、2006年に、アメリカ連邦民事訴訟規則（Federal Rules of Civil Procedure：FRCP）が改正され、民事訴訟においては、当事者である企業が必要な電子情報を証拠として開示するよう定めたeディスカバリ（e-Discovery：電子証拠開示）制度がスタートしました。

我が国においても、個人情報保護法や金融商品取引法（日本版SOX法）の施行により、個人情報等の管理や企業の内部統制にITへの対応が求められるようになり、また、国際的に活動する企業においては、国際財務報告基準（International Financial Reporting Standards：IFRS）の導入に際して、証拠データを保全する必要があるなどにより、デジタル・フォレンジックの導入・活用ニーズが増大しています。

(2) デジタル・フォレンジックが求められる分野

日本の警察では、デジタル・フォレンジックを「犯罪の立証のための電磁的記録の解析技術及びその手続」（警察白書）と定義付けていますが、NPO法人「デジタル・フォレンジック研究会」では、「デジタル・フォレンジック」や「インシデントレスポンス」について、それぞれ次のように定義しています。

○ デジタル・フォレンジック
　インシデントレスポンスや法的紛争・訴訟に際し、電磁的記録の証拠保全及び調査・分析を行うとともに、電磁的記録の改ざん・毀損等についての分析・情報収集等を行う一連の科学的調査手法・技術を言う。

○ インシデントレスポンス
　コンピュータやネットワーク等の資源及び環境の不正使用、サービス妨害行為、データの破壊、意図しない情報の開示等、並びにそれらへ至るための行為（事象）等への対応等を言う。

IT機器の普及とともに、個人の生活や社会活動の中で「電磁的記録」が関わっている事柄は確実に増加しているのですが、具体的には、デジタル・フォレンジックが求められるような"紛争"や"訴訟"などという事態は、どのようなシチュエーションで発生するのでしょうか？

以下、いくつかの例を見てみましょう。

○ 浮気調査・離婚訴訟対応

　携帯電話やスマートフォン等に残された浮気の証拠（メールや画像）を抽出する、あるいは不倫していることを勘付かれそうになったパートナーがデータを消去した場合にそのデータを復元する、あるいは破壊された携帯電話の中からデータを抽出するなど、いずれも調停や訴訟の際に自分に有利となる事実を導き出すための解析作業であり、「**離婚フォレンジック**」と呼ぶ人もいるようです。

○ 企業活動の監査・検査

　粉飾決算等の不正経理や背任、横領等をチェックして、犯罪の発生を未然に防止する、あるいはそれらの行為の証拠となるデータを収集・保全し、裁判に備えたり、原因追究を行うなど、内部統制を適切に行うことがSOX法等への対応で求められています。これ以外でも、情報漏洩対策（ライバル企業へのトレード・シークレット（営業秘密）提供、顧客情報等の持ち出し等）や労務管理訴訟対策（従業員の過労死訴訟における勤務時間等管理）として、あるいはクレジットカード情報を取り扱う企業であれば、PCI DSS (Payment Card Industry Data Security Standard) に基づく情報セキュリティ対策の履行確認のため等に使われる場合もあります。

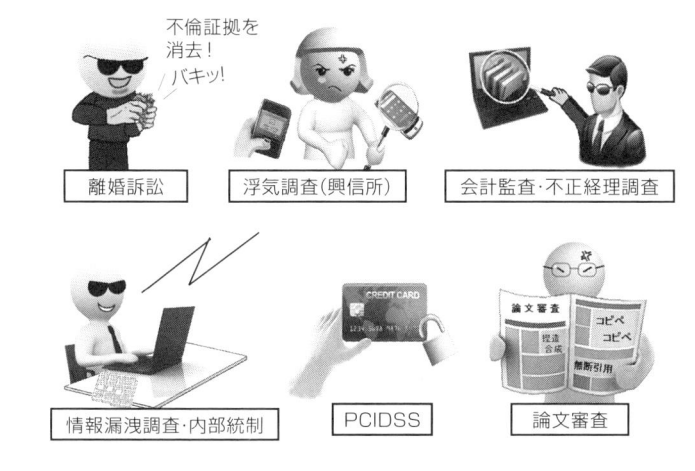

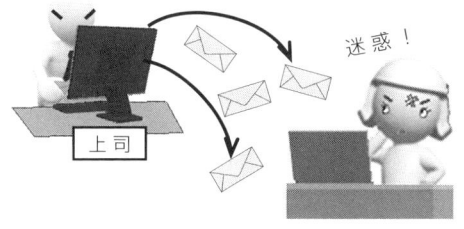

第9章　デジタル・フォレンジックの今後　265

不倫証拠を消去！
バキッ！

離婚訴訟　　浮気調査（興信所）　　会計監査・不正経理調査

情報漏洩調査・内部統制　　PCIDSS　　論文審査

　また、メールにより執拗に恋愛感情を伝えるストーカー的な行動や、セクハラ、パワハラなどを行う者が社内にいるのであれば、各種ログからデータの抽出・分析を行って調査することができます。

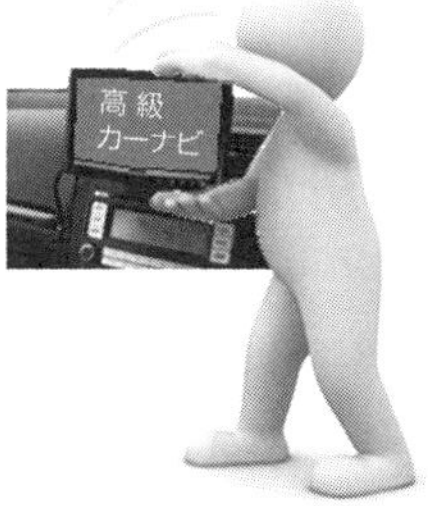

上司　　迷惑！

　学生や企業の研究所員が学術論文を学会等で発表する場合には、事前に他論文の盗用や図・写真の使い回しの有無等についてチェックが求められることも多くなっているようです。
　また、中古のIT機器の売買に当たって、デジタル・フォレンジック的な手法が用いられるケースもあり、例えば古物商に持ち込まれた大量のカーナビについて、中に残されていたデータの解析により盗品であることが判明した、ということもあるようです。

高級カーナビ

○　インシデントレスポンスと併せて実施するデジタル・フォレンジック
　　過労死等の労務管理訴訟対策について先に少し触れましたが、情報管理対策の面からもIT機器を通した従業員や外注・派遣社員等の管理は

重要です。

　例えば、定年退職等の場合であれば、利用していた端末等のデータを後任者に適切に引き継ぎ、かつ業務データの持ち出し等も未然に防止することは比較的容易ですが、突然の過労死や交通事故による入院、失踪等の場合には、その従業員の管理又は利用していた端末等のデータが読み出せなくなる、という事態が発生します。

　これは、平素から「紙にパスワードを書くな！」と教育していたり、指紋認証等、本人でなければログインできないという仕組みにしてあるがゆえの状況で、非常に困ったことになった、という事例も少なからず発生しています。

　あるいは、長年端末を使い続けていて、ある日、急に起動しなくなった、USBメモリ等が読み出せなくなった、というような経年劣化による物理的な障害も発生します。

　このような場合で、どうしてもその端末の中のファイルやデータが必要な場合には、周辺からデータをかき集めて復元を試みる、パスワード保護の下で保存していたファイル等については当該パスワードを解析する、などの作業を行うことになります。

　ただ、このようなデータ救出・復元サービスを提供する事業者もありますが、かなり高い費用がかかることと時間を要することを覚悟しなくてはなりません。

〇　証拠隠滅への対応

　企業内の不正行為で、捜査機関には告訴・告発をしないような場合で

も、当該行為を行った従業員等に対する民事訴訟が行われることがあります。その際に、意図的に端末を破壊したり、データを消去す

破壊　　　　　　　　データ消去・改竄等

る、改竄を行うなどにより証拠隠滅を図っていた場合には、適切な手法で当該データを復元するなどして、不正行為の事実を証拠化する必要があります。

　なお、企業等のシステムが不正アクセスの被害を受けたり、マルウェアやスパイウェアに感染した場合には、まず自社内での被害の拡大防止を図ることとなりますが、その後の速やかな公的機関等へのインシデント報告や積極的な情報提供により、感染原因・感染経路の追究等に資することとなることにも留意します。

(3) デジタル・フォレンジックの課題

　IT機器やサービスの進展に伴い、電磁的記録媒体に記録されたデータやプログラムにより稼働（動作）する機器がますます増加しています。

　数百個ものセンサーが搭載された自動車はもとより、ネットワーク化された家電製品等、多くの機器にマイクロチップが埋め込まれ、様々なプログラム制御が行われていますし、そのための記録媒体の大きさは一層小さくなり、あるいは高精細の動画を長時間録画するためのメモリカードやハードディスクなどの媒体は大容量化が進んでいます。

　第1章「デジタル・フォレンジック序論」の冒頭にも書きましたが、一般論として、デジタルデータは容易にコピーしたり改変することが可能です。しかし、上に記したような製品に組み込まれているものについては、簡単にデータやプログラムがコピーされたり、解読されないようにする対策がそれぞれ施されています。

　デジタル・フォレンジックのターゲットが拡大する一方で、解析や復元作業を始め、電磁的記録媒体の複写、ウイルスチェック、暗号解読等の作業が、IT機器の機能の増大・多様化や容量の増大、セキュリティの向上等に伴って増加し、その作業自体も複雑・高度化しています。

　また、このような機器を誤作動させるなどして企業イメージの失墜を狙っ

たり、ボット化してサイバー攻撃に加担させようとするマルウェアの出現等が懸念されているところです。

まずは、この現状を多くの人に御理解いただきたいと思います。

4 デジタル・フォレンジック関連の国際標準

(1) ISO/IEC 27037

2012年に策定されたISO/IEC 27037 – Guidelines for identification, collection, acquisition and preservation of digital evidence（デジタル証拠の識別、収集、取得及び保全に関するガイドライン）は、現場で最初にデジタル証拠に対応する人（DEFR：Digital Evidence First Responder）やデジタル証拠に関する専門家（DES：Digital Evidence Specialist）がとるべき措置の指針が規定されているものです。

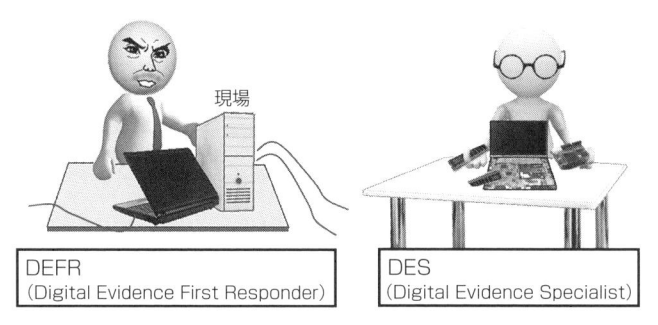

現場

DEFR
(Digital Evidence First Responder)

DES
(Digital Evidence Specialist)

例えば、「デジタル証拠」がハードディスク等に安定的に記録されているような場合には、電源部やバッテリー、ハードディスクを適切に取り外すとともに、その電磁的記録媒体やケーブル等にラベルを付すなどの標準的な取扱要領が示されています。

また、電源が切断されたデジタル機器については、例えばハードディスクに証拠が記録されているような場合には、別のハードディスクやメディアを用意して、イメージ化を図るとともに、適切に保管する等の措置を行うなどのフローや、揮発性のメモリ内に残されたデータの取得、IPアドレス

電源部・バッテリー取り外し
ハードディスク取り外し

等ネットワークの情報やネットワークで接続された装置（CCTV等）のデータ取得手法等についてまとめられています。

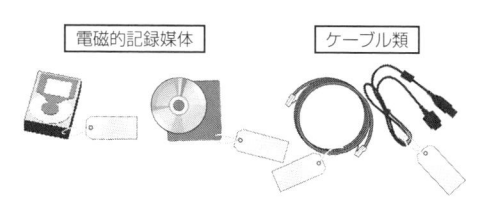

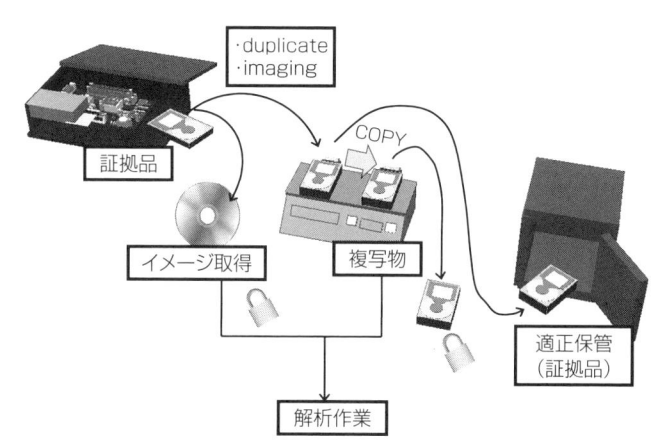

図9－5　ISO/IEC 27037の適用範囲

(2)　その他の国際標準等の動向
① ISO/IEC 27041「Guidance on assuring suitability and adequacy of incident investigation methods（インシデント調査手法の適合性及び妥当性を保証するためのガイダンス）」
② ISO/IEC 27042「Guidelines for the analysis and interpretation of digital evidence（デジタル証拠の解析及び解釈に関するガイドライン）」
③ ISO/IEC 27043「Incident investigation principles and processes（インシデント調査の原則及びプロセス）」
④ ISO/IEC 27050-1「Electronic discovery（電子情報開示）」
等が、2014年現在、ISO/IECで審議されています。

また、NIST SP800-86「Guide to Integrating Forensic Techniques into Incident Response（インシデント対応へのフォレンジック技法の統合に関するガイド）」は、2006年に制定されています。

その他のフォレンジック関連の指針としてはNISTによる
　・　NIST SP800-72「Guidelines on PDA Forensics」
　・　NIST SP800-101 rev.1「Guidelines on Mobile Device Forensics」
があります。
　また、インターネットソサエティでは、
　・　RFC3227「Guidelines for Evidence Collection and Archiving」
が策定されています。

第 2 部のおわりに

　ここまで第 2 部では、セキュリティインシデントの発生から、現場における情報の収集までの時系列をたどり、各階梯で求められるデジタル・フォレンジックの展開の在り方について説明を進めてきました。

　続いて、解析を進めていく上で直面し得る事象や解析項目について説明し、高度な技能を要する解析の解説、解析結果を取りまとめた報告の在り方の解説をしてきました。

　そして、最後にデジタル・フォレンジックの今後についての説明で結んだところです。

　デジタル・フォレンジックが適用されるべき事象においては、今後もその態様は多様化・複雑化していくものと思われます。

　事象全体としては複雑なものとなっても、それを個々の要素に分離して考えたときには、基本的には本書を通じて説明してきたデジタル・フォレンジックの概念の下で対応を展開できるのではないかと思います。

　また、デジタル・フォレンジックも、技術の進展と情勢の変化とによって、その実装は変化していくことでしょう。よって、電磁的記録を取り扱う者、解析を実施する者も、情勢の変化に対応していかなければならないことになります。

　これは、終わりのない挑戦の継続であるかもしれません。しかし、サイバー空間の安全・安心の確保と、発生した事実を電磁的記録から明らかにしていくため、我々はこの戦いに挑み続けていきたいと思います。

あとがきに代えて

　本書は、デジタル・フォレンジックの概念や実務の概要をお知らせすべく、警察庁情報技術解析課や警察大学校サイバーセキュリティ研究・研修センターの有志が分担して執筆したものです。

　デジタル・フォレンジックの技術に関しては、他の法執行機関から説明を求められたり、解析支援の要請が行われることも増えてまいりましたが、一方で、訴訟対応や民間におけるニーズの拡大等も考慮すれば、法執行機関の職員のみならず、広く行政機関や民間の方々にも知っていただきたい、あるいはご注意いただきたいと感じる事項も多々あり、これらを系統立てて整理してまとめることが当初の目標でした。しかし、技術やサービスの進展に的確に追随することは非常に困難であることから、ほんの一端の紹介になってしまったかもしれません。

　特に、第2部に「実務」と冠してはみたものの、警察における解析実務がそのまま他の法執行機関や、ましてや民間のモデルになるわけでもありませんので、警察の解析実務における各種事例の積み重ねの中から導出された留意事項が記載されているものである、とお考えいただければ幸いです。

　平成26年11月には「サイバーセキュリティ基本法」が公布され、この中には、警察にも関係が深い「犯罪の取締り及び被害の拡大の防止」や「我が国の安全に重大な影響を及ぼすおそれのある事象への対応」等に必要な施策を講ずることが定められたほか、基本理念にのっとった施策の推進に関しては、国や地方公共団体、重要社会基盤事業者、教育研究機関の責務、国民の努力等についても規定されました。

サイバーセキュリティを確保するためには、各方面の力を結集して取り組む必要があることは当然ですし、IT技術を悪用する犯罪や攻撃に対峙し、解明するためのデジタル・フォレンジックは、今後一層重要になるものと考えています。

第2部のおわりに「終わりのない挑戦の継続」と書きましたが、これは誇張した表現ではなく、日々研鑽と技術の習得に努めなければならないと考えています。

いつか本書の改訂が必要とされる時機が到来すれば、我々の実務上のチャレンジや新たに得られた知見等を追加できるのではないかと感じつつ、筆をおきたいと思います。

事項索引

※ゴシック表記は、その用語を詳しく解説した頁を示す。

記号・数字

@Police 204
2進数 5, 7
10進数 5, 7
16進数 7, 14

A

ADB(Android Debug Bridge) 47
ADB Backup & Restore機能 151
AFLogical 48
AIS(Automatic Identification System) ... 162
Android 31, 137, 144, 151, 156
Android ID 144
Apache 113
APKファイル 139
App Store 139
APT(Advanced Persistent Threat)攻撃
  110
arpキャッシュ 215
ASCIIコード 15
ATA 51
awk 130

B

Bad Sector 199
BCP(Business Continuity Plan) 182, 184
BD(Blu-ray Disc) 5
BIOS(Basic Input/Output System)
  .... 31, 216

BitLocker 201
BitTorrent 124
BlackBerry 137
Bluetooth 140
bogon 103
Btrfs 65
BYOD(Bring Your Own Device) 247

C

C&C(Command and Control)サーバ
  .... 110, 242
ccTLD 106
CD-R 221
CF(コンパクトフラッシュ)カード 164
chkdsk(コマンド) 70
Chrome OS 31
CIO(Chief Information Officer) 184
CIRT(Cyber Incident Response Team)
  184
Cloud Stack 92
CPU(Central Processing Unit) 26, 49
Crawler 131
Cryptolocker 254
CSIRT(Computer Security Incident
  Response Team) 43, 184, 205
CSRF 250
CTO(Chief Technology Officer) 184
CVE(Common Vulnerabilities and
  Exposures) 204
CVR(Cockpit Voice Recorder) 163

D

date(コマンド) ················· 216
DbD攻撃 ··························· 249
dd(コマンド) ····················· 219
DDMS(Dalvik Debug Monitor Service) ··· 47
D-DNS ······························ 109
DDoS(Distributed Denial of Service)攻撃
 ························· 103, 110, 255
defrag(コマンド) ···················· 70
DEFR(Digital Evidence First Responder)
 ································ 268
DES(Digital Evidence Specialist) ········ 268
DFS(Distributed File System) ············ 65
DGA(Domain Generation Algorithm) ···· 240
Digital Evidence ·························· 228
DNS(Domain Name System) ············ 107
DNS Rebinding ·························· 109
DNSアンプ攻撃 ···················· 110, 257
DNSキャッシュポイズニング攻撃 ········ 108
DNS水責め(Water Torture)攻撃 ········· 111
DNSラウンドロビン ······················ 112
DNSリフレクタ攻撃 ················ 103, 110
Docker ···································· 92
DoS(Denial of Service)攻撃 ············· 103
DR(Disaster Recovery) ··················· 182
D-Sub ····································· 54
DVI-I ····································· 54
DV端子 ···································· 54
Dynamic Analysis ························ 239

E

ECDIS(Electronic Chart Display &
 Information System) ················ 163
EFS(Encrypting File System) ············ 201
EWS(Embedded Web Server) ············ 158
exFAT ······················ 65, 166, 168

Exif(Exchangeable image file format) ···· 154
Ext(Extended File System) ················ 65
eディスカバリ(e-Discovery)
 ························· 188, 194, 263

F

FAT12 ······························ 65, 166
FAT16 ························· 65, 166, 167
FAT32 ························· 65, 137, 166, 168
FAT(File Allocation Table) ····· 59, 66, 137
FATファイルシステム ··············· 65, 66
FCC ID ································· 145
FDR(Flight Data Recorder) ············· 164
FeliCa型 ································· 172
Firefox ···················· 31, 35, 116, 137
FireWire ································· 54
FQDN(Fully Qualified Domain Name) ··· 104
FreeBSD ································· 32
fsck(コマンド) ·························· 70

G

GlusterFS ································ 95
Google Chrome ······················ 35, 44
Google Play ····························· 139
GOZ(Game Over Zeus) ················· 253
GPL(General Public License) ············ 194
GPS(Global Positioning System)
 ························· 23, 139, 154
gTLD(Generic Top-Level Domain) ······· 106
GUI ····································· 32

H

H.264 ··································· 154
HaaS(Hardware as a Service) ············ 91
HDD(Hard Disk Drive) ······ 31, **38**, 51, 60

事項索引 277

HDFS（Hadoop Distributed File System）
　.. 94
HDMI（High-Definition Multimedia
　Interface）... 54
HELPNET 161
HFS（Hierarchical File System）............... 65
HFSX 137
HTTP_REFERER 120
HTTPステータスコード 130

I

I2P（Invisible Internet Project）....... 122，261
IaaS（Infrastructure as a Service）............ 91
ICCID 145
iCloud .... 149，151
ICカード 170
IDFA 144
IDFV 144
IDS（Intrusion Detection System）
　.. 129，253
IEEE1394端子 .... 54，220
IETF（Internet Engineering Task Force）
　.. 187
ifconfig（コマンド）................................. 216
i-Link 54
IMEI（International Mobile Equipment
　Identity）.. 145
IMSI（International Mobile Subscriber
　Identity）.. 146
InPrivateブラウズ 44
Internet Explorer .... 35，44，116
IOC（Indicator of Compromise）................ 47
iOS 137
IoT（Internet of Things）.......... 98，247，256
IPA .... 93，204
ipaファイル 140
ipconfig（コマンド）................................. 216

iPhone .... 137，143
IP（Internet Protocol）.............................. 98
IPS（Intrusion Prevention System）
　.. 129，253
IPアドレス .... 96，107，119
IPアドレス管理指定事業者 99
IPバージョン4（IPv4）............................. 98
IPバージョン6（IPv6）..................... 98，102
IR（Incident Response）......................... 182
ISO/IEC 14443 Type A 171
ISO/IEC 14443 Type B 171
ISO/IEC 15408 158
ISO/IEC 18092 172
ISO/IEC 21481 172
ISO/IEC 27017 93
ISO/IEC 27018 93
ISO/IEC 27037 .... 228，268
ISO/IEC 27041 269
ISO/IEC 27042 269
ISO/IEC 27043 269
ISO/IEC 27050-1 269
ISP .... 43，**82**，99
iTunes .... 149，151
IX（インターネット・エクスチェンジ）...... 83

J

JAN（Japan Article Number）コード 170
JFFS2（Journaling Flash File System,
　version 2）... 65
JPCERT/CC 204
JP DNSサーバ 108
JPNIC 99
JPRS 106
JPドメイン 106
JVN（Japan Vulnerability Notes）............ 204

L

Lame Delegation	109
Lantern	48
LBA(Logical Block Addressing)	60
LiME(Linux Extraction Memory)	47
Linux	32, 156
lsof(コマンド)	216

M

M2M(Machine-to-Machine)	247
MacLockPick	48
MAC(Media Access Control)アドレス	96, 144
MacOS	32
Map Reduce	95
MAT(Eclipse Memory Analyzer Tool)	48
MCC(Mobile Country Code)	146
MFD(Multi Function Device)	157
MFP(Multi Function Printer)	157
MFT(Master File Table)	69
MITB(Man In The Browser)攻撃	250
MITRE	204
MNC(Mobile Network Code)	146
MPEG-4	154
MSIN(Mobile Station Identification Number)	146
MSISDN(Mobile Subscriber ISDN Number)	146
MUA(Mail User Agent)	35

N

NAS(Network Attached Storage)	51
NAT(Network Address Translation)	100
NDA(Non-disclosure agreement)	190, 206
netstat(コマンド)	215
NFC IP-2(NFC Interface Protocol-2)	172
NFC(Near Field Communication)	140, 171, 173
NIC(Network Interface Card)	96
NIST(米国国立標準技術研究所)	93, 228
nlsinfo(コマンド)	216
NoSQL系データベース管理システム	92
nslookupコマンド	107
NTFS(New Technology File System)	65, 68

O

OpenBSD	32
Open Resolver	110
Open Stack	92
OSE(Open Source Edition)	47
OS(Operating System)	29, **31**, 137

P

P2P(Peer to Peer)	121, 124, 148
P2P-Zeus	254
P2P観測システム	126
P2Pファイル共有ソフト	123, 200
PaaS(Platform as a Service)	91
Palm	137
PCI DSS(Payment Card Industry Data Security Standard)	264
PCMCIA	51
PC-UNIX	32
PCカード	164
PDA(Personal Digital Assistant)	136, 156
Perfect Dark	124
PIN	143, 144

事項索引　279

PND(Portable/Personal Navigation Device)
　.. 156
POS(Point of Sales) 170, 256
ps(コマンド) 216

Q
QRコード 170

R
RAID 209
RaiserFS 65
RAM(Random Access Memory) 50
ReFS(Resilient File System) 65
RFC1918 101
RFC3227 .... 187, 270
RFID(Radio Frequency IDentifier)
　... 170, 174
RJ-11 .... 54, 220
RJ-45 .... 54, 220
ROM(Read Only Memory) 50

S
SaaS(Software as a Service) 91
Safari 44
SCSI 51
SDHC(SD High Capacity)メモリカード
　.. 166
SDXC(SD eXtended Capacity)メモリカード
　.. 166
SDメモリカード 165, **166**
Share 124
Shift-JIS 15
SIMカード 98, **145**, 192
SIMカード識別ID 146
SIMロック 98, **144**

Skype 124
SNS(Social Networking Service)
　.. **36**, 84, 138, 148
SP800-86 .... 215, **228**, 269
SQLインジェクション攻撃 129
SRAM(Static Random Access Memory)
　.. 164
SSD(Solid State Drive)
　.. 31, **45**, 158, 165
Static Analysis 240
Suica 172
Surface Analysis 238
Symbian 137
S端子 54

T
TAC(Type Allocation Code) 145
time(コマンド) 216
Tor(The Onion Router) 122, 261
TPM(Trusted Platform Module)チップ
　.. 201

U
UDID(Unique Device ID) 144
UEFI(Unified Extensible Firmware
　Interface) 31, 216
Unicode 15
UNIX 32
UPS 76
URL(Uniform Resource Locator) 28, 116
URLフィルタリング 243
USB(Universal Serial Bus) 54
UTF-8 15
UTF-16 15
UTM(Unified Threat Management)
　... 129, 253

UTMアプライアンス ……………………… 129

V

VBA(Visual Basic for Applications)
……………………………………………… 34, 58
VDR(Voyage Data Recorder) …………… 162
VFAT ………………………………………… 137
VICS(Vehicle Information and
　Communication System) ………………… 160
VIF(Virtual Network Interface)技術 …… 112
VirtualBox ………………………………… 242
VMware ……………………………………… 242
Volatility Forensics ………………………… 43

W

w(コマンド) ………………………………… 216
WAF (Web Application Firewall) ……… 129
Webメール …………………………………… 27
WHOIS ……………………………………… 106
Wi-Fi …………………………………… 51, 82, 140
Windows ……………………………… 31, 57, 62
Windows CE ……………………………… 156
Windows Phone(WP) …………………… 137
WinMX ……………………………………… 124
Winny ……………………………………… 124

X

XaaS ………………………………………… 91
xDピクチャーカード ……………………… 169
XFS …………………………………………… 65

Y

YAFFS2(Yet Another Flash File
　System 2) ……………………………… 65, 137

Z

Zeus ………………………………………… 254
ZitMo(Zeus in the Mobile) …………… 254

あ行

アクセスログ ………………………… 117, 132, 197
アクティブ型 ……………………………… 174
アノニマスFTP …………………………… 121
アフィリエイト(affiliate)広告 …………… 121
アプライアンス …………………………… 129
アプリ ………………………………… 139, 161
アプリケーションソフト ……………… 33, 55
アプリケーションソフトのログ ………… 37
暗号鍵 ……………………………………… 215
アンチ・フォレンジック ……… 181, **222**, 239
一次プロバイダ …………………………… 83
イベントログ ……………………………… 36
イメージ化 ……………………… 46, **217**, 268
インジェクション ………………………… 46
インシデントレスポンス …………… 48, 263
インスタンス(instance) …………………… 91
インターネットレジストリ ……………… 99
エラーログ ………………………………… 131
遠隔操作ウイルス …………………… 251, 262
オープンプロキシ ………………………… 121
オープンリゾルバ ……………… 110, 121, 257
オープンリレー …………………………… 121
オンラインストレージ ……………… 88, 148

か行

カーナビゲーションシステム …………… 160
カービング ………………………………… 227
下位互換 …………………………………… 12
解析 …………………………………… 56, **229**
解析の正確性 ………………… 22, **23**, 229

事項索引　281

拡散アップロード …………………… 126	国際移動体加入者識別番号 …………… 146
可視化 …………………………… 11，202	国際移動体装置識別番号 ……………… 145
仮想化 ………………………… 92，111	固定IPアドレス ……………………… 100
可読化 ……………………………………… 11	コピーコントロール ………………… 155
加入者識別コード ……………………… 146	(chkdsk)コマンド ……………………… 70
ガベージコレクション …………… 45，71	(date)コマンド ………………………… 216
カミンスキー型攻撃 ………………… 108	(dd)コマンド ………………………… 219
画面ロック …………………………… 143	(defrag)コマンド ……………………… 70
完全修飾ドメイン名 ………………… 104	(fsck)コマンド ………………………… 70
管理レジストラ ……………………… 106	(ifconfig)コマンド …………………… 216
基数 …………………………………… 5，7	(ipconfig)コマンド …………………… 216
技適マーク …………………………… 145	(lsof)コマンド ………………………… 216
機内モード …………………………… 142	(netstat)コマンド …………………… 215
揮発性情報 …… 39，78，149，187，214，223	(nlsinfo)コマンド …………………… 216
キャッシュ ……………………… 108，125	(ps)コマンド ………………………… 216
休止モード …………………………… 40，79	(time)コマンド ……………………… 216
共通脆弱性識別子 ……………………… 204	(w)コマンド ………………………… 216
業務継続計画 ………………………… 184	コマンドプロンプト …………… 43，97
記録命令付差押え …………………… 210	コミュニティクラウド ……………… 92
クラウド ……………………… 91，148	コンテキストメニュー ……………… 62
クラスタ ………………………………… 67	コンテナ型 ……………………………… 92
クラスタチェーン ……………………… 68	
クリッピング …………………………… 61	## さ行
グローバルIPアドレス ……………… 100	
クローラー …………………………… 131	再帰的検索 …………………………… 108
クロスサイトリクエストフォージェリ攻撃	サイバーインテリジェンス …… 255，257
……………………………………… 250	サイバー攻撃 ………………………… 255
警察庁セキュリティポータルサイト …… 204	サイバー攻撃特別捜査隊 …………… 258
刑事訴訟法 …………………………… 210	サイバー攻撃分析センター ………… 258
携帯情報端末 ………………… 136，156	サイバースクワッティング
ゲームオーバーゼウス ……………… 253	(cybersquatting) ………………… 105
検体 …………………………………… 238	サイバーセキュリティ基本法 ……… 273
原本同一性 …………………………… 230	サイバーテロ ………………………… 255
航海情報記録装置 …………………… 162	サイバーテロ対策協議会 …………… 259
光学ドライブ ………………………… 50	サイバー犯罪 ………………………… 260
構造化ストレージ ……………………… 92	サイバーフォースセンター ………… 258
高度情報技術解析センター …… 224，236	サンドボックス ……………………… 238
互換性 ……………………………………… 11	事案対処チーム ……………… 184，188

シークレットモード 44
シールドボックス 142
ジェイルブレイク 140
磁気ストライプカード 170
システムDLL 233
縦深防御 253
住民基本台帳カード 171
重要インフラ 259
上位互換 12
証跡 21
情報処理推進機構 204
情報セキュリティポリシー 206
白ロムスマホ 144
侵入検知システム 129
侵入防止システム 129
水没反応シール 149
スーパーノードP2P型 124
スキャンディスク 70
ステータスコード 130
ストレージ 88
スプーフィング 103
スプレッドシート 34
スマートフォン 136, 221
スマートメディア 168
スリープモード 39, 79
スワップファイル 41
静的解析 240
セキュアブート機能 217
セクタ 39
接触型ICカード 169, 171
絶対ドメイン名 109
セル 34
船舶自動識別装置 162
ソーシャルエンジニアリング 248

た行

第三者検証性 22, 24, 230

ダイナミックDNS 109
タイムスタンプ 37, 56, 79
タイムライン 203, 233
多層防御 253
ダビング10 155
ダンプ 46
断片化 70
チェックディスク 70
遅延書き込み機能 52
チップオフ・フォレンジック 236
通信履歴 115
ツール 47, 193
ディレクトリ・エントリ 60
データセンター 94
データ・ベリファイ 196
デジタコ(デジタルタコグラフ) 162
デジタル証拠 182, 228, 268
デジタル情報 3, 260
デジタル・トリアージ 199, 200
デジタル・フォレンジック(digital forensics) 2, 21, 263
デジタル・フォレンジック研究会 263
デジタルフォレンジックチーム 188, 205
デジタル複合機 157
手続の正当性 21, **22**, 229
手続の透明性 230
デバッガ 47, 240
デフラグ 70
デュプリケータ 219
電源(AC)アダプタ 73
電源ユニット 73
電子海図情報表示システム 163
電磁的記録 3, **5**, 8, 11, 17
統合脅威管理 129
動的IPアドレス 99
動的解析 239
道路交通情報通信システム 160
匿名性 121

トップレベルドメイン	104
ドメイン	104
ドメイン生成機能	240, 242
ドメイン占拠	105, 109
ドメイン名	104, 107
ドライブバイダウンロード攻撃	113, 249
トランザクションログ	118

な行

内部統制	133
名前解決	107
二次プロバイダ	83
日時情報	37, 57
ネットワークカード	96, 112
野良アプリ	140

は行

バーコードカード	170
バーチャルホスト	111
ハイバネーション	40, 233
ハイブリッドP2P型	124
ハウスキーピング	45
パケット	83
パスコードロック	143
パスワード	237
パスワードハッシュ	215
パソコンの5大装置	26
パターンロック	143
パッカー	240
バックドア	251
バックボーン	82
ハッシュ値	124, 126, 196, 211
パブリッククラウド	92
汎用ドメイン	106
非接触型ICカード	171
ビッグデータ	85

秘密保持契約	190, 206
ピュアP2P型	124
表層解析	238
標的型攻撃	110, 118
標的型メール攻撃	257
ビル管理システム	256
ファームウェア	31, 257
ファイアウォール	129
ファイラ	197, 241
ファイルシステム	**65**, 94, 166
ファイルスラック領域	196, 198
フィーチャーフォン	17
フィッシング	105, 108
フィルタリング	122
ブートキット攻撃	217
ブートログ	37
不揮発性情報	78
複合機	157
フック	46
ブックマーク	28
物理アドレス	97
物理コピー	60, 197
プライベートIPアドレス	100
プライベートクラウド	92
プライベートブラウズ機能	44
ブラウザ	27, **35**, 138, 156
フラグメンテーション	70
ブラックボックス（航空機）	163
フラッシュメモリ	45, 65, 71, **164**, 235
プラッタ	38, 199, 236
不良セクタ	199
ふるまい検知	201
プロキシ	122, 261
ブログ	84
ブロック	45
プロバイダ	**82**, 117
プロパティ	63
ページファイル	41

ヘッダー ……………………………………… 84, 261
ベンダー識別子(OUI) …………………………… 97
ホスティングサービス ……………………………… 112
ホスト名 ………………………………………… 104
ボット ………………………………… 133, 257, 268
ボットネット …………………………… 110, 255

ま行

マイクロQRコード ……………………………… 170
マイクロチップ …………………………………… 175
マクロ …………………………………………… 34
マクロウイルス ……………………………………… 34
マザーボード ……………………………………… 50
マルウェア …… 45, 133, 201, 230, 237, 248
マルチドライブ …………………………………… 50
マルチポスト ……………………………………… 86
マルチメディアカード(MMC) ……… 164, **166**
マンインザブラウザ攻撃 ……………………… 250
水飲み場型攻撃 …………………………… 249, 258
無線タグ ………………………………………… 174
メーデーシステム ………………………………… 161
メーラー ………………………………… 35, 138
メールクライアント ……………………………… 27
メールソフト ……………………………………… 35
メッセージID ……………………………………… 86
メモリ …………………………………………… 50
メモリカード …………………………………… 235
メモリカードリーダライタ ……………………… 51
メモリ解析 ……………………………………… 44
メモリスティック ……………………………… 167
メモリダンプ …………………………………… 233
メモリ・フォレンジック ………… 39, 43, 46
モーションJPEG ………………………………… 154
モノのインターネット …………………………… 98

ら行

ライブ・フォレンジック ………………………… 199
ランサムウェア ………………………………… 254
リバースエンジニアリング …………………… 240
リポジトリ ……………………………………… 121
リモートアクセス ……………………………… 210
リモートロック ………………………………… 142
リモートワイプ ………………………………… 142
ルーティングテーブル ………………………… 215
ルートディレクトリ …………………………… 66
レジストリ ………………………… 77, 218, 232
ローカルIPアドレス …………………………… 100
ローカルストレージ …………………………… 88
ローカルワイプ ………………………………… 143
ロードバランサ ………………………………… 111
ログ …………………………… 87, 115, 203, 232
(アクセス)ログ ………………… 117, 132, 197
(アプリケーションソフトの)ログ ………… 37
(イベント)ログ ……………………………… 36
(エラー)ログ ………………………………… 131
(トランザクション)ログ …………………… 118
(ブート)ログ ………………………………… 37
六何の原則 …………………………… 187, 191
論理コピー …………………………… 61, 197

わ行

ワンタイムパスワード ………………………… 249

【編著者】
羽室　英太郎（はむろ　えいたろう）
　1958年京都府生まれ。1983年警察庁入庁。1995年警察通信研究センター教授。1996年警察庁コンピュータ（ハイテク）犯罪捜査支援プロジェクトリーダー。1999年警察庁技術対策課課長補佐。2005年警察庁サイバーテロ対策技術室長。2009年警察情報通信学校情報管理教養部長兼教授。2010年12月～政府の「情報保全に関する検討委員会」における「情報保全システムに関する有識者会議」委員。2012年警察庁情報管理課長（警察庁CIO補佐官及び最高情報セキュリティアドバイザー等を兼務）。2014年警察庁情報技術解析課長。2015年奈良県警察本部長。
　著書：『ハイテク犯罪捜査の基礎知識』（立花書房、2001年）、『サイバー犯罪・サイバーテロの攻撃手法と対策』（立花書房、2007年）、『情報セキュリティ入門』（慶應義塾大学出版会、2011年）ほか。

國浦　淳（くにうら　きよし）
　1960年東京都生まれ。1986年警察庁入庁。1997年警察通信研究センター教授、2000年警察庁技術対策課課長補佐、2004年警察情報通信研究センター応用第二研究室長、2009年警察庁情報技術解析課理事官、2012年警察庁サイバーテロ対策技術室長。2014年サイバーセキュリティ研究・研修センター所長。2015年警察庁情報技術解析課長。警察庁情報通信局指定上席技術者（情報技術解析スペシャリスト）。

【著　者】
大塚奈緒子　（警察庁情報技術解析課）　　堀田　泰丸　（警察庁情報技術解析課）
小野　将司　（東京都警察情報通信部　　　増山　芳邦　（警察庁情報技術解析課）
　　　　　　　多摩通信支部長）　　　　　松尾　茂樹　（警察庁情報技術解析課）
田村　研輔　（警察庁情報技術解析課）

デジタル・フォレンジック概論
〜フォレンジックの基礎と活用ガイド〜

平成27年4月10日　初　版　発　行
平成28年10月10日　初版4刷発行

編著者　羽　室　英太郎
　　　　國　浦　　　淳
発行者　星　沢　卓　也
発行所　東京法令出版株式会社

112-0002	東京都文京区小石川5丁目17番3号	03(5803)3304
534-0024	大阪市都島区東野田町1丁目17番12号	06(6355)5226
062-0902	札幌市豊平区豊平2条5丁目1番27号	011(822)8811
980-0012	仙台市青葉区錦町1丁目1番10号	022(216)5871
460-0003	名古屋市中区錦1丁目6番34号	052(218)5552
730-0005	広島市中区西白島町11番9号	082(212)0888
810-0011	福岡市中央区高砂2丁目13番22号	092(533)1588
380-8688	長野市南千歳町1005番地	

〔営業〕TEL 026(224)5411　FAX 026(224)5419
〔編集〕TEL 026(224)5413　FAX 026(224)5439
http://www.tokyo-horei.co.jp/

© EITARO HAMURO, KIYOSHI KUNIURA Printed in Japan, 2015
　本書の全部又は一部の複写、複製及び磁気又は光記録媒体への入力等は、著作権法上での例外を除き禁じられています。これらの許諾については、当社までご照会ください。
　落丁本・乱丁本はお取替えいたします。

ISBN978-4-8090-1331-7